HCMBOK®

The Human Change Management Body of Knowledge

Vicente Gonçalves
Carla Campos

HCMBOK®

The Human Change Management Body of Knowledge

3ª EDIÇÃO

O Fator Humano na Liderança de Projetos

Copyright© 2016 por Brasport Livros e Multimídia Ltda.

1ª Edição: 2012
2ª Edição: 2013
3ª Edição: 2016

Todos os direitos reservados. Nenhuma parte deste livro poderá ser reproduzida, sob qualquer meio, especialmente em fotocópia (xerox), sem a permissão, por escrito, da Editora.

Editor: Sergio Martins de Oliveira
Diretora: Rosa Maria Oliveira de Queiroz
Gerente de Produção Editorial: Marina dos Anjos Martins de Oliveira
Preparação de texto e Copidesque: Camila Britto da Silva
Editoração Eletrônica: Michelle Paula
Capa: Use Design

Técnica e muita atenção foram empregadas na produção deste livro. Porém, erros de digitação e/ou impressão podem ocorrer. Qualquer dúvida, inclusive de conceito, solicitamos enviar mensagem para editorial@brasport.com.br, para que nossa equipe, juntamente com o autor, possa esclarecer. A Brasport e o(s) autor(es) não assumem qualquer responsabilidade por eventuais danos ou perdas a pessoas ou bens, originados do uso deste livro.
"HCMBOK", "HCMP", "HCMMP", "HUCMI", Human Change Management Institute e seu logo, são marcas registradas do Human Change Management Institute. É proibida qualquer forma de reprodução, cópia, distribuição, comunicação pública e transformação de partes ou todo este trabalho, sem permissão dos detentores de propriedade intelectual. A infração destes direitos pode constituir um crime contra a propriedade intelectual.

G635h Gonçalves, Vicente
     HCMBOK: o fator humano na liderança de projetos / Vicente Gonçalves; Carla Campos – 3. ed. - Rio de Janeiro: Brasport, 2016.

ISBN: 978-85-7452-783-3

   1. Administração de pessoal 2. Administração de projetos 3. Liderança
   I. Campos, Carla II. Título

CDD: 658.3

Ficha Catalográfica elaborada por bibliotecário – CRB7 6355

BRASPORT Livros e Multimídia Ltda.
Rua Pardal Mallet, 23 – Tijuca
20270-280 Rio de Janeiro-RJ
Tels. Fax: (21)2568.1415/2568.1507
e-mails: marketing@brasport.com.br
         vendas@brasport.com.br
         editorial@brasport.com.br

site: www.brasport.com.br

Filial SP
Av. Paulista, 807 – conj. 915
01311-100 São Paulo-SP

Aos meus filhos, Yuri, Igor e Marina, que me ensinaram que na vida tudo muda, tudo passa.

À minha esposa, exemplo de resiliência e comportamento humano.

À minha mãe e à minha avó, que me ensinaram a perseverar.

Vicente Gonçalves

Aos meus filhos, por me ensinarem que o amor é incondicional, simplesmente amamos, ao meu marido pelo apoio e incentivo, aos meus pais e meus irmãos por exemplificarem que a vida vale a pena e que sempre temos escolhas; quando não podemos escolher as circunstâncias, podemos escolher como vamos vivê-las; e a todos os encontros que tive ao longo da existência – cada um deles me tornou uma pessoa diferente e melhor.

Carla Campos

Prefácio da 3ª Edição

Segundo o dicionário, Prefácio é a denominação dada a um texto introdutório, onde o prefaciador descreve de forma sucinta o objetivo da obra, bem como discorre sobre o seu autor. Portanto, ao ser convidado para escrever esse prefácio, fui imediatamente tomado por dois sentimentos distintos: me senti desafiado a resumir, em poucas palavras, todo o conteúdo de uma obra tão ampla e significativa para o mundo empresarial; ao mesmo tempo, me senti honrado em poder discorrer sobre seus autores, Vicente Gonçalves e Carla Campos, pessoas que admiro profundamente por suas histórias profissional e pessoal.

Este livro tem como principal mérito abordar o tema Gestão de Mudanças Organizacionais de forma absolutamente aplicada, sem se perder em discussões teóricas descoladas da realidade. Dessa forma, os autores conseguem atingir seu objetivo principal: prover um guia prático que pode ser utilizado por profissionais de qualquer área de atuação.

Neste livro você encontrará uma base de conhecimento para a gestão de mudanças organizacionais composta por processos, ferramentas e boas práticas, aplicável a projetos de qualquer natureza.

Abordando o tema desde o planejamento até o pós-projeto, Vicente e Carla apresentam em detalhes uma série de processos recomendados para implementar e sustentar mudanças organizacionais, até que estas estejam devidamente incorporadas à cultura da empresa.

No Capítulo 1, você encontrará conceitos e ideias introdutórias que reforçam o papel estratégico da gestão de mudanças nas organizações e estabelecem uma nova e original abordagem, colocando em papel de destaque a figura do gestor da mudança.

No Capítulo 2, os autores apresentam o HCMBOK (*Human Change Management Body of Knowledge*), o coração desta obra. Criado a partir da experiência de campo, este "BOK" aborda, em detalhes, todos os processos referentes a iniciação, planejamento, aquisições, execução, implantação e encerramento de projetos de mudanças organizacionais. Nesse capítulo, os autores destacam alguns temas que são críticos para o sucesso dos projetos, tais como o ajuste à cultura da organização, o comprometimento dos patrocinadores, o engajamento dos *stakeholders*, a gestão dos riscos e a fundamental medição dos resultados.

No Capítulo 3, você irá conhecer o CMO (*Change Management Office*), que tem como principal objetivo suportar os processos de gestão de mudanças organizacionais, provendo competências, processos e ferramentas.

Nos apêndices ainda estão à sua disposição contribuições de suma importância, como a adaptação do método às metodologias ágeis, recomendações sobre as competências necessárias aos gestores de mudanças e a análise de casos reais de sucesso e fracasso na gestão de mudanças organizacionais.

Vicente Gonçalves é um profissional com uma sólida formação e com larga experiência – como executivo e consultor – em organizações dos mais diversos tipos. Os anos de experiência fizeram com que Vicente desenvolvesse uma habilidade rara: a capacidade de abordar assuntos relativamente complexos com simplicidade e objetividade. Carla complementa esta obra com seu toque de psicóloga especializada em comportamento humano frente às situações de mudanças.

A notável contribuição dos autores com esta obra é visível, não apenas pelo seu conteúdo, mas por já vermos hoje o HCMBOK sendo aplicado com sucesso por centenas de profissionais em diversos países.

Lembro muito bem da primeira vez em que conversamos, Vicente e eu, sobre as ideias que acabaram se transformando neste livro. E não foi à toa que fui um dos seus incentivadores de primeira hora. De fato, não fazia sentido algum continuar tratando a gestão de mudanças organizacionais como um tema de menor importância. E os autores, de forma pioneira, transformaram esse cenário com este livro.

Como já dizia Heráclito de Éfeso, "a única coisa que não muda é que tudo muda". É fato que mudanças fazem parte do dia a dia de qualquer profissional ou organização, e a experiência mostra que subestimá-las é o caminho mais curto para o fracasso.

Boa leitura e sucesso em seus projetos.

Américo Pinto
Presidente do Conselho da PMO Global Alliance
Diretor de Pesquisa do NoordenGroup
Diretor de Pesquisa da PMO TOOLS Technologies
Professor da FGV (Fundação Getúlio Vargas)

Prefácio da 1ª Edição

Conheci Vicente Gonçalves em 27 de maio de 2009, no Rio de Janeiro, quando participamos juntos de um evento sobre o tema "transformação nas organizações". Na ocasião, eu me identifiquei muito com seus comentários sobre a forte relevância dos aspectos humanos e comportamentais nas organizações.

Descobri posteriormente que boa parte da carreira do Vicente foi dedicada à área de TI, área conhecida pela lógica, pelo raciocínio e pelo pensamento cartesiano. Foi neste ambiente que atuou como executivo e consultor em grandes empresas, tendo recebido 12 prêmios ligados a inovação, gestão de projetos e mudanças, concedidos por renomadas publicações, e tendo sido eleito quatro vezes CIO do ano na área de mídia e comunicação. Em paralelo a essa carreira, Vicente se desenvolveu como ator, diretor, poeta e estudioso das artes humanas.

Foi aí que percebi que Vicente faz parte de um grupo crescente de profissionais que operam com os dois lados do cérebro: o que processa pensamentos via lógica cartesiana e o que usa um processo mais sutil e comportamental.

Na obra "Gestão de Mudanças, O Fator Humano na Liderança de Projetos", Vicente e sua coautora Carla Campos examinam em grande detalhe essa relação fascinante entre esses dois mundos, técnico e comportamental, tão complementares e ao mesmo tempo antagônicos, e que se encontram sob a bandeira comum de Gestão de Mudanças. Carla complementa a experiência do Vicente com sua formação em psicologia e gestão de pessoas, bem como diversas vivências complementares, inclusive em *coaching* e tanatologia, além de sua dedicação a consultoria e treinamento.

O vínculo que sinto com o tema desta nova obra tem motivos históricos. Quando lancei "Human Factors in Project Management" (Amacom, NY – 1984), o livro foi recebido como obra pioneira, já que a gestão de projetos na ocasião era vista como algo basicamente metodológico. De lá para cá, o PMI (*Project Management Institute*) lançou uma série de livros a respeito, e hoje existe farta literatura internacional e brasileira sobre o assunto.

E qual a relação da gestão de mudanças com gerenciamento de projetos e fatores humanos? Comportamento humano, gerenciamento de projetos e gestão de mudanças formam um triângulo de interrelacionamento perfeito, já que toda mudança envolve aspectos comportamentais, e para lidar inteligentemente com mudança é necessário aplicar as técnicas de gerenciamento de projetos.

Quanto mais se escreve sobre o assunto, mais facetas fascinantes aparecem. Os autores Gonçalves e Campos deram um mergulho profundo no assunto e apresentam quatro abordagens, a saber:

- ▶ A conceituação de mudanças, os tipos de mudanças e a importância da sua gestão para os projetos.
- ▶ HCMBOK – *Human Change Management Body of Knowledge* –, um conjunto de práticas e ferramentas.
- ▶ As competências essenciais do gestor de mudanças.
- ▶ Dois estudos de caso: um de sucesso e outro de fracasso.

É com alegria que recomendo esta obra. Acredito nos princípios apresentados e identifico-me com os textos. Pela carência do conhecimento do assunto no mercado é um tópico que precisa ser divulgado. O livro deve fazer parte da biblioteca de todo gestor de projetos e gestor de mudanças.

Paul Dinsmore, PMI Fellow

Sobre os Autores

Carla Campos

Psicóloga com formação em Gestão de Pessoas pela FGV, com formação em Tanatologia pelo CTAN, Consultora de *Assessment*, *Certified Professional & Self Coach*, com Certificação Internacional pela ECA (*European Coaching Association*), GCC (*Global Coaching Community*) e IBC, pós-graduação em Gestão de Recursos Humanos pela AVM — UCAM e em Terapia Cognitivo-Comportamental pelo CPAF. Membro da Associação Brasileira de Psicoterapia Cognitiva (ABPC) e da ATCRIO (Associação de Terapias Cognitivas do Rio de Janeiro). Coautora do livro "Tanatologia — Temas Impertinentes". Nos últimos anos, tem se dedicado ao Estudo de Desenvolvimento Humano, Criatividade e Inovação, Gestão de Mudanças, Gestão de Pessoas, *Outplacement*, *Coaching*, R&S, Perdas e Resiliência, além de proferir palestras, *workshops* e atuar em projetos de consultoria. É diretora e membro do conselho de gestão do *Human Change Management Institute*.

Contato com a autora: **carla@hucmi.com**

Vicente Gonçalves

Sua formação envolve Artes Dramáticas, Ciências Sociais e Tecnologia da Informação, além de pós-graduação em Marketing e MBA em gestão de negócios pela COPPEAD — UFRJ. Aprimorou-se em gestão e liderança no MIT Sloan Executive Education — Boston, EUA, no IMD — Lausanne, Suíça e AMANA-KEY. Complementando seu perfil diverso, Vicente é ator, autor, diretor, professor de teatro, poeta e escritor. Nos últimos anos, publicou diversos artigos sobre criatividade, inovação e gestão de mudanças.

Durante 28 anos atuou como consultor e executivo em empresas nacionais e globais, tendo recebido 12 prêmios ligados à inovação, gestão de projetos e mudanças, concedidos por renomadas publicações. Foi eleito quatro vezes CIO *(Chief Information Officer)* do ano na área de mídia e comunicação. Recebeu, em 2010, a Comenda Assis Chateaubriand, concedida pela Academia de Artes e Letras de SP, por relevantes serviços prestados à sociedade, no desenvolvimento científico e humano. É professor convidado e palestrante em diversas organizações, incluindo **ACMP** (Association of Change Management Professionals), ABRH, PMI, PMO Alliance, IBMEC e FIRJAN.

Além de CEO do *Human Change Management Institute*, Vicente é consultor nas áreas de Criatividade e Inovação, Gestão de Mudanças, Gestão de Conflitos, Integração e Formação de equipes. Sua vasta experiência inclui trabalhos no Brasil, Argentina, Chile, Colômbia, México, Equador, Uruguai, Espanha, Canadá, Índia, África do Sul, Estados Unidos e Austrália.

Contato com o autor: **vicente@hucmi.com**

Site pessoal: **www.vicente-goncalves.com**

Mais informações sobre o *Human Change Management Institute* no site **www.hucmi.com**

Nota dos Autores à 3ª Edição

O HCMBOK é um guia que nunca estará completo e terminado. Afinal, tudo muda o tempo todo e nós também temos que nos adaptar continuamente.

Nossa abordagem de gestão de mudanças é em muito influenciada pelos novos comportamentos e valores que surgem com cada geração. Hoje temos quatro gerações – *baby boomers* e gerações X, Y e Z – interagindo no mercado consumidor simultaneamente, o que demanda adequação dos paradigmas organizacionais em quase todas as empresas.

Observando-se o ambiente interno das organizações, também já encontramos as quatro gerações atuando conjuntamente, cada qual com seu estilo e demandas peculiares na gestão do fator humano. Isso, por si só, demandará ajustes na forma como a Gestão de Mudanças será conduzida no futuro.

O HCMBOK foi concebido com o conceito de *crowdsourcing*, isto é, um guia aberto à construção colaborativa de inúmeras pessoas de todo o mundo.

Nesta terceira edição incluímos sugestões e adequações que recebemos de nossos centros de formação, clientes de projetos de consultoria e de diversas pessoas de nossa comunidade de profissionais treinados. Somos muito gratos a todos vocês e desde já convidamos o leitor a cooperar e até mesmo a escrever novos capítulos do HCMBOK, que serão discutidos e avaliados pelo comitê editorial do *Human Change Management Institute*, e, se aprovados, passarão a fazer parte desta obra sem fim.

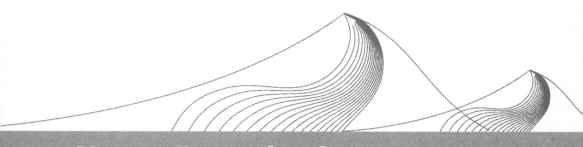

Nosso Reconhecimento aos Colaboradores do HCMBOK

A contínua evolução do HCMBOK é fruto de um esforço conjunto de diversas pessoas que, a partir de suas experiências, nos enviam sugestões, críticas e comentários.

Sem este esforço cooperativo, o HCMBOK estaria restrito aos nossos estudos e experiências. Nossos mais sinceros agradecimentos aos colaboradores que, compartilhando suas experiências, ideias e ferramentas, tornam o HCMBOK um guia global, multicultural, mais rico e completo.

A seguir apresentamos em ordem alfabética a relação de colaboradores que contribuíram diretamente com o desenvolvimento do HCMBOK, seja na melhoria da descrição de boas práticas, revisão de texto, inclusão de novas macroatividades e atividades e ferramentas disponíveis no site do HUCMI.

Arnaldo Di Petta – HCMP – Brasil

Angel Gabriel Olivo Diaz – HCMBOK – Argentina

Carlos Eduardo Bagatin – HCMMP – Brasil

José Aromando – HCMP – Argentina

Paulina Orozco – HCMP – Equador

Paula Link – HCMBOK – Austrália

Renata Casado – HCMP – Austrália

Rodrigo Alejandro Franco Carillo – HCMMP – Colômbia

Sandra L. Gusmán – HCMMP – Colômbia

Stacey Leslie – HCMP – África do Sul

Tatiana Dale – HCMP – Brasil

Wilson Casado – HCMP – Austrália

Agradecimentos Especiais

Amanda Palazón – HCMP – Espanha

Pela definição da macroatividade 2.2.2. Realizar *workshop* de alinhamento e mobilização das lideranças.

Cristiane Gazel Trindade – HCMP – Brasil

Pela definição da macroatividade 2.4.8. Definir indicadores para a avaliação de prontidão para a mudança.

Edgar Alvarez – HCMP – Equador

Pela definição dos itens:

- ▶ Apêndice I - Abordagem do HCMBOK para as metodologias ágeis em mudanças que envolvam desenvolvimento de sistemas.
- ▶ Apêndice II - Gestão da Cultura Organizacional e Gestão de Mudanças.

Gustavo Acha – HCMBOK – Argentina

Pela contribuição no desenvolvimento do Plano Estratégico de Gestão de Mudanças.

Apresentação

O tema Gestão de Mudanças é amplo e aplica-se a todo tipo de mudanças organizacionais. Os motivadores mais comuns de mudanças são: crises, mudanças dos hábitos dos consumidores, pressão de novos entrantes em negócios, evoluções tecnológicas, revisões de processos, aquisições, fusões de empresas, reestruturações organizacionais, dentre outros. Todos têm uma característica em comum: tocam nas pessoas e em seus paradigmas, mudam o *status quo*, a maneira como as coisas são feitas e tiram as pessoas de sua zona de conforto.

No primeiro capítulo deste livro, conceituaremos a gestão de mudanças, seus personagens, estratégias e modelos aplicáveis. Em seguida, abordaremos o conjunto de boas práticas, a metodologia e as ferramentas que denominamos HCMBOK® – *Human Change Management Body of Knowledge*. Na sequência apresentaremos o conceito de CMO *(Change Management Office)* e sua relação com o planejamento estratégico de uma organização. Por fim, elencamos as competências que julgamos essenciais ao gestor de mudanças e apresentamos dois casos, um de sucesso e outro de fracasso.

Entendemos que, qualquer que seja o motivador, uma mudança deve ser planejada e executada como um projeto. Imaginemos que você pretenda mudar de residência. Mesmo que não se dê conta, estará desenvolvendo um projeto. A definição amplamente difundida de um projeto é um conjunto de atividades desenvolvidas para uma determinada finalidade, com início, término e recursos definidos.

Nesse exemplo, você terá que planejar quanto pode gastar, seja alugando ou comprando um imóvel. Terá que decidir considerando alguns critérios onde deseja morar e detalhes como quantidade de quartos, vagas na garagem, banheiros, no caso de um edifício, se cães e gatos são aceitos etc.

Terá ainda que envolver e engajar os *stakeholders*, o que será particularmente desafiador se você tiver filhos na adolescência. A percepção de perda pode ser imensa, pois mudar pode implicar no rompimento de laços de relações afetivas com os amigos da escola, do bairro, do condomínio. Se a mudança for para outra cidade ou país, o projeto se torna ainda mais complexo porque diversos serão os fatores que podem influenciar o engajamento. Enquanto uns poderão perceber a mudança como positiva, outros podem experimentar um tremendo desconforto e resistir com todas as forças para manter a situação como está. Você então entrará na execução do projeto, quando terá que assinar contratos, lidar com toda a burocracia, obras de adaptação do imóvel e finalmente empacotar e transferir seus bens para a nova residência.

Neste ponto, se você não teve um bom plano de execução, sua vida poderá se transformar em um inferno. Durante meses você sofrerá a pressão dos demais *stakeholders*, especialmente dos que não estiverem engajados na mudança, além do impacto da adaptação ao novo ambiente que demandará tempo precioso procurando coisas que antes você sabia exatamente onde estavam.

Durante a implantação virão as surpresas. Onde fica uma padaria com produtos tão bons quanto os que você encontrava a uma quadra da sua casa? Qual o melhor caminho para o trabalho? Quem são os vizinhos? Em quem confiar ou simplesmente pedir um favor? Tudo isso faz parte da adaptação natural ao novo, ao desconhecido, que certamente trará alguma percepção de perda. Entretanto, se o projeto tiver sido bem planejado e executado, também muitos ganhos na mudança serão rapidamente percebidos e valorizados.

Naturalmente alguns *stakeholders* sofrerão mais que outros. Cada ser humano tem o seu tempo de adaptação e isso demandará a sustentação da mudança até que ela tenha sido totalmente consolidada. No caso dos filhos adolescentes, eles farão novos amigos, em algum tempo estarão adaptados à nova escola e aos benefícios da nova residência, como um quarto maior e com mais privacidade, por exemplo.

Entretanto, em alguns casos essa adaptação pode tomar longo tempo ou até mesmo não acontecer nunca. Nesse exemplo hipotético, estamos imaginando que você tenha o desejo de mudar, isto é, o engajamento na mudança deve ser um fato natural e esperado.

Agora imagine quando não há essa opção. Imagine que por algum motivo você foi obrigado a mudar. Neste caso, provavelmente a dor da mudança será percebida com maior intensidade por toda família e o impacto pode ser tamanho a ponto de demandar novas mudanças no futuro.

Gerir uma mudança de residência é um projeto que pode ser complexo ou simples, dependendo das circunstâncias e dos recursos disponíveis. Entretanto, se os *stakeholders* não forem envolvidos e engajados, certamente a mudança será muito mais traumática.

Lembro que há alguns anos um grande amigo recebeu uma ótima proposta de trabalho que implicaria em mudar da cidade de São Paulo para o Rio de Janeiro. Ainda que morar no Rio de Janeiro seja o sonho de muita gente, seus filhos adolescentes se viram contrariados por terem que trocar de escola e deixar seu círculo de amizades. Sua esposa fora obrigada a deixar o emprego e procurar outra atividade em uma cidade que, embora esteja a menos de 500 km de distância, tem características totalmente diferentes.

O impacto da mudança foi tamanho que, mesmo com a compensação de uma ótima oportunidade de carreira, um ano depois, a pressão dos *stakeholders* fez com que o sonho se transformasse em um pesadelo, cuja única solução foi abandonar o projeto e retornar à cidade de origem.

Afinal, o que dera errado? O trabalho era ótimo e a cidade oferece boas opções de lazer. No imaginário popular, muitos brasileiros gostariam de viver no Rio de Janeiro, mas o projeto não alcançou seus objetivos.

Há muitos motivadores que podem explicar o retorno dessa família a sua zona original de conforto, mas seguramente a influência dos *stakeholders* foi um dos determinantes para que o projeto não funcionasse como planejado.

O Modelo do HCMBOK

Acreditamos que antes das mudanças se consolidarem na organização elas precisam tocar o ser humano. Por isso, denominamos nosso corpo de conhecimento como *Human Change Management Body of Knowledge*. É através das mudanças humanas que acreditamos que chegaremos às mudanças organizacionais.

Os princípios e as práticas aqui apresentados podem ser aplicados a qualquer tipo de mudança. Por uma questão didática, o HCMBOK foi concebido relacionando as atividades de gestão de mudanças com as etapas tradicionalmente seguidas na gestão de um projeto.

A aplicação do HCMBOK deve ser adaptada ao formato de cada empreitada. Um projeto que não conte com fornecedores externos, por exemplo, deve descartar as atividades planejadas para estes e seguir as restantes aplicáveis. Nosso principal objetivo com a edição do HCMBOK é fornecer ao leitor uma referência para a gestão das atividades essenciais do fator humano em projetos de mudanças, sem ter a pretensão de sermos exaustivos no tema.

Gerir a mudança é humanizá-la. É pensar o projeto no ponto de vista das pessoas envolvidas, para evitar que as resistências naturais causem impactos nos objetivos planejados. A criatividade e a sensibilidade do gestor das mudanças são componentes primordiais que não podem ser substituídos por nenhum guia ou metodologia.

Um projeto conduzido mecanicamente, mesmo com uma abordagem metodológica de Gestão de Mudanças muito estruturada, corre sério risco de enfrentar resistências e sucumbir. Assim como um projeto gerido intuitivamente por alguém, mas que leve em conta a complexidade humana e tome posições empáticas em relação aos principais afetados pela mudança, pode ser muito bem-sucedido.

O ideal, sem dúvida, é a junção do talento para gerir questões humanas e a técnica provida por um bom guia com metodologia, boas práticas e ferramentas. Se este gestor de mudanças tiver ainda o conjunto de competências essenciais de um líder de mudanças, resultados extraordinários serão alcançados através do engajamento das pessoas envolvidas.

Sumário

Introdução	1
Capítulo 1 - Tudo Muda, Tudo Passa	3
1.1. Uma nova era na gestão do fator humano em projetos	3
1.1.1 A terceira geração da Gestão de Mudanças Organizacionais	3
1.2. Mudar é tão difícil?	8
1.3. Efeitos das mudanças sobre o corpo funcional	10
1.4. O que mudou nos processos de mudança?	13
1.5. Estratégias de mudança	15
1.5.1. Mudanças impositivas	15
1.5.2. Mudanças participativas	16
1.6. Os personagens das mudanças	18
1.7. Modelos de atuação dos gestores de mudança	18
1.8. Objetivo da Gestão de Mudanças	20
1.9. Importância da abordagem estratégica de Gestão de Mudanças em projetos	22
1.10. Gestão de projetos ou transformação organizacional?	24
Capítulo 2 - HCMBOK - *Human Change Management Body of Knowledge*	26
2.1. Estrutura do HCMBOK	27

2.2. Iniciação e Planejamento — 29
    2.2.1. Definir e preparar o patrocinador do projeto — 33
    2.2.2. Realizar o *workshop* de alinhamento e mobilização das lideranças — 36
    2.2.3. Definir o propósito e a identidade do projeto — 39
    2.2.4. Mapear e classificar os *stakeholders* — 42
    2.2.5. Avaliar as características da cultura organizacional e seus reflexos na mudança — 46
    2.2.6. Definir papéis e responsabilidades da equipe do projeto — 53
    2.2.7. Adequar o ambiente físico às necessidades do projeto — 59
    2.2.8. Planejar a alocação e o desenvolvimento da equipe do projeto — 60
    2.2.9. Avaliar a predisposição do clima para mudanças e seus impactos — 65
    2.2.10. Estabelecer o plano de ação de Gestão de Mudanças — 70
    2.2.11. Planejar o *kick-off* do projeto — 73
    2.2.12. Elaborar o Plano Estratégico de Gestão de Mudanças — 77

2.3. Aquisição — 83
    2.3.1. Planejar os aspectos humanos do processo de aquisições — 86
    2.3.2. Avaliar riscos de choques culturais entre fornecedores e equipe — 88
    2.3.3. Definir as necessidades adicionais de treinamento da equipe — 89
    2.3.4. Identificar as alternativas à gestão do conhecimento — 90
    2.3.5. Mapear estilos de lideranças de fornecedores — 92
    2.3.6. Validar papéis e responsabilidades (Matriz RACI) com fornecedores — 93
    2.3.7. Planejar a integração dos fornecedores à cultura da organização — 94

2.4. Execução   95

    2.4.1. Realizar o evento de *kick-off* do projeto   99

    2.4.2. Avaliar os impactos organizacionais   100

    2.4.3. Planejar e executar a gestão da aprendizagem   102

    2.4.4. Alimentar o Mapa de Riscos do projeto   106

    2.4.5. Confirmar o futuro dos *stakeholders* no pós-projeto   107

    2.4.6. Planejar a desmobilização gradual da equipe do projeto 110

    2.4.7. Definir papéis e responsabilidades para a etapa de Produção   111

    2.4.8. Definir indicadores para a avaliação de prontidão para a mudança   112

2.5. Implantação   113

    2.5.1. Avaliar a prontidão e a confiança dos usuários para a implantação   115

    2.5.2. Assegurar o comprometimento das lideranças com a implantação   117

    2.5.3. Realizar a reunião de decisão da implantação   118

    2.5.4. Comunicar o resultado da reunião de decisão da implantação   121

2.6. Encerramento   122

    2.6.1. Executar a desmobilização gradual da equipe do projeto 124

    2.6.2. Reconhecer desempenho da equipe e individual   124

    2.6.3. Montar o Mapa de Lições Aprendidas   126

    2.6.4. Assegurar a preparação dos usuários para treinar novos colaboradores   127

    2.6.5. Assegurar a preparação da equipe de manutenção e suporte na fase pós-projeto   127

    2.6.6. Assegurar a realocação adequada da equipe do projeto 128

    2.6.7. Celebrar as conquistas e metas atingidas   129

2.7. Produção 130
    2.7.1. Assegurar a sustentação da mudança 131
2.8. Atividades recorrentes em todas as etapas do projeto 136
    2.8.1. Planejar e gerir a comunicação 137
    2.8.2. Formar espírito de equipe e realizar dinâmicas de reforço 145
    2.8.3. Estimular processos participativos 149
    2.8.4. Gerir conflitos, motivação, estresse e comportamentos 152
    2.8.5. Estimular a criatividade e a inovação 166
    2.8.6. Gerir *stakeholders* 175

Capítulo 3 - O CMO - *Change Management Office* 186
    3.1. Transformando a estratégia em resultados 186
    3.2. Conceito do CMO 187
        3.2.1. O papel do CMO 189
        3.2.2. Onde estabelecer o CMO? 193
    3.3. Implantar um CMO é um projeto e demanda Gestão de Mudanças 198

Capítulo 4 - Competências Essenciais dos Líderes de Mudanças 201
    4.1. Sensibilidade aos fatores humanos e perspicácia para desvendá-los; atitude empática 203
    4.2. Capacidade de atuar como facilitador, inspirador e incentivador dos esforços da equipe 203
    4.3. Foco em resultados, metas e produtividade 204
    4.4. Habilidade de planejamento, negociação e visão estratégica 204
    4.5. Gestão de conflitos, crises e oportunidades 205
    4.6. Criatividade, questionamento, ousadia e disposição para quebrar paradigmas 205
    4.7. Comunicação transparente e eficaz; ser bom ouvinte 205
    4.8. Transparência, credibilidade e integridade 206

Capítulo 5 – Um Caso de Sucesso   207

Capítulo 6 – Um Caso de Fracasso   227

Apêndice I – Abordagem do HCMBOK para as Metodologias
   Ágeis em Mudanças que Envolvam Desenvolvimento de
   Sistemas   231

Apêndice II – Gestão da Cultura Organizacional e Gestão
   de Mudanças   233

Bibliografia   236

Introdução

Frequentemente ouvimos falar de projetos que terminaram com alguma expectativa não atendida em termos de prazo, custo ou qualidade. Na verdade, raramente encontramos projetos que não tiveram qualquer dificuldade em relação a pelo menos uma dessas variáveis, quando não em todas. Essa não é uma característica específica de projetos de Tecnologia da Informação, mas de todos os tipos de mudanças, apesar do imenso avanço proporcionado pelas metodologias de gestão de projetos nas últimas décadas.

Afinal, o que leva a grande maioria de projetos a encontrar dificuldades em atingir suas metas? O que faz com que cerca de 70% dos projetos de TI falhem em pelo menos uma dessas variáveis, segundo dados do Gartner Group? O que faz com que 50% dos projetos de TI sejam cancelados e 82% entregues com atraso, segundo dados do CHAOS Group? Acreditamos que diversas são as causas, mas uma característica comum a todas as metodologias de gestão de projetos é a pouca atenção dada a um componente – a Gestão de Mudanças ou, em outras palavras, o cuidado com o ser humano e suas peculiaridades.

Segundo dados do estudo realizado pelo PMI® (PMSURVEY.ORG edição 2013), 75% dos casos de fracassos na implantação de PMOs em organizações com faturamento acima de US$ 1 bilhão estão relacionados a questões culturais e resistências que não foram tratadas adequadamente. A falta de patrocínio é outro fator relevante apontado por 75% das organizações de grande porte como causa de fracasso nesse mesmo tipo de empreitada. Ainda segundo esse *benchmark*, na lista de problemas que ocorrem com maior frequência em gestão de projetos nas organizações com faturamento entre US$ 500 milhões e US$ 1 bilhão, o número um é a comunicação, citado em 86% dos casos.

Vale ressaltar que os dados levantados pelo PMSURVEY.ORG apontam deficiências diretamente relacionadas com o tema Gestão de Mudanças Organizacionais.

Outra fonte importante de informações é o estudo *The Pulse of the Profession,* edição 2014, também produzido pelo PMI®, que relata que apenas 9% das organizações se autoavaliam como excelentes na entrega bem-sucedida de iniciativas relacionadas a objetivos estratégicos. Essa mesma fonte cita que cerca de 70% dos projetos que contam com uma abordagem de Gestão de Mudanças eficaz alcançam sucesso em suas iniciativas estratégicas. E mais: cerca de 60% dos projetos que não contam com uma abordagem sistêmica de Gestão de Mudanças fracassam em suas iniciativas estratégicas.

Avaliando cuidadosamente esses dados e diversas outras fontes, entendemos que uma correta abordagem de Gestão de Mudanças é essencial e decisiva para o sucesso de um projeto, seja ele qual for. Não existe uma **fórmula mágica** para gerir mudanças. Cada projeto é único, pois toca em uma cultura diferente e principalmente em pessoas diferentes, em diferentes momentos. O mundo não é estático, e as corporações também são entes vivos em constante mutação. Como já dizia Heráclito de Éfeso, o filósofo pré-socrático, "ninguém se banha no mesmo rio duas vezes". Entretanto, seguir uma metodologia, aplicar boas práticas e usar as ferramentas adequadas para gerir um processo de mudanças pode minimizar bastante os riscos de qualquer empreitada.

Não por acaso, a 5ª edição do *PMBOK® Guide,* lançada pelo PMI® no final de 2012, traz uma nova área de conhecimento: *Stakeholder Management*, demonstrando uma clara preocupação com a relevância do fator humano para o sucesso na gestão de projetos. Nenhuma metodologia irá substituir a sensibilidade do gestor de mudanças, seja ele um profissional dedicado a esta atividade ou um gerente de projetos desempenhando múltiplos papéis. Ainda assim, seguir um roteiro com etapas e atividades consagradas como boas práticas de Gestão de Mudanças é um grande avanço para garantir o sucesso de um projeto. É disso que trata esta obra, de um caminho seguro, porém não único, nem que dispensa a sensibilidade das lideranças, para gerir o fator humano frente ao desafio de romper antigos paradigmas e mudar o *status quo*.

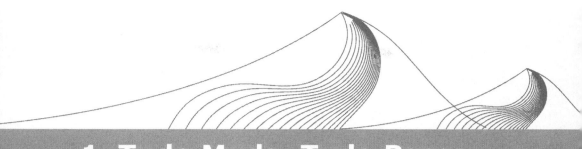

1. Tudo Muda, Tudo Passa

1.1. Uma nova era na gestão do fator humano em projetos

1.1.1. A terceira geração da Gestão de Mudanças Organizacionais

O conhecimento acerca de gestão de projetos evoluiu muito nos últimos trinta anos, mas só recentemente passou a considerar a gestão do fator humano como uma área de conhecimento essencial para os profissionais ligados à gestão de projetos.

Se no passado o bom gerente de projetos era aquele que concluía seus desafios no prazo, custo, qualidade e escopo, atualmente, a expectativa do *Top Management* e dos acionistas vai além e exige que os projetos alcancem os objetivos estratégicos que motivaram a empreitada. Isto é, o que se espera é que a organização tenha mudado depois de um projeto.

Esse desafio inclui um componente ainda mais complexo e imprevisível do que processos e tecnologias – o ser humano. Por melhor que seja o produto ou serviço entregue como resultado de um projeto, ele só trará valor para a organização se as pessoas o usarem da forma adequada.

Não é exagero dizer que o mundo mudou mais nos últimos trinta anos do que nos últimos trinta séculos. A revolução tecnológica vem imprimindo novos padrões de comportamentos sociais e mercadológicos afetando diretamente a forma como as empresas precisam gerir seus ambientes externo – o mercado, sindicatos, governo etc. – e interno – a equipe de colaboradores da organização.

Ao longo das últimas décadas a pressão para as organizações se manterem competitivas e lucrativas levou ao desenvolvimento de novas táticas como: redesenho de processos, implantação de componentes tecnológicos e digitais, reestruturações, fusões e aquisições, por exemplo, que foram estruturadas em projetos que demandaram forte adaptação do componente humano no ambiente organizacional.

As promessas que justificaram investimentos milionários em modelos de gestão baseados em tecnologias da era da informação, tais como ERP, CRM, BI, Big Data, Cloud Computing, dentre muitas outras, geraram expectativas nem sempre correspondidas, deixando um legado de frustrações em muitas organizações.

Apesar dos maciços investimentos de capital, acionistas e gestores de alta esfera perceberam que o sucesso das empreitadas depende muito do componente humano para alcançar seus objetivos de negócio. Nos anos 1940 as primeiras teorias sobre o comportamento humano em processos de mudanças lançadas pelo psicólogo Kurt Lewin – considerado por muitos autores o pai da psicologia social – inspiraram uma plêiade de pensadores dos anos 1980 e 1990 que configuraram a primeira geração daqueles que estruturaram a disciplina que hoje conhecemos como Gestão de Mudanças Organizacionais.

Pouco depois vimos surgir diversas metodologias para Gestão de Mudanças organizacionais desenvolvidas por empresas de consultoria especializadas nesse nicho. Nasce aí a segunda geração de Gestão de Mudanças.

Essas abordagens, originadas de modelos acadêmicos quase sempre oriundos da psicologia, ou da experiência de consultorias altamente especializadas, são até hoje referências inspiradoras, muito utilizadas pelos *experts* em Gestão de Mudanças, mas que encontram dificuldades em serem bem compreendidas por executivos de áreas técnicas e profissionais de projetos e processos. O pensamento lógico, cartesiano e quantitativo típico dos profissionais cuja formação se origina em ciências exatas encontra muita dificuldade em traduzir propostas como "criar um senso de urgência" em atividades práticas a serem aplicadas em projetos.

Até meados dos anos 1990 a Gestão de Mudanças era pouco aplicada em projetos, limitando-se a um pequeno grupo de empresas que, na vanguarda da gestão do fator humano, utilizava o conhecimento de especialistas como apoio à área de Recursos Humanos, especialmente em organizações de grande porte.

Na contramão da linha psicológica, o chamado *Big Five* – grupo formado pelas maiores consultorias globais – desenvolvia uma abordagem operacional da Gestão de Mudanças, quase sempre focada em avaliação de impactos organizacionais, treinamento e comunicação, aplicada principalmente em projetos de implantação de sistemas de gestão integrada – ERPs. Essas organizações, de uma maneira geral, só iniciam seus trabalhos de consultoria depois que o projeto entra na etapa de Execução, o que as impede de ter uma abordagem estratégica para a gestão das mudanças.

Muitos profissionais oriundos dessas grandes organizações de consultoria criaram, a partir da virada do milênio, empresas de pequeno porte que ajudaram a consolidar a Gestão de Mudanças como prática essencial, especialmente em projetos estratégicos ou de grande porte.

O mundo, entretanto, continuou mudando e a Gestão de Mudanças também. Os fracassos nas grandes empreitadas de mudanças, especialmente no mundo tecnológico, se acumulavam enquanto responsáveis pelos PMOs (*Project Management Office* ou Escritórios de Gestão de Projetos) e gerentes de projeto se davam conta de que sem as pessoas os projetos podem atingir seus objetivos de prazo, custo, escopo e qualidade, mas nem sempre alcançam os objetivos estratégicos que motivaram o investimento.

A disseminação da prática da gestão das mudanças organizacionais pelas consultorias globais a partir dos primeiros anos do século XXI despertou a atenção dos especialistas no tema, que começaram a se organizar em associações profissionais com o objetivo de criar padrões, processos e um código de ética para os gestores de mudanças.

Começa então a nascer a terceira geração da Gestão de Mudanças, com uma estrutura muito bem organizada e patrocinada pelas principais consultorias da área, trazendo grande contribuição em termos de conhecimento.

Em paralelo ao movimento das associações de especialistas, o PMI® (*Project Management Institute*) desenvolvia a 5ª edição do *PMBOK® Guide* (*Project Management Body of Knowledge*), difundida a partir de 2012, trazendo como grande novidade uma nova área de conhecimento até então pouco endereçada dentre os gerentes de projetos, a Gestão das Partes Interessadas ou *Stakeholder Management*.

Meses depois do lançamento do *PMBOK® Guide* 5ª edição, o PMI ratificava seu foco na questão humana lançando o guia *Managing Changes in Organizations – A Practice Guide*, com fundamentos que sugerem que a Gestão de Mudanças Organizacionais estará cada vez mais presente nas próximas versões do *PMBOK® Guide*.

Ainda em 2012, a Gestão de Mudanças ganha um novo personagem na tradução da linguagem hermética dos especialistas, psicólogos e acadêmicos para o mundo prático e objetivo dos gerentes de projetos com a criação do *Human Change Management Institute* (HUCMI®) e sua base de conhecimento, o HCMBOK® (*Human Change Management Body of Knowledge*). É esse movimento de popularização da gestão do fator humano em projetos, difundido principalmente pela ACMP®, pelo PMI® e pelo HUCMI®, que caracteriza a **terceira geração** da Gestão de Mudanças Organizacionais.

Passamos então das abordagens focadas exclusivamente em "o que fazer" para o **"como fazer"** em termos de Gestão de Mudanças Organizacionais no universo de gestão de projetos.

Dados do relatório *Pulse of the Profession* de 2014, organizado pelo PMI, mostram que a Gestão de Mudanças nunca foi considerada uma disciplina tão relevante como atualmente. Cerca de 40% das organizações relatam que a prática de gestão das mudanças organizacionais é maior se comparada com o ano anterior. A taxa de sucesso em projetos estratégicos das empresas que usam a Gestão de Mudanças como disciplina regular é de 69% contra apenas 41% nas que não abordam sistematicamente o fator humano em seus projetos.

O conhecimento acerca de gestão de projetos evoluiu muito nas últimas décadas, mas só recentemente passou a considerar a gestão do fator humano como uma área de conhecimento essencial que não deve estar restrita aos profissionais de gestão de mudanças organizacionais. Sempre haverá espaço para o especialista em Gestão de Mudanças Organizacionais: um profissional com grande experiência, conhecimento e competências para tratar do tema nos seus aspectos mais complexos.

Entretanto, os líderes de mudanças, profissionais de RH, de processos, projetos, programas e portfólios do futuro já perceberam que não podem abrir mão do domínio desta área de conhecimento para que as taxas de sucesso dos objetivos estratégicos que movem as organizações sejam continuamente crescentes. Afinal, não existem projetos sem pessoas, nem mudanças que não devam ser estruturadas como projetos, mesmo que sem uma abordagem metodológica formal.

Quando falamos de uma nova geração no mundo tecnológico, quase sempre estamos falando de tecnologias substitutas, uma nova geração que se sobrepõe à outra que está fadada a desaparecer.

Nos temas humanos, a dinâmica não é essa. As gerações se somam, inspiram umas às outras e não são substitutas, mas direcionadas a novos públicos, tendo fundamentos semelhantes, mas com uma nova abordagem.

Nesse caso em particular, podemos dizer que a terceira geração da Gestão de Mudanças é uma tradução dos conceitos das gerações anteriores para um universo de profissionais que demandam uma linguagem mais prática e objetiva, orientada para sua realidade, recheada com alguns conhecimentos novos e mais conectada com o mundo contemporâneo da gestão de projetos. Estamos vivendo a era da popularização da cultura de Gestão de Mudanças Organizacionais.

Esta é a abordagem do HCMBOK® – guia de gestão de mudanças organizacionais em projetos, composto de boas práticas, ferramentas e metodologia, desenvolvido pelo *Human Change Management Institute*, já adotado em mais de vinte países, que considera o fator humano como parte da estratégia dos projetos de qualquer natureza.

Por isso, de suas 48 macroatividades, 25 são realizadas antes de se iniciar a etapa de Execução, lapidando, desde o planejamento, a forma como o projeto será comunicado, o patrocinador que melhor pode influir para o sucesso da empreitada, o propósito que melhor pode conectar os *stakeholders* com a mudança e as estratégias para reduzir antagonismos e ampliar o engajamento humano.

Em sua abordagem, o HCMBOK® organiza, em uma sequência de macroatividades, técnicas de gestão estruturada das questões culturais e do comportamento humano, ao mesmo tempo proporcionando um arsenal de competências essenciais aos gerentes de projetos, tais como: gestão de processos participativos, conflitos, motivação, comportamentos, estresse, formação do espírito de equipe, comunicação empática e criatividade e inovação.

Em resumo, o HCMBOK® é um guia que foi concebido para ser integrado com qualquer metodologia, tratando dos temas ligados ao fator humano, no idioma dos gestores de projetos, de forma complementar à abordagem de *Stakeholder Management* desenvolvida pelo PMI e também presentes nas metodologias ágeis como o Scrum®, por exemplo.

Prepare-se: já não basta entregar uma empreitada no prazo, custo, qualidade e escopo. A expectativa agora é que os objetivos estratégicos que motivaram um projeto sejam medidos por metas qualitativas e quantitativas que, para serem atingidas, demandam o engajamento do componente humano.

Não importa o título que venha a prevalecer, Gestão de Mudanças Organizacionais, *Stakeholder Management* ou ainda Gestão das Partes Interessadas, o que está claro é que a terceira geração de gestão do fator humano em projetos veio para ficar e passou a ser uma disciplina essencial para os profissionais de sucesso do terceiro milênio.

1.2. Mudar é tão difícil?

Observando o contexto antropológico, o ser humano foi moldado durante milênios para não mudar e manter o *status quo* sempre que possível. Assim foi quando as primeiras comunidades de caçadores e coletores se estabeleceram. O Homem era nômade e forçado a mudar de localização geográfica sempre que uma área de coleta ou caça era exaurida ou tornava-se inviável por qualquer outro motivo. Essa mudança implicava em diversos riscos, como o de não encontrar em tempo hábil nova área que assegurasse sua sobrevivência. E, pior ainda, ao encontrar, havia o risco dessa área já estar ocupada por outro grupo, o que provavelmente levaria a embates violentos, com consequências imprevisíveis.

Milênios depois, o Homem passou a dominar a agricultura e a pecuária e deixou de depender da caça e da coleta para sua sobrevivência. As comunidades puderam se estabelecer sem a necessidade de mudanças geográficas constantes. Assim nasceram as primeiras aldeias, e logo suas estratégias de proteção contra inimigos, como muros e obstáculos para garantir a segurança do assentamento que se estabelecia, minimizando o risco de nova mudança. Ao longo dos milênios esses muros se tornaram muralhas e sempre que alguém necessitava sair dessa zona segura e adentrar florestas e campos a sensação de risco e desconforto estava presente.

A sociedade moderna, na visão antropológica, ainda preserva esse instinto de aversão a mudanças, face ao risco inerente que estas representam no inconsciente coletivo. Os "muros" e as "barreiras", agora psicológicas, ainda estão vivos em cada ser humano. Nas palavras de Charles Darwin: "o homem ainda traz em sua estrutura física a marca indelével de sua origem primitiva". Não por acaso, Heráclito, cerca de cinco séculos AC, percebeu que "nada existe de permanente senão a mudança".

Essa mesma teoria foi ratificada mais tarde por Charles Darwin em seu estudo sobre a **Origem das Espécies**, que trata da **Seleção Natural**, constatando que estas estão em frequente mutação e ainda que "não é o mais forte nem o mais inteligente que sobrevive, mas, sim, o mais adaptável". Em matéria de Gestão de Mudanças no mundo contemporâneo, nada mais atual.

O comportamento humano varia com o tempo, ainda que apresente macrocaracterísticas estáveis. Em nossa visão, no mundo contemporâneo, as gerações Y (também conhecida como *millennials*) e Z estão sendo influenciadas por relações sociais mais superficiais, o que traz implicações em valores e comportamentos. As mudanças promovidas pela revolução tecnológica, que são intensas e frequentes, estão presentes no cotidiano desses jovens. Esse cenário provavelmente trará reflexos na adaptabilidade dessas gerações, tornando o apego ao *status quo* menos relevante para suas vidas. O lado negativo dessas gerações em relação à mudança é demonstrar pouca sensibilidade para lidar com o conservadorismo presente nas gerações anteriores. Por vezes deixam uma impressão de desrespeito e imprimem um volume de mudanças simultâneas maior do que a organização consegue suportar.

Só o tempo dirá como as profundas mudanças que a sociedade está experimentando influenciarão o comportamento humano. Ainda assim, o desafio de promover uma mudança organizacional continua um trabalho árduo e complexo, que precisa ser conduzido através das pessoas, para que encontre maior taxa de sucesso.

1.3. Efeitos das mudanças sobre o corpo funcional

O ser humano muda espontaneamente quando o desconforto de estar em uma determinada situação parece maior do que o de mudar. Entretanto, algumas mudanças podem ser bem difíceis de ser processadas pelo ser humano e o colocar em um estado de luto.

O luto é um estado necessário de transição para elaboração das perdas, experimentação de sentimentos como angústia, imobilização, negação, medo, raiva, barganha, culpa, depressão e finalmente ressignificação e estabilização em um novo estado adaptado.

Quando sabemos antecipadamente que experimentaremos uma mudança que será percebida como uma perda, entramos em um estado de luto antecipatório. Este é um fenômeno comum no comportamento humano quando nos encontramos em uma situação de iminência da maior mudança que podemos experimentar na vida: a morte, seja de um ente querido, seja a própria. Este foi descrito inicialmente por médicos que percebiam que as esposas de soldados enviados para as guerras entravam em um estado de luto antes mesmo que um destino fatal se concretizasse.

No âmbito da psicologia hospitalar, o luto antecipatório, se tratado adequadamente, pode ter uma perspectiva positiva para elaboração da perda iminente, preparando pacientes terminais e familiares para uma situação irreversível. Os pacientes têm a possibilidade de realizar coisas que desejariam e não tiveram oportunidade, os amigos e familiares podem resolver conflitos ainda pendentes, minimizando assim o efeito de culpa na etapa de luto que segue o desfecho fatal.

O luto antecipatório também pode ser encontrado em muitas organizações quando uma mudança está para acontecer. Caso a mudança não tenha sido adequadamente comunicada ou compreendida, seu efeito será negativo, proporcionando a sensação de angústia e medo alimentada pela incerteza em relação ao futuro.

Não raro essa mudança sequer existe. É fruto de algum mito ou de um ambiente organizacional de baixa confiança nos líderes e na organização. Os efeitos do luto antecipatório organizacional, neste caso, são terríveis. As pessoas entram em um estado de imobilização, raiva e mesmo agressividade. Sobreviver, manter o *status quo*, é mais importante do que qualquer outra coisa. A produtividade é afetada. A criatividade dá lugar à estagnação. O corredor e as áreas comuns, como lanchonetes e o café, são pontos frequentados em busca de informações. Verdades são criadas ou distorcidas, criando uma atmosfera de pessimismo em relação ao futuro. O conhecimento deixa de ser compartilhado pelo corpo funcional e passa a ser usado como uma estratégia em uma suposta disputa pela conservação de suas posições na estrutura organizacional. Quando a mudança ocorre, o antagonismo já foi ampliado pelo estado geral de sofrimento antecipado promovido pela falta de comunicação no tempo necessário ou mesmo pela inadequação da comunicação inicial das mudanças que estavam por vir.

A figura a seguir reflete um quadro comparativo das reações humanas no âmbito pessoal e profissional. Nesse caso, o cenário apresentado no âmbito profissional reflete uma situação onde as mudanças não foram geridas, ou sua gestão foi ineficaz, e seus reflexos.

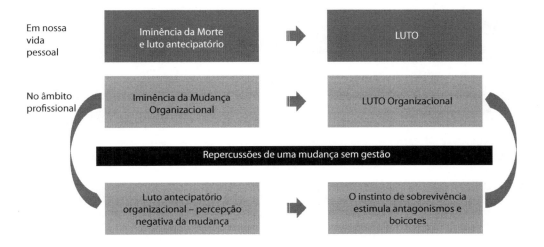

Muitas das atividades do HCMBOK que apresentaremos adiante foram concebidas para evitar que as pessoas entrem no estado de luto antecipatório organizacional com uma perspectiva negativa da mudança. Essas atividades, quando realizadas de forma adequada, no tempo correto, geram segurança psíquica, reduzem impactos negativos no clima organizacional, minimizam antagonismos e ampliam a resiliência, preparando a organização para uma melhor aceitação das mudanças. Note que resiliência não é impermeabilidade. Resiliência significa ser afetado pela mudança, mas ter a capacidade de se adaptar e voltar a um estado ajustado a uma nova realidade.

Quando o luto antecipatório organizacional é bem gerido, tal qual na psicologia hospitalar, muitas ações podem ser realizadas para canalizar percepções negativas das mudanças para uma situação menos dolorosa, com possibilidades de uma melhor elaboração das perdas e ajustes comportamentais necessários para adaptação à situação futura. Deixamos assim uma situação onde o que se sente (instância incontrolável) é dominante, para aos poucos substituí-la por como agimos, como gerimos nossas atitudes frente à mudança (instância controlável). Mesmo quando não podemos escolher as circunstâncias que viveremos, sempre podemos escolher como vamos vivê-las.

Compreender a necessidade de uma mudança organizacional não necessariamente elimina a dor causada por esta, mas para muitos torna a situação mais transparente, dá um sentido para as coisas, elimina percepções distorcidas da realidade e acelera o processo de ajuste ao estado futuro da organização. Na figura a seguir, apresentamos o quadro comparativo das mudanças no âmbito pessoal e profissional, considerando o desenvolvimento de uma gestão eficaz das mudanças.

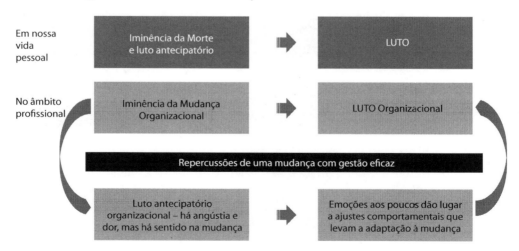

1.4. O que mudou nos processos de mudança?

O mundo sempre esteve em mudança e o ser humano, com maior ou menor dor, sempre se adaptou para sobreviver. O que observamos nas últimas décadas foi uma grande aceleração na velocidade em que as mudanças ocorrem. Enquanto o telefone precisou de 76 anos para atingir 50 milhões de usuários, o celular atingiu esta marca em apenas cinco anos e a internet em quatro, segundo Ethevaldo Siqueira em "2015, Como Viveremos" (2005).

O Facebook, que até 2004 era uma rede social voltada apenas para algumas universidades, foi aberto ao público em 2006 e em 2015 já somava mais de um bilhão e quinhentos milhões de usuários. Se o Facebook fosse um país, seria a maior população do mundo, rivalizando com a China e a Índia, maior do que toda a população da Europa. Orkut e Myspace, grandes vedetes até 2009, simplesmente ficaram obsoletos e desapareceram.

Isso sem falar no Whatsapp, que, lançado em 2010, em 2016 alcançará um bilhão de pessoas em todo mundo, despontando com tremenda velocidade e provavelmente terá tantos usuários quanto o Facebook em poucos anos.

É provável que um leitor deste livro, em poucos anos, já tenha migrado para novos modelos de redes sociais que ainda desconhecemos. O que muda com isso não é só o uso da tecnologia de forma quase onipresente, mas os hábitos das pessoas, a forma como as relações são estabelecidas e desconstruídas. Segundo pesquisa da *American Academy of Matrimonial Lawyers* (Associação dos Advogados Matrimoniais dos Estados Unidos), em 2011 o Facebook foi citado em um entre cada cinco divórcios nos Estados Unidos.

A chamada primavera árabe, movimento iniciado em 2011 que derrubou ditadores em países de maioria mulçumana, só foi possível graças às novas alternativas de comunicação que mobilizaram milhares de pessoas, apesar do controle do estado sobre os meios de comunicação tradicionais. Movimentos terroristas, a partir de 2014, incorporaram o uso das redes sociais como estratégia para recrutar novos membros no mundo todo e divulgar suas atrocidades para chocar e intimidar seus inimigos.

Todas essas mudanças no comportamento social e mercadológico demandam adequações nas organizações. O cenário competitivo já não é o mesmo. Antigos diferenciais estão caindo, dando lugar a novas estratégias mais adequadas às demandas das novas gerações. A valorização e fidelização às marcas tomam diferentes perspectivas.

Quem ousaria dizer que em 2015 a maior rede de transporte privado do mundo seria o Uber, sem que tenha um carro sequer?

No ambiente interno das organizações, a produtividade repetitiva, fenômeno em que o trabalho é medido por parâmetros exclusivamente baseados no que foi produzido, dá lugar à produtividade criativa ou à capacidade de uma pessoa ou equipe buscar continuamente melhorias e evoluções na forma em que os processos de negócio podem ser operacionalizados.

Antigos processos de gestão de pessoas e de clima organizacional, que funcionaram por décadas, estão ficando obsoletos. Os fatores de motivação do passado já não têm o mesmo efeito nas novas gerações. O antigo sonho de passar anos ou até mesmo a carreira inteira em uma organização está ficando ultrapassado. A fronteira entre vida profissional e pessoal tornou-se indefinida. Os desafios na gestão de pessoas e equipes são imensos e demandarão ajustes nos paradigmas atuais para que as organizações mantenham os níveis de produtividade desejados.

Tudo muda, tudo passa, mas o que se pode perceber neste momento é que as organizações terão que se reinventar para lidar com os desafios de um mundo que muda exponencialmente. A revolução tecnológica ainda está apenas em seus primórdios. Muito, muito mais, virá por aí, influenciando diretamente comportamentos sociais e mercadológicos.

As organizações passarão cada vez mais por reestruturações e revisões na forma como seus processos de negócios e de gestão são conduzidos.

A maneira como o trabalho é organizado já está em profunda transformação em países como França e Alemanha, onde um imenso contingente de profissionais, particularmente migrantes do Leste Europeu, prefere atuar como autônomo ou microempresário em um estado de informalidade legal, fazendo o total de participantes do programa de previdência social do estado despencar mais de 25% nos últimos dez anos.

Neste cenário, somente as organizações mais adaptáveis terão espaço. Empresas, mesmo as que mais dependem de aparatos tecnológicos, são essencialmente feitas de pessoas. E esse corpo funcional sofrerá os impactos das mudanças.

Garantir o sucesso de sua evolução e, por que não dizer, em alguns casos, revolução, passa seguramente pela competência das organizações em gerir o fator humano em seus projetos de mudanças. Só assim estas serão capazes de preservar seu ativo mais valioso, as pessoas, engajadas, formando equipes de alto desempenho.

Vivemos um momento da história humana onde o que muda é a velocidade com que as mudanças estão acontecendo. E o que mais vem por aí? Mudanças, esta é a única certeza.

1.5. Estratégias de mudança

1.5.1. Mudanças impositivas

Há mudanças que são inexoráveis, para as quais só resta a adaptação ou a extinção. Estas são as **mudanças impositivas,** para as quais não há a possibilidade de negociação nem gestão planejada.

Um terremoto que destrói uma cidade ou a falência repentina de uma empresa são exemplos de mudanças que não podem ser geridas por um personagem central. Ocorrem de forma impositiva e a única alternativa dos envolvidos é a autogestão das mudanças.

Muitas organizações usam a abordagem impositiva como uma estratégia de gestão. Em geral são empresas altamente hierarquizadas, onde "manda quem pode e obedece quem tem juízo". Certa vez eu conversava com um amigo, executivo da área de Tecnologia da Informação, sobre a estratégia de mudança adotada em um projeto. Ele retrucou diretamente: "minha empresa tem dono. Ele manda fazer e acabou. Não tenho este problema de gestão de mudanças. Quem não se adaptar é demitido".

Realmente, mudanças impositivas não exigem gestão, mas também não geram engajamento com o propósito. Ocorrem pela coerção do poder.

Seu efeito no clima organizacional e na produtividade é nefasto. O presenteísmo, fenômeno caracterizado por empresas cujo corpo funcional está presente, mas não se engaja nos propósitos da organização, é marcante. Costumamos denominar essa situação de "missa de corpo presente". O corpo está ali, mas a alma está longe.

Pessoas tratadas como seres incapazes de contribuir para a evolução da organização respondem com a produtividade repetitiva, aquela que pode ser mensurada para que as metas individuais sejam alcançadas.

A cultura impositiva é marcada pelo individualismo. As equipes são desnecessárias, pois "seres superiores" são os únicos capazes de tomar as decisões corretas. Tratadas como incapazes de criar e contribuir para a evolução da organização, as pessoas aceitam esse estado passivo de seres menores e passam a atuar como ativos com data de validade e mínima fidelidade. Para alcançar o *status* de "seres supremos", a competição interna beira a deslealdade. As pessoas sentem-se descartáveis como objetos. É a "coisificação da pessoa", fenômeno descrito pelo Dr. Paulo Gaudêncio no livro "Men at Work" (1999).

1.5.2. Mudanças participativas

São aquelas que, partindo de um objetivo, se preocupam em gerar um propósito, promover o engajamento e dar um sentido mais amplo à transição que se faz necessária. São mudanças conduzidas levando-se em consideração o fator humano e sua complexidade.

Esta abordagem, ainda que mais trabalhosa, gera mais valor para a organização. A cultura é a da produtividade criativa, aquela capaz de aprimorar procedimentos e superar metas, inovando e renovando continuamente a organização.

O espírito de equipe ocorre com maior facilidade, quase espontaneamente, pois todos se sentem parte de um sistema integrado, trabalhando para o mesmo propósito. O sentimento de pertencimento é comum, o orgulho de fazer parte envolve até mesmo a família e os amigos mais próximos. Não raro, mesmo fora do horário de trabalho, a equipe está conectada e tem ideias para a melhoria dos processos e o crescimento da organização. As pessoas tratadas com dignidade respondem com fidelidade e engajamento.

Uma breve história que ilustra esse fenômeno:

> *Certa vez um transeunte encontra dois carpinteiros cortando madeira para uma construção. Um estava de semblante fechado. Serrava a madeira sem se importar muito com o melhor aproveitamento desta, nem com as farpas que deixava. Cada pedaço cortado era empilhado sem muito cuidado. Outro demonstrava um ar de realização, cantarolava, enquanto escolhia as ripas mais adequadas para cada pedaço que iria serrar. Com zelo, retirava as farpas e empilhava cada pedaço cortado na sequência em que seria retirado na próxima etapa do processo. O transeunte curioso repara na situação, aproxima-se e pergunta ao primeiro:*
>
> *O que o senhor está fazendo?*
>
> *O homem, de forma ríspida, responde:*
>
> *Cortando madeira, não está vendo?*
>
> *O transeunte então se aproxima do segundo e faz a mesma pergunta. O outro responde sorridente:*
>
> *Estou construindo uma escola.*

Considerando que as mudanças nas organizações são cada vez mais frequentes e necessárias para que estas se mantenham competitivas – e considerando ainda que a maneira como as mudanças são conduzidas ajuda a moldar a evolução cultural –, vale a reflexão: qual dos dois carpinteiros promoverá a maior produtividade coletiva? O repetitivo, não engajado em um propósito, ou o criativo, comprometido com o resultado como um todo?

Qual estratégia de mudança será capaz de trazer melhores resultados no tempo? Qual contribuirá para a longevidade e para o crescimento da organização e qual fortalecerá a cultura capaz de levar a organização a um nível de competitividade diferenciado?

1.6. Os personagens das mudanças

Os personagens envolvidos em uma mudança são denominados *stakeholders*. Um *stakeholder* pode ser uma entidade, um indivíduo ou um grupo de indivíduos que será afetado pela mudança, direta ou indiretamente. Pode ser qualquer funcionário da empresa, bem como um fornecedor, um sindicato, clientes, entidades governamentais etc.

Identificar e classificar esses personagens é fundamental para o desenvolvimento de uma estratégia de Gestão de Mudanças. Este tema será explorado mais adiante em detalhes, na etapa de Planejamento e Iniciação do projeto. Entretanto, como o termo aparecerá repetidamente daqui para frente, entendemos ser necessária essa definição no início do livro, para uma compreensão mais fácil do leitor.

Em uma visão simplificada, os *stakeholders* podem se posicionar de duas formas, como apresentado a seguir:

Antagonistas   Agentes de Suporte da Mudança

Os componentes da equipe destacada para conduzir um projeto de mudanças também devem ser considerados *stakeholders* e necessitam de gestão do fator humano como qualquer outro.

1.7. Modelos de atuação dos gestores de mudança

A Gestão de Mudanças deixou de ser uma disciplina exclusiva de profissionais especializados. No mundo contemporâneo, todo profissional que promove mudanças nas organizações precisa ter um mínimo de conhecimento a respeito da disciplina.

Em empreitadas de pequeno porte, quando o gestor de projetos atua praticamente sozinho gerindo prazo, custo, qualidade, escopo etc., este também terá que atuar na gestão do fator humano. O mesmo vale para pequenas mudanças conduzidas por profissionais de processos, RH, TI e líderes de qualquer área onde uma mudança seja necessária.

Já nas mudanças de grande porte, o gestor contará com uma equipe de apoio com profissionais especializados nas diversas disciplinas de um projeto e dentre essas estará a Gestão de Mudanças Organizacionais.

Ainda assim, esse gestor de projetos precisa entender minimamente os princípios da gestão do fator humano em processos de mudanças, para que possa interagir com a equipe responsável pela disciplina e ele mesmo atuar como um agente de mudanças, percebendo e elaborando estratégias para gestão dos *stakeholders* e de conflitos, estresse, comportamentos, motivação, processos participativos, comunicação empática, além de estímulo à criatividade e inovação.

Em resumo, sendo o líder de uma mudança, um profissional que conduz a gestão de todas as dimensões de um projeto sozinho ou um que conta com o suporte de uma equipe especializada e dedicada exclusivamente às questões humanas, dominar o tema Gestão de Mudanças Organizacionais é uma competência essencial que fará parte da formação dos profissionais de sucesso da atualidade e do futuro.

Não existem mudanças que não devam ser organizadas como projetos, da mesma forma que não existem projetos que não promovam mudanças. As atividades de gestão das mudanças estão intrinsecamente ligadas à gestão do projeto e vice-versa.

Dessa forma, a melhor prática é a fusão das atividades de Gestão de Mudanças ou do fator humano com as demais do projeto em um único plano de trabalho, uma só abordagem para a empreitada.

Assim como o cronograma de um projeto terá atividades relacionadas à gestão de riscos, qualidade, aquisição, integração etc., também as atividades de Gestão de Mudanças, que têm um prazo definido e geram produtos finais, devem fazer parte da ferramenta comum da gestão do projeto.

Gerir as mudanças como uma atividade à parte do projeto é um erro que ainda encontramos com alguma frequência e que deve ser evitado. Ao inserir a Gestão de Mudanças na metodologia e nas boas práticas de gestão de projetos adotadas por uma organização, esta passa aos poucos a fazer parte da cultura organizacional. Com o tempo, não existirão projetos sem a gestão do fator humano. Essa é uma abordagem bem-sucedida em organizações que percebem que mais importante do que simplesmente concluir um projeto dentro das expectativas de prazo, custo e qualidade é promover a cultura de contínua transformação organizacional.

1.8. Objetivo da Gestão de Mudanças

A definição clássica de gestão de mudanças é levar uma pessoa ou organização do estado atual para outro desejado. Entretanto, na visão do HCMBOK, o objetivo da disciplina que denominamos **Gestão de Mudanças** é planejar, aplicar, medir e monitorar ações de gestão do **fator humano** em um projeto de mudanças para ampliar as chances dos resultados esperados serem atingidos ou superados. Não vemos conflito entre o objetivo que definimos para gestão de mudanças e sua definição clássica. Na verdade, vemos convergência, uma vez que ampliar as chances de alcançar os resultados esperados é levar uma organização para a Visão de seu estado futuro desejado através da gestão das mudanças humanas.

Não queremos perder de vista o conceito de humanização do ambiente corporativo. Afinal, não existem empresas sem pessoas. Ainda assim, cremos que a ampla adoção da Gestão de Mudanças nas organizações será possível quando a tornarmos mais tangível e compreensível para a alta gestão. Por isso, adotamos no HCMBOK um objetivo pragmático para a Gestão de Mudanças, que trata do que entendemos ser de interesse das organizações no idioma dos executivos que lideram um negócio. Em resumo, para o *top management* e acionistas, a Gestão de Mudanças deve ser uma disciplina que os ajude a alcançar os objetivos estratégicos da organização.

Qualquer mudança traz desconforto e muitas vezes dor às pessoas afetadas. Entretanto, mudar é inevitável para a evolução das organizações. Quem não muda não evolui, fica obsoleto e pode acabar promovendo a dor maior que é a descontinuidade de um negócio, afetando todos os *stakeholders*, internos e externos, direta ou indiretamente ligados à organização, tais como funcionários, acionistas, clientes, governo e a sociedade como um todo.

A passagem de um estado para outro, promovida por uma mudança, implica em uma etapa de queda de produtividade e readequação. Esta é a fase conhecida como "vale do desespero", representada no gráfico a seguir.

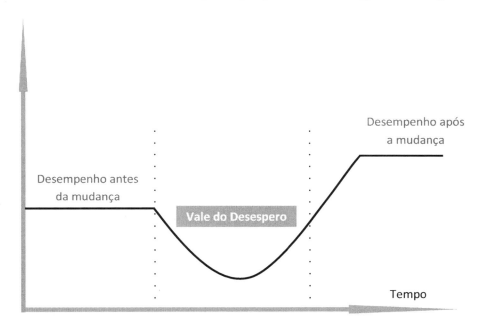

Se essa etapa de transição é inevitável, ela pode ser gerida e ter seu tempo e efeitos reduzidos significativamente. Ninguém muda sem passar pelo vale, mas sofrem mais os que nele acampam. A Gestão de Mudanças é o guia que promove a estratégia e as ações capazes de levar os implicados na mudança a atravessar o vale o mais rápido possível.

A Gestão de Mudanças não é apenas uma atividade operacional, mas, sobretudo, estratégica e deve fazer parte do projeto desde seu planejamento inicial. Em organizações com alto nível de maturidade em Gestão de Mudanças, esta é aplicada desde o planejamento estratégico, como mostraremos no Capítulo 3.

Nossa abordagem de Gestão de Mudanças em projetos está focada no fator humano de uma forma holística. Consideramos não só as questões coletivas, mas também os aspectos individuais, pois cada pessoa é única e insubstituível. Suas atividades podem ser substituídas, mas seu conhecimento, suas habilidades, sua história e sua experiência de vida são particulares, tal qual seu DNA. É sensibilizando, engajando ou mesmo persuadindo o ser humano que chegaremos às mudanças organizacionais.

1.9. Importância da abordagem estratégica de Gestão de Mudanças em projetos

Certa vez, realizando um trabalho de consultoria para uma grande indústria de produtos químicos, avaliávamos a abordagem de Gestão de Mudanças de um projeto de *outsourcing* do parque de impressoras.

O projeto fora idealizado como parte de uma diretriz estratégica de melhoria na gestão de custos. Sua modelagem inicial estava centrada exclusivamente na terceirização da impressão com uma empresa especializada nesse tipo de processo e tecnologia.

Impressoras dedicadas, em muitos casos exclusivamente a um usuário, seriam reunidas em "ilhas de impressão", e controles do que seria impresso seriam implantados, levando a uma racionalização das impressões.

Um projeto aparentemente de baixo impacto, mas um olhar mais profundo na avaliação dos *stakeholders* mostrou que o projeto apresentaria forte resistência por parte dos usuários, que, durante toda a existência da empresa, tiveram a gestão de suas impressões sob sua tutela, ao alcance da mão, sem qualquer controle corporativo.

Seguramente, este projeto alteraria uma situação de conforto que transformaria as ótimas intenções da área de TI em motivo de resistências e reclamações. A força dos antagonistas era tamanha que o projeto apresentava grande chance de não alcançar todas as metas traçadas.

Avaliando o contexto corporativo, percebeu-se que o propósito do projeto incluía ainda outra diretriz estratégica da organização: cultivar uma imagem de empresa ambientalmente responsável.

Sem perder o foco nos benefícios planejados de redução de custos, o propósito do projeto, capaz de mobilizar toda a organização, deveria seguir por outro caminho do que o da simples questão de custos – a adoção do conceito de "Empresa Verde", comprometida com a gestão do volume de impressões geradas e a redução do impacto no meio ambiente e, consequentemente, seus reflexos em uma melhor gestão de custos.

A área de Meio Ambiente, que sequer estava envolvida no projeto, passou a ser um *stakeholder* fundamental, e, com essa abordagem, o patrocinador deixava de ser a área de TI para ser a alta direção da empresa ou mesmo seu presidente.

Os indicadores de sucesso do projeto, planejados originalmente para serem comunicados como redução do volume de impressões e custo, por exemplo, passaram a incluir o total de árvores preservadas, o volume de energia reduzida em todo o processo, desde a produção dos insumos básicos, como papel, tinta e equipamentos, o volume de água reduzido na produção de papel e a redução de emissão de CO_2 em todo o processo.

Para maximizar as possibilidades de engajamento dos *stakeholders* de todas as áreas da empresa, criou-se um "selo verde", a ser concedido a cada departamento que alcançasse suas metas de redução de impressões. Cada diretoria só receberia seu "selo verde" quando todos os seus departamentos o tivessem.

Um projeto que tinha tudo para incomodar e gerar desconforto foi inteiramente redirecionado para gerar um compromisso coletivo, sem perder de vista seu objetivo de redução de custos, agregando-se um propósito nobre e comovente, de forte apelo popular.

Este é um excelente exemplo da importância de considerar a Gestão de Mudanças desde o planejamento inicial do projeto. O projeto era **de** Tecnologia da Informação e não **da** área de Tecnologia da Informação. Conduzido com a abordagem estratégica de gestão das mudanças, tornou--se uma empreitada corporativa alinhada com as diretrizes estratégicas.

Sem uma avaliação detalhada dos *stakeholders*, das forças antagonistas e do nível de desconforto gerado pela mudança, o propósito, a identidade, o patrocinador e a abordagem de engajamento teriam sido outros. Os resultados seguramente também não seriam os mesmos.

1.10. Gestão de projetos ou transformação organizacional?

Muitos gestores de projetos e PMOs consideram um projeto bem-sucedido aquele que termina no prazo, custo, escopo e qualidade almejados. Outros falam em atingir objetivos estratégicos, mas ficam por aí, sem de fato mensurá-los e sustentá-los ao longo do tempo. Entretanto, uma reflexão mais profunda pode alterar completamente essa perspectiva.

Siga imaginariamente a perspectiva do "dono da empresa" ou da alta direção que aprova o portfólio de projetos e os investimentos que serão feitos. Afinal, o que eles realmente querem? O que você quereria?

Sem sombra de dúvida, podemos responder que cada projeto é um passo na transformação de uma organização em busca de diferenciais que a mantenham competitiva, produtiva e lucrativa. O que justifica o investimento é o retorno que este pode trazer para a organização.

Medir um projeto apenas por parâmetros técnicos é um erro clássico ainda cometido por muitas empresas. Mensurar o resultado de um projeto logo após o seu encerramento é outra questão que deve ser repensada, pois nada garante que a mudança será sustentável e se consolidará integralmente na cultura organizacional com o passar do tempo.

Cabe-nos lembrar uma vez mais que não existem projetos sem pessoas. Enquanto os projetos têm um prazo determinado para terminar, a inserção de uma nova maneira de trabalhar em uma organização depende muito mais do engajamento dos seres humanos do que da simples implantação de uma nova tecnologia, processo ou redesenho organizacional.

Um projeto pode sim terminar em seu prazo, custo e escopo ou qualidade e simplesmente trazer pouco ou nenhum benefício para a transformação da organização. Podemos então dizer que esse empreendimento foi bem-sucedido e premiar, em alguns casos, com polpudas bonificações os *stakeholders* diretamente envolvidos na execução do projeto?

Parece simples, mas o sucesso de um projeto deve ser medido através de parâmetros que não se encerram com o fim da empreitada, e sim com sua capacidade de se sustentar ao longo do tempo e de fato transformar uma organização.

Em nosso último capítulo apresentamos um caso de fracasso de um projeto que terminou com prazo, custo, escopo e qualidade almejados, mas não promoveu a transformação que se esperava na organização. Aqueles que decidem os investimentos não querem apenas projetos, mas a transformação organizacional. Projetos são apenas os meios para que esta seja alcançada. Daí decorre a grande relevância que damos à sustentação da mudança até que ela esteja realmente consolidada.

Uma vez mais a Gestão de Mudanças ganha um caráter estratégico. É o engajamento das pessoas no que foi produzido pelo projeto que determinará o resultado de uma empreitada. E isso, na maioria dos casos, não se pode observar logo após o término de um projeto, mas apenas com o tempo, através de métricas quantitativas e qualitativas da mudança proposta.

Em matéria de gestão de projetos, ainda temos muito que aprender. A parte mais fácil é lidar com software, hardware, redesenho na estrutura organizacional e de processos. O desafio é promover a transformação organizacional através de projetos que, para serem bem-sucedidos, necessariamente têm que gerir a dimensão humana da mudança esperada.

2. HCMBOK – *Human Change Management Body of Knowledge*

O HCMBOK é um conjunto de boas práticas, metodologia e ferramentas, concebido com base em diferentes disciplinas como Gestão de Projetos, Antropologia, Psicologia, Tanatologia e Gestão de Pessoas e Liderança, que pode ser conectado com qualquer metodologia de gestão de projetos.

Para efeito didático e melhor compreensão do leitor, apresentamos o HCMBOK estruturado em uma visão sequencial das etapas típicas de um projeto. Esperamos com essa abordagem facilitar a correlação de cada macroatividade com uma determinada etapa do projeto.

Em algumas metodologias de gestão de projetos a etapa de Aquisição faz parte da execução. Aqui deixamo-la segregada também por uma questão didática, uma vez que do ponto de vista de Gestão de Mudanças há macroatividades específicas a serem desenvolvidas nessa etapa.

Ainda que a estrutura sequencial de apresentação do HCMBOK possa parecer conectá-lo exclusivamente com as metodologias tradicionais, também conhecidas como "modelo em cascata" ou *Waterfall*, sua aplicação se encaixa perfeitamente nas metodologias ágeis através da execução de diversos ciclos de aquisição, execução, implantação e encerramento. No Apêndice I apresentamos com mais detalhes a correlação das metodologias ágeis com o HCMBOK.

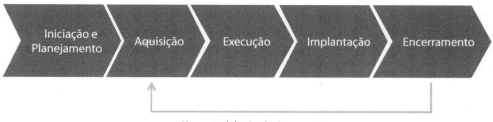

Nas metodologias ágeis essas etapas são repetidas em diversos ciclos

2.1. Estrutura do HCMBOK

Todo projeto por definição é um empreendimento temporário para implantar um novo produto, serviço ou resultado exclusivo (*PMBOK® Guide* 5ª edição, 2013). Projetos têm um início e término claramente definidos. A maioria das metodologias de gestão de projetos interpreta como "término" a data em que o projeto é implantado ou encerrado.

A mudança organizacional, entretanto, não segue esse padrão. Cada ser humano processa a mudança de forma diferente e muitos tendem a resistir e, se possível, retornar ao estado anterior à mudança, mantendo-se em sua zona de conforto.

Dessa forma, acrescentamos na figura que representa a estrutura do HCMBOK uma etapa adicional, posterior ao encerramento do projeto, que denominamos **Produção**. É nesta etapa que a mudança já foi implantada, mas que ainda demanda sustentação até que esteja totalmente consolidada.

Algumas macroatividades apresentadas nas próximas páginas são típicas de uma etapa específica do projeto; outras são recorrentes, iniciam-se no Planejamento e seguem até a etapa de Produção, que ocorre após o Encerramento do projeto.

Independentemente da metodologia de gestão de projetos que venha a ser adotada, entendemos que a boa aplicação do HCMBOK exige flexibilidade, tanto na seleção das atividades que serão desenvolvidas, como na sequência de realização destas.

Não se prenda à numeração das atividades como uma referência hierárquica para a execução da atividade seguinte. A atividade 2.2.4, por exemplo, em alguns casos, pode ser importante para que a 2.2.1 seja realizada com melhor resultado.

Muitas vezes as próprias etapas dos projetos têm alguma concomitância. Esteja atento à necessidade de executar, por exemplo, uma atividade da etapa de Aquisição junto com outras da etapa de Execução.

O leitor deve compreender que a estrutura que usamos para apresentar o HCMBOK, com etapas, macroatividades e atividades, é muito mais para efeito didático, e não uma sequência rígida que não pode ser adequada às necessidades de cada projeto.

Cabe lembrar também que nem todos os projetos demandarão o uso de todas as macroatividades e atividades. Defina sua abordagem de Gestão de Mudanças selecionando aquelas que melhor se encaixam no seu projeto e que estão alinhadas com a cultura organizacional. Caso julgue necessário, não se furte da oportunidade de incluir atividades adicionais.

No início de cada etapa do projeto e nas atividades recorrentes, apresentamos para cada macroatividade um resumo das atividades a serem desenvolvidas. Não se limite a este resumo, que serve apenas como uma referência rápida. No final de cada macroatividade há a lista detalhada de atividades que deve ser observada para a boa aplicação do HCMBOK como um guia de gestão das mudanças.

O HCMBOK é um guia, mas não um caminho único, e deve ser aplicado com as adaptações necessárias para cada projeto. A representação gráfica a seguir ilustra a macrovisão da metodologia que faz parte do HCMBOK, incluindo as macroatividades recorrentes, as etapas típicas de um projeto e ainda a etapa de Produção, especificamente incluída para que as mudanças sejam sustentadas até sua consolidação.

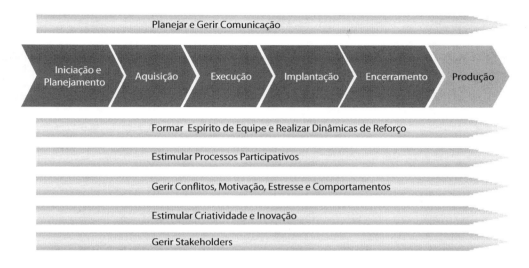

2.2. Iniciação e Planejamento

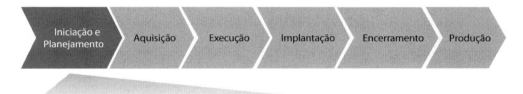

Esta é a etapa em que toda a abordagem estratégica de gestão das mudanças organizacionais deve ser definida, por vezes influenciando até mesmo a maneira como o projeto será organizado e desenvolvido.

O desenvolvimento desta etapa em conjunto com as lideranças do projeto permite o alinhamento e a integração desde os primeiros passos da empreitada. Ao final desta etapa, o Plano Estratégico de Gestão de Mudanças deverá estar pronto e aprovado. Além disso, o plano de ação com as táticas e atividades operacionais também deve estar preparado e integrado com o cronograma de atividades do projeto.

Apresentamos a seguir as macroatividades que fazem parte desta etapa do projeto.

2.2.1. Definir e preparar o patrocinador do projeto

- ▶ Definir patrocinador do projeto
- ▶ Preparar patrocinador para atuar no projeto
- ▶ Assegurar o compromisso e a disponibilidade do patrocinador para com o projeto
- ▶ Discutir objetivo do projeto, expectativas, pessoas e áreas que devem ser envolvidas segundo a visão do patrocinador
- ▶ Identificar impactos preliminares percebidos pelo patrocinador

2.2.2. Realizar o *workshop* de alinhamento e mobilização das lideranças

- ▶ Planejar *workshop* de alinhamento e mobilização das lideranças em conjunto com o gerente do projeto
- ▶ Alinhar a Visão do estado futuro da organização, o objetivo do projeto e definir metas e métricas quantitativas e qualitativas
- ▶ Definir a estratégia de comunicação da mudança e comunicá-la assim que possível
- ▶ Sensibilizar líderes em relação a seu papel de agentes ativos da mudança (copatrocinadores)

2.2.3. Definir o propósito e a identidade do projeto

- ▶ Definir propósito da mudança
- ▶ Definir identidade do projeto

2.2.4. Mapear e classificar os *stakeholders*

- ▶ Elencar *stakeholders* envolvidos na mudança
- ▶ Classificar *stakeholders*

2.2.5. Avaliar as características da cultura organizacional e seus reflexos na mudança

- ► Circular pela empresa e observar o ambiente físico, avaliar os elementos explícitos e tácitos da cultura
- ► Realizar entrevistas, conversas informais e elaborar o diagnóstico da cultura organizacional
- ► Avaliar e relacionar elementos da cultura elencando-os como fatores de antagonismo ou engajamento para a mudança planejada
- ► Avaliar e relacionar riscos das características da cultura para a mudança planejada e alimentar Mapa de Riscos do projeto
- ► Traçar plano de gestão dos reflexos da cultura organizacional nas mudanças e discutir com lideranças do projeto

2.2.6. Definir papéis e responsabilidades da equipe do projeto

- ► Elaborar Matriz RACI
- ► Definir organograma do projeto

2.2.7. Adequar o ambiente físico às necessidades do projeto

- ► Planejar o ambiente físico adequado ao projeto
- ► Estimar custos de eventuais ajustes no ambiente

2.2.8. Planejar a alocação e o desenvolvimento da equipe do projeto

- ► Planejar alocação e retorno da equipe
- ► Definir e executar plano de treinamento preliminar
- ► Envolver a área de treinamento e desenvolvimento quando esta existir na organização
- ► Avaliar recursos disponíveis para a gestão de aprendizagem na etapa de Execução
- ► Compartilhar princípios básicos de Gestão de Mudanças com a equipe de gestão do projeto

2.2.9. Avaliar a predisposição do clima para mudanças e seus impactos

- ▶ Avaliar maturidade para lidar com perdas
- ▶ Avaliar nível de confiança da equipe

2.2.10. Estabelecer o plano de ação de Gestão de Mudanças

- ▶ Selecionar as atividades do HCMBOK que serão executadas na abordagem de Gestão de Mudanças
- ▶ Planejar marcos da mudança – eventos e *workshops* sincronizados com o cronograma do projeto
- ▶ Desenvolver programa de reconhecimento e celebração dos desafios superados
- ▶ Desenvolver estratégia de sustentação da mudança
- ▶ Integrar planejamento de Gestão de Mudanças com o orçamento, o plano e o cronograma do projeto

2.2.11. Planejar o *kick-off* do projeto

- ▶ Definir modelo do *kick-off* – programação, tempo dedicado, local e investimento
- ▶ Relacionar participantes usando o Mapa de *Stakeholders* como fonte de informações
- ▶ Preparar patrocinador e fornecedores para suas intervenções
- ▶ Definir os *stakeholders* que serão foco de observação da equipe de gestão do projeto
- ▶ Definir processo de *feedback* dos participantes do evento
- ▶ Realizar *debriefing* do evento e atualizar o Mapa de *Stakeholders*

2.2.12. Elaborar o Plano Estratégico de Gestão de Mudanças

▶ Desenvolver o Plano Estratégico de Gestão de Mudanças em versões, durante a execução das atividades da etapa de Planejamento e das atividades recorrentes
▶ Identificar, discutir e implantar *Quick-Wins*
▶ Discutir versões preliminares do plano com equipe de gestão do projeto
▶ Apresentar e validar versões preliminares do plano com patrocinador e Comitê Diretor do projeto
▶ Aprovar Plano Estratégico de Gestão de Mudanças com o patrocinador e o Comitê Diretor do projeto
▶ Compartilhar versão do planejamento sumarizada e filtrada com Comitê de Gestão do projeto

2.2.1. Definir e preparar o patrocinador do projeto

Todo processo de mudança precisa de um patrocinador, uma pessoa com poder e respaldo para demandar a mudança, acompanhá-la e intervir quando necessário.

O patrocinador é um agente ativo comprometido com a mudança e responsável em última análise pelo seu significado e propósito. Suas atividades podem ser intensas, especialmente em relação à definição e comunicação do propósito da mudança, à gestão de conflitos e às atividades de promoção do engajamento de *stakeholders*.

O patrocinador precisa compreender bem o seu papel e ter disponibilidade para atuar no projeto. Uma boa prática é envolvê-lo, discutindo sua visão do projeto, os objetivos a serem alcançados e as expectativas em relação aos benefícios e impactos decorrentes da empreitada. Em geral ele já participou de discussões acerca das mudanças que serão realizadas. Tem uma percepção prévia das pessoas e áreas que precisam ser envolvidas e de suas posições pessoais. Discutir todos esses aspectos e capturar a percepção do patrocinador faz parte de sua preparação para atuar como agente de mudanças, particularmente relevante em organizações cuja cultura ainda não incorporou a prática de ter patrocinadores atuantes nas mudanças organizacionais. Quanto maior for a credibilidade do patrocinador frente ao corpo funcional, maior será o reflexo de seu patrocínio para impulsionar o processo de mudança.

Projetos de grande porte ou alta complexidade podem demandar o patrocínio da alta gestão da empresa, por vezes do primeiro escalão – o próprio CEO da empresa. Nestes casos, o patrocínio deve ser estendido para um comitê, um grupo de executivos também do alto escalão, com representatividade o suficiente para apoiar a mudança nos momentos em que o patrocinador formal não tiver tempo para se envolver diretamente nas demandas do projeto.

Esse comitê deve ter um coordenador com respaldo do patrocinador para tomada de decisões imediatas. O cenário ideal é que todos os membros do comitê sejam do mesmo nível hierárquico. O uso da denominação coordenador é justamente para evitar choques de ego no comitê.

Coordenador é quem ordena junto e, portanto, com o uso desta denominação não há um peso hierárquico desta posição no comitê. Ainda nestes casos, o patrocinador deve ser o responsável pelo menos pela comunicação inicial da Visão do estado futuro da organização após o projeto, pelo propósito da mudança e pelos objetivos e expectativas, assegurando que seu patrocínio é inexorável, mesmo que em alguns momentos seja executado por um comitê de alta representatividade, como demonstrado a seguir:

Patrocinador Formal

Coordenador do Comitê de Patrocínio

Demais membros do Comitê de Patrocínio

Podemos dizer que, salvo casos excepcionais, um projeto deve ter um único patrocinador. Quando se tem dois ou mais patrocinadores, há a necessidade de alinhamento constante entre eles, a fim de evitar que mensagens dúbias cheguem aos demais *stakeholders*.

Mesmo tendo um patrocinador, sempre haverá a necessidade de conseguir copatrocínio de outros *stakeholders*. A situação desejada é que líderes de todos os níveis estejam engajados, atuem como copatrocinadores e "vendam" a mudança para seus liderados.

A troca do patrocinador ao longo do projeto deve ser evitada sempre que possível. As repercussões dessa mudança podem afetar tremendamente o engajamento dos *stakeholders*, particularmente quando o estilo do sucessor é muito diferente do antecessor.

A pior situação que podemos imaginar é o patrocinador – seja ele o mesmo desde o início do projeto ou um substituto – não demonstrar engajamento na mudança. Em nossas experiências como consultores, já vimos casos em que o patrocinador atuava como principal boicotador do projeto. Nesses casos, se o ambiente político permitir, é melhor rediscutir a relevância da mudança em relação à estratégia da empresa. Há pouca chance do projeto alcançar seus objetivos estratégicos e será mais barato cancelá-lo do que seguir em frente e criar um marco de fracasso na transformação da organização. Em muitos casos, custos desnecessários serão criados pelo projeto sem que os benefícios sejam alcançados.

Há que se levar em conta ainda o impacto que um projeto malsucedido por falta de patrocínio terá em futuras empreitadas. A cultura organizacional poderá criar ou reforçar o mito de que as mudanças não são desejadas ou aceitáveis e, ainda pior, o tabu de que projetos, uma vez iniciados, mesmo que não alinhados com as diretrizes estratégicas, não podem ser suspensos ou cancelados.

Muitos são os projetos que não alcançam seus objetivos estratégicos por falta de patrocínio explícito. Dados do relatório *The Pulse of the Profession* (edição 2014), produzido pelo PMI®, demonstram que apenas 41% dos projetos que *não* contam com patrocínio explícito e ativo são bem-sucedidos.

Atividades:

- ▶ Definir patrocinador do projeto.
- ▶ Assegurar o compromisso e a disponibilidade do patrocinador para com o projeto.
- ▶ Preparar patrocinador para atuar no projeto.
- ▶ Discutir objetivo do projeto, expectativas, pessoas e áreas que devem ser envolvidas segundo a visão do patrocinador.
- ▶ Identificar os impactos organizacionais preliminarmente percebidos pelo patrocinador.
- ▶ Avaliar a necessidade de formar um colegiado (Comitê de Patrocínio) para substituir o patrocinador, quando necessário.
- ▶ Definir o coordenador do Comitê e prepará-lo para atuar como representante do patrocinador.
- ▶ Assegurar-se de que o patrocinador está disposto a enfrentar os desafios e disponível para a execução do projeto.

2.2.2. Realizar o *workshop* de alinhamento e mobilização das lideranças

Muitas organizações que estão começando a aplicar uma abordagem estruturada de Gestão de Mudanças Organizacionais ainda precisam sensibilizar seus líderes em relação a o que é, o que faz e o que se deve esperar dessa abordagem.

Use este *workshop* para apresentar e sensibilizar os participantes em relação à relevância de gerir o processo de mudança para que os objetivos estratégicos que motivaram a empreitada sejam alcançados. Nas organizações onde a prática de gestão das mudanças já está consolidada na cultura organizacional, o *workshop* pode ser conduzido sem a realização dessa atividade.

As lideranças envolvidas na mudança planejada precisam estar alinhadas em relação aos objetivos estratégicos a serem alcançados. Ainda que tenham sido discutidos anteriormente em alguma etapa do planejamento estratégico da organização, nem sempre os projetos de mudanças estão totalmente claros para todos. Não perca a oportunidade de sair desse evento com o objetivo definido em uma sentença clara e assertiva. A Visão do estado futuro da organização após a mudança também precisa estar claramente definida e alinhada com todos. Uma boa definição da Visão necessariamente deve estar relacionada ao planejamento estratégico, ao objetivo do projeto, ao plano de negócio e à Visão, à Missão, aos Valores e à cultura da organização.

O *workshop* serve ainda para ajustar as expectativas das lideranças e definir claramente as métricas e as metas a serem alcançadas com o projeto de mudança. Essas métricas serão uma fonte importante para avaliação da consolidação da mudança depois de sua implantação e podem ter natureza não só qualitativa como principalmente quantitativa. Projetos que foram precedidos de estudos de viabilidade ou planos de negócio com parâmetros como, por exemplo, ganhos em termos de rentabilidade e produtividade, ROI (*Return On Investment*) etc. devem usar esses dados como referências a serem discutidas e confirmadas na definição de métricas quantitativas.

Uma das metas a serem discutidas é o tempo necessário para desenvolvimento do projeto. Em nossos trabalhos de consultoria, já vimos muitos projetos natimortos por definirem metas de implantação totalmente fora da realidade.

Se a equipe de projeto não acreditar nas metas, especialmente aquelas ligadas a prazo de desenvolvimento do projeto, dificilmente a empreitada será bem-sucedida. É mais provável que a equipe fique sobrecarregada e trabalhe no limite do estresse e com baixa motivação. As lideranças ficarão frustradas, o orçamento não será suficiente e a cultura amargará uma cicatriz organizacional, deixando um legado negativo em sua história.

Nesses casos, recorra a *benchmarks*, dados e fatos que mostrem uma sequência lógica do desenvolvimento das atividades estruturadas em um macrocronograma.

Uma vez que o objetivo e as metas do projeto estejam definidos, o mapeamento de impactos organizacionais preliminarmente esperados pelos participantes do *workshop* poderá ser realizado. A perspectiva dos líderes da organização em relação aos reflexos provocados pela mudança é uma referência importante que servirá de insumo quando da realização da atividade de mapeamento detalhado dos impactos organizacionais.

O projeto pode não ter começado formalmente, mas o corpo funcional acabará tomando conhecimento da mobilização realizada para a mudança. Para evitar especulações acerca do projeto que está na etapa de Planejamento, a melhor abordagem é aproveitar o *workshop* para definir o que será comunicado e como será feita essa comunicação. Só assim os líderes deixarão o *workshop* com um único discurso em relação ao projeto de mudanças. A comunicação da mudança precisa levar em conta a Visão do estado futuro da organização e o propósito da mudança, que, dependendo do impacto do projeto, poderá ser definido nesse *workshop* ou não.

Para uma melhor compreensão, trataremos da definição do propósito em uma macroatividade desenvolvida especificamente com essa finalidade.

Inicie a comunicação o mais rápido possível. Não dê tempo para que as especulações ganhem força. Lembre-se: no imaginário do corpo funcional, com ou sem um anúncio público, em muitos casos o projeto já começou.

Caso o patrocinador ainda não tenha sido definido, o *workshop* pode servir como um fórum para sua definição. Esse é também um bom momento para sensibilizar os líderes em relação ao seu papel como agentes ativos da mudança. Deixe claro que a mudança precisa de apoio para permear as demais camadas organizacionais a partir das lideranças da organização, não só ao longo do desenvolvimento do projeto, mas também depois da implantação, quando a mudança precisa ser sustentada até que esteja consolidada.

Ainda que as lideranças estejam alinhadas e aparentemente comprometidas com a mudança proposta, a percepção de perda, alterações na cadeia de poder ou mesmo questões ligadas ao "ego" podem afetar alguns desses líderes. Use essa oportunidade para observar comportamentos e avaliar potenciais antagonistas.

Quando o desconforto e o antagonismo forem evidentes, táticas para reverter ou minimizar essa situação deverão ser discutidas posteriormente com o patrocinador a fim de evitar que essa "força oculta" venha a agir antagonicamente à mudança, afetando o engajamento dos demais *stakeholders*.

Mudanças organizacionais de alto impacto podem demandar *workshops* com o envolvimento de todo o alto escalão da empresa. Nesse caso, o ideal é realizá-lo fora da organização para manter o foco, gerar a percepção de relevância e obter mobilização para apoio à mudança.

Um *workshop* bem-sucedido é aquele que gera não só o alinhamento, mas principalmente a **mobilização das lideranças,** impulsionando o projeto de mudança.

Atividades:

- ▶ Planejar *workshop* de alinhamento e mobilização das lideranças em conjunto com o gerente do projeto e o patrocinador.
- ▶ Introduzir, quando necessário, a abordagem de Gestão de Mudanças Organizacionais e sua relevância para o sucesso da empreitada.
- ▶ Assegurar que uma clara Visão do estado futuro da organização após a mudança foi compreendida por todos.
- ▶ Alinhar o objetivo do projeto e definir metas e métricas quantitativas e qualitativas, que devem estar em sintonia com o plano de negócio e à estratégia da organização.
- ▶ Definir a estratégia de comunicação da mudança e comunicá-la assim que possível.
- ▶ Sensibilizar líderes em relação a seu papel de agentes ativos da mudança (copatrocinadores).
- ▶ Observar comportamentos e avaliar potenciais antagonistas ou vendedores das mudanças.

2.2.3. Definir o propósito e a identidade do projeto

O objetivo de uma mudança é o seu principal motivador, uma sentença assertiva do que será mudado. Por exemplo, no caso da terceirização de uma função, o motivador principal poderia ser: redução de custos por ganhos de escala. Esse objetivo, entretanto, está ligado a outros motivadores relevantes da mudança, como: maior foco da gestão na atividade-fim do negócio, melhoria da qualidade da função terceirizada, dentre outros.

Já o propósito é uma forma mais profunda e abrangente de promover o objetivo a ser alcançado. Enquanto o objetivo traz uma compreensão da mudança na instância racional, ou seja, "o quê" será mudado, o propósito do projeto toca no emocional, isto é, "por quê" a mudança ocorrerá.

A criação de um propósito pressupõe não só o objetivo, mas também a perspectiva dos *stakeholders*, e isso demanda uma postura empática do gestor de mudanças. É preciso olhar e sentir o efeito da mudança do ponto de vista dos que serão afetados por ela. Só assim será possível definir um propósito realmente capaz de dar um sentido à mudança, ampliar a possibilidade de engajamento e facilitar a comunicação e compreensão da mudança pretendida.

No exemplo citado, pode-se imaginar que os *stakeholders* que serão terceirizados sem uma abordagem adequada de gestão da mudança tendem a apresentar uma perspectiva de perda de laços afetivos com sua empresa de origem. Possivelmente haverá alta resistência, afetando até mesmo parte do corpo funcional que não será terceirizado. O objetivo do projeto é a terceirização; entretanto, sem que exista um propósito capaz de promover a mudança do ponto de vista humano, as pessoas se sentirão terceirizadas como se fossem objetos descartáveis.

Observando com mais cuidado a mudança planejada, pode-se perceber que o objetivo principal promoverá diversos efeitos positivos que, se não forem enfocados, não serão percebidos. O propósito da mudança não pode perder de vista o objetivo, mas pode incluir uma abordagem mais completa e humana do movimento proposto.

Neste caso em particular, os funcionários terceirizados passarão a trabalhar em uma empresa cuja atividade-fim compreende suas especialidades. Seguramente, suas oportunidades de aprendizado e carreira serão maiores em uma empresa com essas características. Além disso, a otimização de custos e a melhoria da qualidade de funções de apoio poderão ampliar o patamar competitivo da organização, gerando, ao mesmo tempo, novas oportunidades de desenvolvimento para o negócio e seu corpo funcional. Até mesmo os clientes podem ser beneficiados com esse movimento.

Estabelecendo o propósito a partir desse prisma, a mudança, embora com uma inevitável percepção de dor para alguns, trará benefícios para muitos *stakeholders*. Sem perder de vista o seu objetivo primário, a mudança terá maior engajamento, uma fase de luto e percepção de perdas mais curta e menos sofrimento para todos.

Toda mudança deve ter um propósito capaz de colocar a alma, e não só o corpo, das pessoas no movimento de mudança. Mudanças sem um propósito claro e facilmente compreendido pelos *stakeholders* estão fadadas ao baixo engajamento, causarão grande trauma organizacional ou sucumbirão.

O propósito é parte relevante da estratégia de comunicação e condução da mudança e pode ser definido pelo patrocinador em conjunto com a equipe de gestão do projeto da mudança ou ainda pelas lideranças durante o *workshop* de alinhamento e mobilização para mudanças, especialmente em projetos de alto impacto para a organização.

De forma resumida, podemos dizer que o propósito trata do "por quê" a mudança será realizada (*why*), enquanto o objetivo está relacionado a "o quê" será mudando (*what*) e o planejamento do projeto de mudança a "como" a mudança será realizada (*how*).

A figura a seguir demonstra os três elementos de comunicação da mudança e sua prioridade deve ser observada na sequência: por que mudaremos, o que mudaremos e como mudaremos.

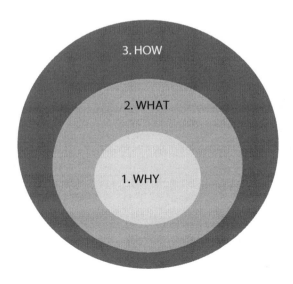

Uma vez definido o propósito, o projeto necessita de uma identidade – nome, logomarca, slogan e atributos a serem usados na comunicação. Há casos em que o projeto necessita de uma identidade desde seu planejamento inicial, o que impede o uso de um processo participativo envolvendo diversos *stakeholders*.

Uma alternativa interessante é deixar a equipe de projeto participar do desenvolvimento da identidade. Essa abordagem participativa estimula uma maior identificação do corpo funcional com o projeto, ampliando a chance de engajamento na mudança. Neste caso, desenvolver a identidade do projeto ao longo do *workshop* de *kick-off* do projeto, realizado na etapa de Execução, é uma excelente opção.

Atividades:

► Definir propósito da mudança.
► Definir identidade do projeto.

2.2.4. Mapear e classificar os *stakeholders*

Qualquer pessoa, grupo de pessoas ou entidade que será afetada direta ou indiretamente pelas mudanças é um *stakeholder*.

O Mapa de *Stakeholders* é uma das principais ferramentas de suporte à Gestão de Mudanças. Seu uso é exclusivo da equipe de gestão de projetos e deve ser tratado com alta confidencialidade. É nele que os *stakeholders* estarão elencados e qualificados em relação ao seu posicionamento frente à mudança.

Com base nessa ferramenta, os gestores do projeto poderão identificar conflitos potenciais, dimensionar com maior acurácia o esforço de gestão da mudança, definir estratégias de comunicação, promover abordagens de engajamento ou redução do poder de antagonismo e monitorar os resultados das atividades de gestão dos *stakeholders*.

Realizar o mapeamento dos *stakeholders* é uma atividade dinâmica, que percorrerá o projeto desde seu planejamento até a etapa de Produção (após o encerramento do projeto) e total consolidação das mudanças.

Nesta etapa a primeira versão do Mapa de *Stakeholders* deve ser desenvolvida e ao longo do projeto reavaliada e atualizada constantemente. Sua atualização pode ocorrer em rituais formais ou em virtude de um evento que permita à equipe de gestão do projeto perceber evidências de mudanças no comportamento dos *stakeholders*.

Existem muitos modelos de Mapa de *Stakeholders*. Desenvolvemos o modelo a seguir pela sua simplicidade e praticidade de aplicação.

Sua elaboração deve ser feita de forma participativa, envolvendo toda a equipe de gestão do projeto para obter diferentes perspectivas e identificar convergências nas percepções de várias pessoas. A qualificação dos *stakeholders* é, na verdade, um processo especulativo que deve levar em conta a visão preliminar do patrocinador, os dados colhidos ao longo do *workshop* de alinhamento e a mobilização das lideranças e a percepção da equipe. Na medida em que o projeto evolui, o comportamento dos *stakeholders* permitirá uma qualificação mais precisa.

A revisão do Mapa de *Stakeholders* deve ser uma das atividades das reuniões da equipe de gestão do projeto, que em geral ocorrem semanal ou quinzenalmente. Entretanto, essa equipe deve estar treinada para observar comportamentos em cada interação com os *stakeholders* e pode propor atualizações no mapa a qualquer momento.

Projetos de larga escala podem ter até centenas de *stakeholders*. Nesse caso, quando possível, relacione inicialmente parte dos *stakeholders* por grupos, como, por exemplo: equipe de vendas, clientes VIP, departamento X. Evite relacionar muitos indivíduos, pois a gestão de um mapa com dezenas de *stakeholders* não será produtiva. É provável que no decorrer do projeto alguns grupos apresentem subgrupos com comportamentos distintos, o que demandará a divisão do grupo original em subgrupos ou mesmo em indivíduos. Concentre-se nos que são prioritários e influenciam o projeto com maior intensidade, criando uma lista exclusiva para estes.

A atualização dessa ferramenta é importante para manter um registro da evolução do projeto em relação ao engajamento dos *stakeholders*. Ainda mais importante é que, a partir da atualização da lista, ações de gestão dos *stakeholders* sejam planejadas e desenvolvidas.

Atividades:

► Elencar todos os envolvidos na mudança, direta e indiretamente, de dentro ou de fora da organização, definindo se serão relacionados individualmente ou como um grupo.
► Classificá-los segundo sua capacidade de influenciar as decisões e o rumo do projeto.
► Qualificá-los segundo sua adesão provável à mudança, como demonstrado a seguir.

Capacidade de influenciar as decisões e o rumo do projeto

► **Decisores** – São os principais personagens nas decisões do projeto. Seu engajamento e compromisso são fundamentais para o sucesso da mudança proposta; todo patrocinador, por definição, é um decisor. Não necessariamente todos os Decisores são os líderes de maior hierarquia na organização, mas, de uma maneira geral, nessa classificação encontramos pessoas com poder na organização.
► **Influenciadores diretos** – Não têm o poder de decidir, mas influenciam diretamente o rumo e o humor do projeto, principalmente atuando junto aos Decisores.
► **Influenciadores indiretos** – Não têm poder de decidir, mas, trabalhando nos bastidores, podem influenciar o projeto. São formadores de opinião e, se tiverem um perfil persuasivo, podem ter grande peso no engajamento de outros *stakeholders*. Seu caminho natural é influenciar os influenciadores diretos, mas em muitos casos encontraremos aqueles que têm conexões com os Decisores e também podem influenciá-los.
► **Espectadores** – Sentirão a mudança, podem boicotá-la, mas, sozinhos, não têm poder de alterar o resultado do projeto. Entretanto, um número relevante de espectadores antagonistas pode criar complicações na etapa de sustentação da mudança. Note que frequentemente um espectador na verdade deve ser classificado não individualmente, mas como um grupo ou entidade. Em um projeto de construção de um porto, por exemplo, um operário sozinho é um espectador sem poder para afetar o projeto. Entretanto, os operários como um grupo unido podem entrar em greve e paralisar a obra em curso, causando sérios prejuízos financeiros e comprometendo o cronograma.

Adesão provável à mudança

- ▶ **Vendedores** – São aqueles que apoiam e vendem o projeto naturalmente. Sentem orgulho de participar; todo patrocinador deveria, por definição, ser o grande vendedor do projeto.
- ▶ **Suportes** – Apoiarão, desde que entendam claramente o propósito.
- ▶ **Instáveis** – Esta classificação é comum no início de um projeto, quando a posição de um *stakeholder* ainda não está clara. Seu comportamento típico é a falta de posicionamento entre apoiar ou resistir à mudança. A Gestão de Mudanças deve desenvolver estratégias específicas para estes *stakeholders* ampliando suas possibilidades de engajamento antes que eles assumam uma posição antagonista ao projeto; o normal é que com o decorrer do projeto nenhum *stakeholder* mantenha essa qualificação, exceto nos casos em que um novo *stakeholder* entra no projeto ao longo de seu decurso.
- ▶ **Prováveis resistentes** – É o instável que, com base em seu histórico anterior, estilo pessoal ou o impacto previsto da mudança em suas atividades, permite inferir que provavelmente resistirá à mudança. Também nesses casos a Gestão de Mudanças deve ter atenção especial para reduzir a possibilidade deste se transformar em um antagonista com o decorrer do projeto.
- ▶ **Boicotadores abertos** – É o boicotador que não esconde sua insatisfação e não consegue conter o seu ímpeto de resistir declaradamente à mudança.
- ▶ **Boicotadores velados** – É o que parece aderir, mas nos bastidores resiste. Este é o pior tipo e precisa de atenção especial, pois pode usar de ardis que minam o projeto sem que seu gestor perceba claramente o que está ocorrendo. Em geral, seu discurso frente ao patrocinador e à equipe de gestão do projeto é incoerente em relação ao seu comportamento.

Mapa de *Stakeholders*				
Perfil / Stakeholder	Decisores	Influenciadores diretos	Influenciadores indiretos	Espectadores
Fulano	Vendedor			
Sicrano		Suporte		
Beltrano			Boicotador Aberto	
Equipe X		Provável Resistente		
Equipe Y				Instável
Equipe Z			Boicotador Velado	

2.2.5. Avaliar as características da cultura organizacional e seus reflexos na mudança

Cada empresa possui uma cultura organizacional única: é o conjunto de símbolos, princípios, mitos, cerimônias, tabus, costumes, hábitos, crenças, valores e comportamentos aceitos e praticados usualmente. Note que, na maioria dos casos, a cultura não coincide integralmente com o que a empresa declara formalmente em seus valores e crenças.

A cultura é resultado do que se faz, não do que se diz. Por isso, a atitude das lideranças é um dos principais componentes de influência na formação de uma cultura. A influência do líder é tão grande que por vezes a simples troca da liderança traz reflexos diretos na cultura ou subcultura organizacional e, por consequência, no comportamento das pessoas.

Outro elemento que exerce forte influência na modelagem da cultura é a maneira como a empresa conduz seus processos de gestão de pessoas – seleciona, contrata, recebe e integra um novo funcionário e avalia, promove, reconhece, pune, demite e remunera as pessoas, em seu sentido mais amplo, incluindo benefícios e remuneração variável (bonificação por resultados).

Ainda que a organização tenha traços culturais comuns, cada departamento pode ter suas peculiaridades culturais, da mesma forma que em um país temos uma cultura nacional e diversas subculturas regionais.

A avaliação das características da cultura organizacional fornece uma percepção preliminar dos impactos que poderão ser causados pela mudança. Quanto mais a mudança tocar nos paradigmas culturais, maior a probabilidade de resistência. São muitas as mudanças que trazem reflexos na cultura. E são estas as que demandam maior esforço de gestão e maior tempo de consolidação da mudança.

Imagine uma cultura que reconhece no "tempo de casa" um atributo diferenciador de status entre seu corpo funcional. Não raro, os funcionários mais antigos são tratados como heróis e referências de sucesso. Gozam de pequenos privilégios e se alimentam da admiração dos demais. Em empresas com essa característica, o conhecimento dos detalhes de cada processo de negócio e a rede de relações interpessoais normalmente têm grande valor.

Imagine agora que essa organização necessite passar por uma modernização tecnológica para permanecer competitiva. Com a tecnologia, novos e mais modernos processos de negócio serão implantados.

Note que, aparentemente, o que muda é a tecnologia e a maneira como os processos de negócio serão operacionalizados; no entanto, a grande mudança será nas pessoas e na cultura. Estruturas de poder serão quebradas. Figuras de destaque perderão *status* e privilégios. A segurança do suposto conhecimento adquirido por décadas será trocada pela insegurança do novo, criando potenciais resistências à mudança.

Os menos resilientes se sentirão desvalorizados em função de toda essa perda. Durante algum tempo, negarão os benefícios da mudança e tentarão relembrar as vantagens do modelo anterior. É bastante provável que nem todos consigam se adaptar a essa nova realidade. Alguns terão que ser deslocados para outras funções ou, no extremo, desligados da empresa.

Se o desligamento de pessoas normalmente já é um fator de estresse, desmotivação e criação de um estado de luto organizacional, nesse contexto cultural a mudança proposta demandará uma abordagem de Gestão de

Mudanças ainda mais cuidadosa, para que a transição do estado anterior para o novo seja a mais curta e suave possível.

Ainda que o reflexo da mudança nessa cultura aponte um risco, da mesma forma, ele apresenta uma oportunidade. As pessoas de maior destaque pela anterioridade e notório conhecimento podem ser envolvidas no projeto através de processos participativos, reduzindo sua resistência e a percepção de erupção cultural. Podem também atuar como referências de transição do conhecimento tácito para o sistêmico. Enfim, seu *status* diferenciado no grupo, em vez de ser relegado a um segundo plano, pode ser cooptado para promover o engajamento e a valorização dessas pessoas. O reconhecimento delas como referência de saber no corpo funcional pode ser aproveitado se forem as responsáveis pela multiplicação do novo modelo de operação.

A avaliação da característica cultural, nesse caso, apontará os reflexos da mudança e ajudará a planejar as ações que poderão transformar uma situação de risco potencial em engajamento.

A estratégia da Gestão de Mudanças deve estar totalmente alinhada à cultura organizacional. Em casos de mudanças que afetem uma organização em diferentes regiões geográficas, considere as implicações da cultura regional. Diversos estudos demonstram que a cultura de uma região, e especialmente de um país, exerce forte influência sobre a cultura organizacional. Seguramente, uma abordagem de Gestão de Mudanças em uma organização global como a Honda deve ser um pouco diferente para um mesmo projeto que afete países como Brasil e Japão, por exemplo.

A avaliação da cultura organizacional deve observar fatores explícitos e tácitos. Os valores e crenças, por exemplo, têm um aspecto explícito que está formalmente documentado, mas também um lado tácito, não declarado, que é o que realmente faz parte da cultura organizacional.

Recentemente uma empresa de mídia brasileira demitiu um jornalista durante suas férias, enquanto estava fora do país. Vários funcionários da empresa souberam de seu desligamento e, sendo este jornalista uma pessoa muito bem quista, postaram nas redes sociais mensagens de solidariedade e apoio. Ocorre que a pessoa demitida sequer havia sido avisada de sua nova situação. Na sequência, o funcionário recebeu um e-mail informando-o de sua demissão. O fato agravante é que na cultura brasileira isso é uma grande ofensa; as demissões normalmente são feitas pessoalmente. Curiosamente, essa empresa declarava explicitamente em seus valores o "respeito pelo ser humano" e durante anos havia empreendido um projeto de clima organizacional para tentar figurar na lista de melhores empresas do país para se trabalhar. Em pouco tempo essa empresa realizou diversas outras ações semelhantes que ampliaram ainda mais a distância entre o discurso e a prática, o explícito e o tácito.

Neste exemplo podemos perceber que, mesmo com o "respeito pelo ser humano" declarado em seus valores, a crença institucionalizada na organização é de que a empresa usa e descarta as pessoas sem qualquer consideração. Esse elemento da cultura organizacional somente será percebido por alguém que não faça parte da empresa, através de entrevistas formais ou conversas informais, se esta pessoa conseguir estabelecer conexões de confiança e credibilidade com o corpo funcional.

Há elementos explícitos que falam muito acerca da empresa. Observe o ambiente físico. Os banheiros estão limpos como seria de se esperar na cultura regional? Se a cultura da região é de alto zelo com a higiene e os banheiros não estão adequados, você já tem uma evidência de que a questão humana talvez não seja tratada como esperado pelo corpo funcional.

Há áreas de socialização? As áreas onde os funcionários trabalham apresentam pequenos elementos de individualização, como fotos da família, por exemplo, ou são padronizadas e despersonalizadas?

Certa vez estava iniciando um trabalho de consultoria em uma empresa que parecia ser altamente hierarquizada, permitindo pouca voz ativa aos funcionários. Isso dificultaria a aplicação de processos participativos, pois todos estariam condicionados a obedecer e não a opinar; a seguir instruções e não a participar da mudança proposta. Ocorre que o discurso das lideranças não condizia com o que eu estava observando. Foi então que pedi para visitar as áreas comuns. Ao chegar no estacionamento, percebi que havia uma área destinada para diretores, outra para gerentes e por fim uma área comum a todos. O refeitório era dividido em duas partes. Uma para executivos e outra para o restante. Os crachás identificavam os departamentos por cores, mas todos os executivos, não importava em qual área trabalhassem, tinham um crachá azul, cor não usada por qualquer departamento. Bem, essa experiência de observação dos elementos explícitos confirmou minha percepção inicial.

Esses elementos explícitos de uma cultura organizacional altamente hierarquizada deixavam claro que qualquer pequeno sinal de patrocínio de uma mudança teria alto impacto no corpo funcional. Ao mesmo tempo, o risco de antagonismos oriundos de algum líder facilmente influenciaria o comportamento de todos sob sua gestão.

Essa macroatividade demanda investigação formal através de entrevistas, mas também a observação e o uso de abordagens informais junto ao corpo funcional. Os componentes da cultura organizacional podem ser usados para apoiar a mudança ou então para dificultar muito o engajamento dos *stakeholders*. Ao identificar um elemento da cultura organizacional, avalie que reflexo este pode trazer à mudança planejada e descreva a ação que deverá ser desenvolvida, seja ela de uso para apoio à mudança ou de contorno a possíveis reflexos negativos que venham a reforçar antagonismos.

Elementos da cultura podem ser fatores de antagonismo ou engajamento, dependendo de cada situação. Uma organização que tem um mito em sua cultura de que projetos nunca acabam bem e sempre trazem reflexos na operação da empresa deve orquestrar ações para eliminá-lo, deixando claro tudo será feito para que o projeto em questão tenha um resultado diferente do esperado.

Certa vez desenvolvemos um projeto de consultoria em uma organização que tinha esse mito muito presente em sua cultura. Diversos projetos anteriores haviam moldado e reforçado esse mito ao longo de anos. Projetos costumavam ser realizados sem o envolvimento direto das pessoas que operariam os produtos e serviços (as entregas) desenvolvidos pelo projeto. Criamos então, como ação de eliminação do efeito desse mito, uma ampla integração da área operacional com o projeto. Um conselho com os líderes da operação foi criado para que pudessem expressar suas opiniões e recomendações e se sentirem parte ativa dos resultados do projeto. Pessoas das áreas operacionais passaram a acompanhar todas as mudanças desde a etapa de Execução, inclusive participando de viagens internacionais para conhecer projetos semelhantes. O resultado foi surpreendente e substituiu um mito com perspectiva negativa pela crença de que projetos sempre devem proporcionar a integração com as equipes operacionais.

Todo projeto é uma oportunidade de modelagem de elementos da cultura organizacional. O alinhamento da gestão de mudanças com o RH pode potencializar essas oportunidades e fazer com que a cultura seja gerida e não o resultado do que se passa na organização de forma aleatória.

Casos extremos que representem uma ameaça ao sucesso da empreitada devem alimentar também o Mapa de Riscos do projeto. Esse mapa não é uma ferramenta da Gestão de Mudanças, mas, sim, da gestão do projeto; entretanto, neste, os riscos inerentes à questão humana também devem ser relacionados e monitorados.

A cultura organizacional exercerá forte influência em algumas macroatividades recorrentes, como planejamento de comunicação, formação do espírito de equipe, estímulo à criatividade e inovação, aplicação de processos participativos, gestão de conflitos, comportamentos, motivação e estresse e terá reflexos especialmente na gestão dos *stakeholders*.

Os principais componentes de uma cultura organizacional que devem ser avaliados nesta atividade são:

Crenças e pressupostos	É o que se acredita, o que está instalado como verdade, sem que necessariamente esteja declarado de maneira formal pela empresa.
Valores	É a declaração formal do que a empresa prega, como, por exemplo, "respeito pelas pessoas". Na maioria das vezes, não há uma correspondência integral entre o que é declarado e o que é praticado.
Mitos	É o que se conta da história da empresa, sendo real ou não. Por vezes é uma interpretação distorcida da realidade ao longo do tempo.

Linguagem e símbolos de comunicação	São todos os elementos que comunicam algo. Variam desde os mais tradicionais, como canais de comunicação, logos, slogans, até símbolos de poder e destaque como o mobiliário, tamanho da sala, cores usadas etc.
Cerimônias e rituais	São eventos praticados regularmente na organização que tornam a cultura mais visível, ratificando valores ou fortalecendo mitos e crenças.
Tabus	São as práticas e costumes inaceitáveis dentro da organização. Alguns são declarados em normas, outros são tácitos e fazem parte da crença do que não é desejável em termos comportamentais.
Normas e formalidades	São as regras explícitas de conduta e comportamento de uma organização.
Heróis	São personagens que marcaram a história da empresa. De certa forma, representam a cultura presente ou o passado idealizado.
Atitude das lideranças	É o comportamento estrito dos líderes. Não diz respeito ao que é dito, mas ao que é feito. É o exemplo, e não as palavras ou procedimentos formais.
Práticas de gestão de pessoas	É a forma como a empresa seleciona, contrata, recebe e integra um novo funcionário e avalia, promove, reconhece, pune, demite, e remunera as pessoas, em seu sentido mais amplo, incluindo benefícios e remuneração variável (bonificação por resultados).

Atividades:

- ▶ Circular pela empresa e observar o ambiente físico, avaliando os elementos explícitos e tácitos da cultura.
- ▶ Realizar entrevistas, conversas informais e elaborar o diagnóstico da cultura organizacional e seu potencial reflexo na mudança planejada.
- ▶ Avaliar e relacionar elementos da cultura organizacional, elencando-os como fatores de antagonismo ou engajamento para a mudança planejada.
- ▶ Avaliar e relacionar riscos das características da cultura para a mudança planejada e alimentar Mapa de Riscos do projeto.
- ▶ Traçar plano de gestão dos reflexos da cultura organizacional nas mudanças e discutir com lideranças do projeto.

2.2.6. Definir papéis e responsabilidades da equipe do projeto

2.2.6.1. Elaborar Matriz RACI

A clara compreensão do papel e das responsabilidades de cada um dos envolvidos direta e indiretamente no projeto é um passo essencial para promover o engajamento no propósito da mudança e reduzir a tensão entre os *stakeholders*.

Conflitos podem emergir pela disputa na realização de determinada atividade que dois *stakeholders* entendam ser de sua responsabilidade. Ainda pior é ter uma atividade que não será executada porque ninguém foi claramente designado para a sua condução.

A falta de definição do papel e da responsabilidade de cada *stakeholder* ou grupo de *stakeholders* é quase sempre motivo de especulações e insegurança, alimentando forças antagonistas ao projeto. Ninguém se engaja no que não conhece.

Uma técnica muito útil na definição de papéis e responsabilidades é a Matriz RACI, que é essencialmente uma ferramenta de alinhamento de expectativas e comunicação.

Nessa etapa do projeto a Matriz RACI será utilizada para definir papéis e responsabilidades da equipe de projeto, levando em consideração inclusive a etapa de Produção, quando as atividades de sustentação da mudança serão realizadas. Na etapa de Execução do projeto, voltaremos a usar essa Matriz, com foco nos papéis e responsabilidades a serem desempenhados após a implantação da mudança.

Essa matriz deve ser elaborada, se possível, de forma participativa, para ampliar o compromisso dos *stakeholders* em relação a seu papel e suas responsabilidades. A Matriz RACI deve ser amplamente divulgada para dissipar quaisquer dúvidas e evitar conflitos ocasionados por disputas de papéis organizacionais, ou, ainda pior, lacunas não preenchidas em termos de responsabilidades no projeto a ser desenvolvido.

Papéis e responsabilidades podem mudar ao longo dos projetos. Mantenha a Matriz RACI sempre atualizada e faça nova comunicação ao alterá-la.

Formato de definição da Matriz RACI

- ► Em um eixo, elencar *stakeholders* e, quando possível, agrupá-los por conjuntos (grupos de afinidades com mesmos papéis).
- ► Em outro eixo, definir as atividades do projeto.
- ► Definir responsabilidades de cada *stakeholder* ou conjunto de *stakeholders* para cada atividade do projeto, segundo os seguintes critérios:
  - o **R - *Responsible*** – Cuidado! Este não é o responsável pelo resultado final da atividade, mas pela sua execução. Trata-se do EXECUTOR da atividade; uma atividade pode ter vários responsáveis pela sua execução.
  - o **A - *Accountable*** – É o responsável por fazer com que a atividade seja realizada com sucesso. Sempre que você identificar mais de um *Accountable* em uma atividade, avalie se, na verdade, ela não deve ser dividida em duas. O objetivo é que cada atividade tenha apenas um responsável.
  - o **C - *Consulted*** – Como o nome diz, é o conjunto de *stakeholders* que interage, ouve, fala e é consultado; tem voz ativa e pode influenciar uma determinada decisão.
  - o **I - *Informed*** – Este é o *stakeholder* que é apenas informado de uma determinada ação ou atividade. Apesar disso, criar canais de *feedback* para cada comunicação realizada é sempre uma boa prática que deve ser observada. É importante aplicar o critério *Informed* com a devida cautela, uma vez que, em alguns casos, *stakeholders* podem entender que deveriam ser consultados e não apenas informados acerca de uma determinada atividade, o que, por consequência, pode acirrar antagonismos.

NOTA: nem todos os campos precisam obrigatoriamente estar preenchidos. Há atividades que terão apenas duas ou três pessoas envolvidas e outras em que todos deverão ser classificados com R, A, C ou I.

Apresentamos a seguir um exemplo ilustrativo de Matriz RACI:

Matriz RACI				
Atividade/ Responsável	Fulano	Sicrano	Beltrano	Comitê
Definição do escopo	A	R	I	C
Aprovação do orçamento	R		R	A
Gestão de prazo	R	I	A	C
Gestão do conhecimento	A	R	C	I
Contratações			R	A
Aprovação dos processos	A	R	I	C
Aprovação da implantação	C	C		A

Atividades:

- ► Relacionar atividades que devem ser executadas pela equipe do projeto.
- ► Definir, se possível de forma participativa, a Matriz RACI.
- ► Comunicar amplamente a Matriz RACI.
- ► Comunicar atualizações sempre que necessário.

2.2.6.2. Definir o organograma do projeto

Esse é também o momento de formatar a estrutura de gestão do projeto. Cada projeto é único e deve levar em consideração a cultura organizacional na definição de sua estrutura de gestão.

O poder de decisão e as alçadas de cada camada da estrutura precisam estar claros para que o projeto flua em harmonia. A estrutura clássica para a maioria dos projetos estratégicos em uma organização em geral conta com:

a. **Um nível superior de decisão** – O Comitê Diretor, liderado pelo patrocinador do projeto, que, em última análise, toma as decisões de maior impacto na organização e no projeto. Em geral, seu ciclo de acompanhamento do projeto é mensal.
b. **Um Comitê de Gestão do Projeto** – Coordenado pelo gerente do projeto, esse comitê é formado por *stakeholders* Decisores, em geral executivos do segundo escalão, que acompanham o projeto e tomam decisões táticas relevantes para a empreitada. É responsável por levar ao Comitê Diretor o relatório de evolução do projeto, bem como as decisões de maior impacto organizacional. Seu ritual formal de gestão normalmente prevê uma reunião semanal ou quinzenal.
c. **Gerência do projeto** – Responsável pelas decisões táticas e operacionais da empreitada, este também deve ser um influenciador das decisões estratégicas tomadas pelo Comitê Diretor.
d. **Equipe de suporte à gestão do projeto** – Muito comum em projetos de grande porte e complexos, esta é a equipe que apoia o gerente do projeto na administração de variáveis como: prazo, custo, qualidade, integração, riscos, gestão de mudanças organizacionais etc.
e. **Equipes de desenvolvimento do projeto** – Coordenadas por um líder de equipe, são formadas pelos executores de atividades operacionais do projeto.

Quanto mais níveis hierárquicos um projeto tiver, mais difícil será a tomada de decisão, favorecendo a ação de antagonistas, que poderão solicitar que um determinado tema seja apreciado pelo nível superior.

Simplifique a estrutura organizacional tanto quanto possível. Ter três níveis decisórios é mais do que o suficiente na maioria dos projetos.

Entretanto, em alguns casos encontramos outros *stakeholders* que poderiam fazer parte da estrutura de gestão do projeto, mas que, se incluídos, sobrecarregariam os comitês com o excessivo número de participantes.

Em geral, esses são os influenciadores do projeto. Algumas vezes, há profissionais que são vistos como referência técnica para uma atividade – os baluartes do conhecimento. Quando são profissionais amplamente respeitados na organização, seu aval pode influenciar o engajamento de outros *stakeholders*. Não envolvê-los pode acirrar antagonismos.

Uma boa alternativa para comprometê-los com o projeto sem que seja necessária a criação de outros níveis decisórios na estrutura é a criação de conselhos com atuação paralela, e não como um novo nível hierárquico na estrutura de gestão do projeto, como demonstrado na figura mais adiante.

Os conselhos usam processos participativos para dar voz ativa a esses *stakeholders*, recomendando ações ao projeto. Ao criar um espaço para que eles manifestem suas opiniões e se mantenham conectados com o projeto, as emoções não ficam reprimidas e encontram um espaço para serem extravasadas. A percepção de fazer parte (pertencimento) é ampliada e contagia outros *stakeholders* que não estão diretamente ligados à equipe de projeto.

As reuniões dos conselhos devem ser organizadas para que os conselheiros falem mais do que escutem. Quando estes não manifestarem sua posição, provoque sua participação com perguntas diretas e/ou dinâmicas de grupos.

Posicione o conselho como uma estrutura paralela logo abaixo do Comitê de Gestão, para não criar a impressão de que está em uma posição hierárquica submetida ao gerente do projeto.

Uma reação comum dos antagonistas convocados para fazer parte de um conselho é não participar das reuniões ou enviar representantes. Deixe claro desde o início o papel do conselho e a necessidade de participação direta, só permitindo a representação dos conselheiros por terceiros em casos excepcionais.

A convocação para formação do conselho deve partir do patrocinador, para que sua relevância seja ressaltada, persuadindo os conselheiros a participarem ativamente das reuniões. Participantes de comitês e conselhos podem ser pessoas muito ocupadas e perceberem as reuniões como mais uma atividade em sua agenda. Faça reuniões curtas de no máximo uma hora. Agende-as com a mínima frequência possível para reduzir o impacto nas suas atividades cotidianas.

Defina desde a comunicação da estrutura de gestão do projeto todas as datas e horários das reuniões para que todos se organizem e não deixem de participar alegando outros compromissos.

Os critérios de definição dos participantes de comitês e conselho devem ser claros. Muita atenção na formação dessas estruturas. Deixar alguém relevante de fora poderá provocar a percepção de exclusão e acirrar antagonismos. Ao comunicar quem serão os participantes da estrutura de gestão do projeto, não deixe de informar os critérios aplicados, não só para os participantes, mas também para aqueles que não participarão.

A ilustração a seguir exemplifica uma estrutura de gestão clássica em projetos estratégicos que deve estar adequada à realidade de cada cultura e à complexidade de cada empreitada.

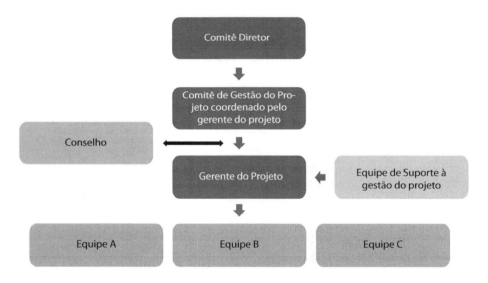

NOTA: as reuniões dos comitês e do conselho são excelentes oportunidades para observar comportamentos e a adesão provável dos participantes em relação às mudanças. Uma boa prática é a realização de *debriefings* das reuniões, colhendo as percepções da equipe em relação à postura de cada participante. Atualize o Mapa de *Stakeholders* após as reuniões e defina ações de engajamento ou abordagens complementares para entender a causa-raiz de algum possível desconforto com a mudança percebido pela equipe de gestão do projeto.

Atividades:

▶ Definir a estrutura de gestão do projeto e regras de funcionamento.
▶ Aprovar a estrutura de gestão do projeto com o patrocinador e comunicá-la aos *stakeholders* envolvidos.
▶ Definir a agenda da estrutura de gestão do projeto e comunicá-la.
▶ Preparar reunião para que o patrocinador comunique a estrutura de gestão do projeto.

2.2.7. Adequar o ambiente físico às necessidades do projeto

Muito comumente a questão do espaço físico para o desenvolvimento de um projeto é considerada de pouca relevância. Nem sempre é possível conseguir o local ideal para alocação da equipe do projeto por limitações físicas da própria organização.

O ambiente físico adequado pode ser um fator de inspiração e de demonstração de relevância do projeto, influenciando fortemente a motivação da sua equipe. O contrário pode trazer efeitos negativos na mesma proporção.

Há casos em que inevitavelmente a equipe estará dispersa por diferentes regiões geográficas. Defina rituais de integração e comunicação para manter o alinhamento e promover o espírito de equipe mesmo tendo a distância física como barreira.

A prioridade é assegurar que pelo menos os fatores higiênicos sejam plenamente atendidos. O conforto mínimo do espaço físico de trabalho da equipe, condições adequadas de temperatura, banheiros e alimentação são exemplos de itens que, se não atendidos, afetarão fortemente a motivação da equipe.

Cabe ao gestor de mudanças avaliar a relevância dessa questão para o sucesso da empreitada e incluir no orçamento o aluguel de um espaço dedicado exclusivamente ao projeto ou ajustes que assegurem que os fatores higiênicos foram atendidos.

Cuidado para o projeto não se transformar em uma "ilha" isolada da organização. Esse efeito pode ser impulsionado pelo distanciamento físico entre projeto e áreas de operação da empresa, mas pode ocorrer também quando o projeto não desenvolve rituais de comunicação com o corpo funcional que não faz parte do projeto.

Apresentamos a seguir um quadro de efeitos positivos e negativos que o espaço físico pode ter na equipe de projeto:

Espaço físico adequado	Espaço físico inadequado
Promove a integração e apoia a formação do espírito de equipe	Pode gerar a percepção de castas privilegiadas
Facilita a comunicação	Pode gerar distorções nas mensagens orais
Estimula a criatividade	Desestimula o ambiente inspirador
Gera uma sensação de pertencimento e identidade	Dificulta a criação de uma identidade comum do projeto
Afirma a relevância do projeto	Promove uma percepção de "menor importância"
Gera o conforto necessário para minimizar os efeitos do estresse, influenciando positivamente a produtividade	Pode ser um fator adicional de estresse e estímulo à geração de antagonismos, especialmente se as condições mínimas de conforto não forem atendidas

Atividades:
► Planejar o ambiente físico adequado ao projeto, assegurando que os fatores higiênicos sejam atendidos.
► Estimar custos de aluguel ou eventuais ajustes no ambiente e incluir no orçamento do projeto.

2.2.8. Planejar a alocação e o desenvolvimento da equipe do projeto

2.2.8.1. Alocação da equipe e retorno após o encerramento do projeto

Em projetos de grande porte, especialmente quando há deslocamento de funções usuais para dedicação exclusiva ao projeto, é de se esperar que as pessoas fiquem apreensivas em relação ao seu futuro na organização. Há profissionais que já consolidaram sua posição na empresa e seus líderes demonstram claramente que seu espaço após o projeto está garantido, substituindo-os por funcionários contratados pelo período do projeto. Nesses casos, o compromisso da liderança com o futuro do funcionário é explícito e a tendência é que ele não sinta nenhuma ameaça em relação a sua posição na organização. Contudo, em outras situações isso não é possível de ser feito, pois a própria função exercida por esse funcionário poderá desaparecer como resultado das mudanças trazidas pelo projeto.

O futuro de quem participa de um projeto em tempo integral pode ser tão incerto quanto daqueles que não participam. Isto é, a imagem de cada qual na organização e segurança em relação ao futuro depende muito de seu desempenho técnico e comportamental no presente.

Projetos são excelentes oportunidades de desenvolvimento de novas competências que passam a fazer parte da carreira de cada um, seja na organização presente ou em qualquer outra situação futura. O fato é que é mais provável que uma mudança que gera redução do corpo funcional afete mais aqueles que não estão trabalhando diretamente no projeto. O investimento na preparação de uma equipe de alto desempenho para o projeto tende a ser mantido nem que seja realocando-a em outra função na organização.

Entretanto, manter o emprego é prioridade para a maioria das pessoas. Trate do futuro da equipe do projeto logo na sua alocação. Quando não for possível assegurar que determinados membros da equipe manterão seu emprego após o projeto, articule com a empresa condições especiais de desligamento que, se necessário, serão oferecidas. Inclua os custos relacionados a essas condições (extensão do plano de saúde, bonificações etc.) no orçamento do projeto. Comunique os cenários possíveis para reduzir a pressão da insegurança psíquica e a possibilidade de a equipe entrar em um estado negativo de luto antecipatório. Mostre que qualquer que seja o cenário as pessoas serão tratadas com dignidade.

Não gere expectativas que você não possa sustentar mais tarde. Se algum imprevisto vier a ocorrer, a credibilidade organizacional será afetada, prejudicando o engajamento de pessoas em projetos futuros.

Quando a cultura organizacional já incorporou a crença de que projetos são oportunidades de carreira e que desligamentos de pessoas que fazem parte dos projetos são tratados dignamente, ainda que haja alguma apreensão, a equipe tende a se sentir mais segura desde a sua designação.

Muitas vezes a pessoa necessária para o projeto é chave em sua área de origem e, não raro, ao solicitar-se a alocação exclusiva de componentes humanos, aqueles que têm que ceder funcionários deslocam justamente a pessoa que fará menos falta no setor. Dificilmente esse será o componente ideal para o projeto.

Em geral as pessoas não têm escolha quando são designadas para um projeto. Entretanto, uma boa prática para ampliar o engajamento é abordar a equipe convidando-os a fazer parte do projeto.

Empresas que cultivam o modelo de gestão participativa preferem criar propósitos atrativos e desafiadores para mobilizar pessoas realmente interessadas em colaborar com o projeto. Quando a cultura organizacional reconhece nos projetos oportunidades de aprendizado e carreira é bem mais fácil conseguir voluntários. Por vezes, haverá mais pessoas interessadas em participar do que realmente o projeto irá necessitar.

Entretanto, se sua empresa ainda não conquistou esse posicionamento de excelência em evolução e transformação da organização através dos projetos, abordar a equipe com um convite pode não ser a melhor estratégia, pois, no caso de muitas recusas, você terá que impor a participação. O tiro pode sair pela culatra, pois as pessoas acabarão percebendo que nunca tiveram opção de fato. Seus destinos já estavam traçados antes mesmo do convite e possivelmente haverá menor engajamento, pelo menos na fase inicial do projeto.

Em qualquer dos casos citados – convite ou designação direta –, elaborar uma comunicação adequada, com o propósito do projeto, a palavra do patrocinador e os desafios a serem alcançados, é essencial para que as pessoas aceitem positivamente o projeto, reduzindo potenciais forças antagonistas.

A cultura organizacional pode permitir também uma abordagem complementar de comunicação direta e informal para aqueles que se mostrem descontentes com a participação compulsória no projeto. Esse contato direto ajuda a compreender o comportamento de cada indivíduo, seus receios e alternativas para engajamento futuro.

O cuidado que se deve ter com as pessoas designadas para fazer parte de um projeto também precisa ser estendido para aqueles que não participarão do projeto. A frustração desses *stakeholders* pode afetar seu engajamento na mudança, trazendo reflexos negativos no futuro. Quando os critérios de seleção da equipe de projeto estão claros, fica mais fácil para aqueles que ficaram de fora aceitarem essa situação.

Monitorar os impactos relacionados com a designação da equipe de projeto, seja para seus participantes ou para os que ficaram de fora, é uma abordagem necessária na gestão dos *stakeholders*.

Atividades:

- ▶ Definir perfil técnico e comportamental da equipe do projeto.
- ▶ Negociar alocação da equipe.
- ▶ Estabelecer compromisso de que as pessoas que participarão do projeto serão tratadas dignamente, de acordo com seu desempenho e oportunidades dentro da organização.
- ▶ Convidar ou designar cada componente a participar do projeto.
- ▶ Monitorar motivação da equipe designada para o projeto e frustração dos que ficaram de fora.

2.2.8.2. Definir e executar treinamentos preliminares da equipe

Ainda que um componente alocado ao projeto tenha perfil técnico e conhecimento do negócio desejado, frequentemente este necessita desenvolver novas competências para um bom desempenho no projeto.

O próprio entendimento do que é um projeto e sua rotina muitas vezes não é comum a todos. Além disso, novas tecnologias, por exemplo, usualmente demandarão a preparação do componente para o novo ambiente e/ou a nova abordagem de gestão das áreas de negócio envolvidas.

A capacitação adequada desde a alocação da equipe é fator de relevância para motivação e engajamento nas metas e nos objetivos do projeto.

Pessoas que se sentem inadequadas para enfrentar os desafios para os quais são designadas experimentam o desconforto do novo. Só o fato de terem que participar do projeto já representa uma mudança na vida delas.

Ao definir um plano de treinamento preliminar que proporcione os conhecimentos necessários para que a equipe de projeto seja bem-sucedida, as chances de que as pessoas entrem em estado negativo de luto antecipatório são minimizadas. A mensagem de que as lideranças do projeto estão comprometidas em proporcionar as melhores condições possíveis para o sucesso individual de cada membro da empreitada trará efeitos positivos, criando um clima de segurança psíquica e motivação.

Embora, nesta etapa do projeto, nem sempre seja possível definir todo o planejamento de treinamento, a definição dos treinamentos preliminares, além de antecipar necessidades, serve como um moderador do estresse para a equipe se sentir mais confortável com o novo e desconhecido. Não preparar a equipe para o projeto é o mesmo que lançá-la em uma aventura sem GPS. O efeito pode ser devastador, e iniciar essa atividade tarde demais certamente acarretará atrasos no projeto.

Caso a organização já possua uma área de treinamento e desenvolvimento bem estruturada, este é o momento de envolvê-la. Caso essa área não exista, assuma essa função ou considere a possibilidade de contratar uma empresa especializada em gestão de aprendizagem.

A Gestão de Mudanças não é uma área de conhecimento exclusiva de um pequeno grupo de especialistas. Antes disso, quanto mais pessoas formadas e preparadas para desenvolver atividades de Gestão de Mudanças, melhor. Aproveite essa oportunidade para capacitar a equipe de gestão de projetos nos princípios básicos da Gestão de Mudanças. Lembre-se, você precisará de apoio para avaliar comportamentos dos *stakeholders* e ajustar continuamente as estratégias de engajamento e contenção de antagonismos. Preparar a equipe de gestão de projetos não só multiplica sua ação lançando um olhar acerca do fator humano sob diversas perspectivas, como também ajuda a consolidar a cultura de Gestão de Mudanças na organização.

Defina a estratégia de desenvolvimento e treinamento ainda que seja em um nível superficial. Isso permitirá obter uma visão preliminar dos recursos existentes e investimentos para o treinamento de demais *stakeholders* na atividade de gestão de aprendizagem, que ocorrerá na etapa de Execução do projeto. Inclua sua estimativa preliminar de investimentos no orçamento do projeto.

Atividades:

- ▶ Identificar treinamentos preliminares para preparação da equipe.
- ▶ Estabelecer, comunicar e executar plano de treinamento preliminar dos envolvidos diretamente no projeto assim que possível.
- ▶ Envolver a área de treinamento e desenvolvimento, quando existir na organização.
- ▶ Avaliar recursos disponíveis para a gestão de aprendizagem na etapa de Execução e estimar investimentos necessários.
- ▶ Incluir investimentos em treinamento no orçamento do projeto.
- ▶ Compartilhar princípios básicos de Gestão de Mudanças com a equipe de gestão do projeto.

2.2.9. Avaliar a predisposição do clima para mudanças e seus impactos

2.2.9.1. Maturidade para lidar com perdas

Mudanças frequentemente trazem perdas, ou pelo menos a percepção de perda. Compreender a maturidade da organização e de *stakeholders* para lidar com o que será mudado dá uma dimensão do desafio da gestão do fator humano no projeto. Quanto menor for a maturidade para lidar com as perdas, maior deve ser o esforço para dar um significado à mudança e promover o engajamento.

É importante perceber ainda que, muitas vezes, a equipe tem alta maturidade para lidar com a mudança, mas um indivíduo em particular não apresenta essa característica. Cabe, neste caso, uma abordagem individual e diferenciada para tal indivíduo, particularmente quando se tratar de um líder ou um influenciador dos demais. Discuta esse caso em particular com a equipe de gestão do projeto e atualize o Mapa de *Stakeholders*, se necessário.

A avaliação da maturidade para lidar com perdas pode ser realizada para um departamento específico ou mesmo para a empresa inteira. A maneira como essa atividade será abordada depende de cada caso: do tamanho da empresa, do porte da mudança e do volume de *stakeholders* afetados.

Os fatores que influenciam a maturidade para lidar com perdas têm uma dimensão organizacional que afeta o comportamento coletivo e outra individual que é a forma com que cada um processa as mudanças. Ponderar a influência desses fatores no cenário de mudanças permitirá uma boa visão do esforço coletivo e foco em indivíduos para que os objetivos estratégicos do projeto sejam alcançados e sustentáveis.

Fatores de influência na maturidade para lidar com perdas no âmbito organizacional

Cultura da empresa	Empresas acostumadas a mudanças frequentes têm mais facilidade para geri-las, pois mudar passa a fazer parte do DNA organizacional. Exceção faz-se àquelas cujas mudanças foram impositivas, mal conduzidas e traumáticas ao corpo funcional. Neste caso, o efeito é inverso. Caso a mudança ocorra em diferentes regiões geográficas, lembre-se de que a cultura regional influenciará a cultura organizacional. Isso demandará uma avaliação individualizada para a região.
Tempo em que a tarefa ou atividade está funcionando da mesma forma	O tempo é um indicador de estabilidade. Aquilo que sempre deu certo no passado gera uma percepção de que não deve ser mudado. Frequentemente o gestor de mudanças ouve a frase: "mas eu faço isso dessa forma há vinte anos e sempre deu certo...". Vale refletir: o mundo de hoje é o mesmo de vinte anos atrás? Você vive hoje como vivia há vinte anos? Faz as mesmas coisas? Tem os mesmo hábitos? A melhor forma de lidar com essas afirmações é provocar reflexões.

Resiliência organizacional	Organizações que supervalorizam sua história e tradição e reverenciam seus heróis como modelos a serem seguidos e suas crenças como verdades absolutas tendem a ser menos flexíveis. A mudança é percebida como uma crítica ao estado anterior e não como uma oportunidade de evolução. O tempo de processamento da mudança em geral é maior e exige mais esforço para sua consolidação. Organizações dirigidas por líderes que valorizam uma cultura de estabilidade em um mundo altamente instável apresentam uma visão binária da vida. Ou fica como está ou está tudo diferente. As lideranças não conseguem perceber que as mudanças são contínuas e necessárias para que a organização não se torne obsoleta e acabe fora do mercado. Esses líderes demandarão *coaching* como uma abordagem para ajustar comportamentos e ampliar sua resiliência. O apego das lideranças aos paradigmas atuais permitirá uma avaliação do nível de resiliência organizacional. Preparar a organização para ser mais resiliente às mudanças acelerará o ritmo da transformação organizacional. A empresa aprenderá a conviver com mudanças frequentes sem que haja tanta resistência. O volume de mudanças simultâneas poderá ser amplificado, uma vez que as pessoas as assimilarão em um tempo menor e com menos impacto na produtividade. Esse movimento por si só é um projeto de lapidação da cultura organizacional, muito necessário para formar uma empresa resiliente e de alto desempenho.
Histórico anterior de perdas	Equipes que vivenciaram perdas mal geridas trazem a percepção de que toda mudança é uma ameaça. A credibilidade organizacional demora certo tempo para ser solidificada, mas pode desmoronar em um único evento.

Fatores de influência na maturidade para lidar com perdas no âmbito individual

Geração a qual pertence o indivíduo	Pessoas jovens estão mais propensas ao desafio da mudança. Particularmente, as gerações Y e Z são formadas por pessoas que cresceram em um mundo com acelerado processo de transição. A mudança sempre fez parte de suas vidas e, em geral, para estas, há menos apego ao *status quo*. As relações são mais superficiais e dinâmicas. Em compensação, a fidelidade é menor. O risco de um representante da geração Y ou Z desembarcar antes do fim de um projeto de mudança de vários meses é alto. Possivelmente, este ficará entediado com atividades de longo prazo e demandará especial atenção para manter sua energia e motivação.
Conexão com o que irá mudar	Equipes ou indivíduos que assumem a "paternidade" do que será mudado sentem a perda como algo quase pessoal. A mudança será percebida como um "filho" que deixará de existir. Por outro lado, esse sentimento pode ser conduzido de forma positiva. Como um pai que conduz seu filho para estudar no exterior: haverá dor na mudança, mas também a perspectiva de que seu filho terá uma grande oportunidade de crescimento. A Gestão de Mudanças pode canalizar essa conexão para seu aspecto positivo, criando um espaço de participação adequado para que as pessoas com alta conexão com o que será mudado possam expressar suas emoções e colaborar na modelagem do novo.

Estilos pessoais	O ser humano busca constantemente manter o controle sobre as situações de sua vida para manter sua zona de conforto e estabilidade. As mudanças que afetam situações ligadas a poder e *status* consomem mais pessoas muito orgulhosas e egocêntricas. Pessoas que têm a falsa impressão de que controlam a situação, seja pelo seu conhecimento técnico, seja pelo seu histórico na função ou atividade, tendem a resistir mais ao novo. Essas mesmas pessoas podem ser agentes importantes se encontrarem sentido na mudança e principalmente um espaço de expressão de suas emoções e participação ativa na transformação da organização.
Estilo de liderança	A forma como cada líder receberá e comunicará a mudança terá tremendo impacto no engajamento de sua equipe. Líderes conservadores, apegados ao seu domínio técnico do que se pretende mudar, tendem a perceber perdas em sua suposta autoridade e a resistir mais. Mesmo que tentem apresentar um discurso de engajamento, possivelmente serão traídos por suas ações. Por outro lado, líderes com alta credibilidade, com estilos participativos, acostumados a delegar e a fazer do sucesso de sua equipe seu próprio sucesso, têm mais facilidade em se engajar na mudança, são capazes de inspirar suas equipes e transformar percepções de perdas em oportunidades. O exemplo que darão será o principal influenciador da maturidade da equipe para lidar com a mudança.

Atividades:

- ▶ Avaliar o grau de maturidade para lidar com as perdas no âmbito organizacional, listando evidências que exemplifiquem sua percepção.
- ▶ Discutir e relacionar ações e responsáveis para ampliar a maturidade organizacional para lidar com perdas.
- ▶ Avaliar o grau de maturidade para lidar com as perdas no âmbito individual, listando evidências que exemplifiquem sua percepção e atualizar o Mapa de *Stakeholders*, quando necessário.

2.2.9.2. Nível de confiança da equipe

A confiança da equipe em seus líderes e na organização é um dos fundamentos que influencia o engajamento dos *stakeholders*. Note que essa confiança deve ser avaliada de uma forma ampla, considerando todos os níveis de liderança do projeto, desde o patrocinador até o líder de equipe.

Equipes que não confiam em seus líderes apresentam um comportamento dúbio, como se estivessem sempre com um "pé atrás". Além da capacidade do líder de dar o exemplo e manter a coerência entre discurso e atitude, o próprio histórico da empresa ou de uma área específica pode influenciar o nível de confiança da equipe.

Não raro, em um projeto, o nível de confiança geral é alto, porém baixo em determinada equipe, em função de seu histórico particular ou da postura do seu líder. Construir uma relação de confiança demanda tempo, coerência e transparência. Enfraquecê-la é simples e ocorre com pequenos eventos que mostram contradição do líder ou da organização entre discurso e prática. Destruí-la é fácil e imediato, basta um evento representativo e traumático.

Atividades:

- ▶ Projetos de grande porte devem aplicar pesquisas para avaliar o nível de confiança da equipe.
- ▶ Em projetos de pequeno porte, entrevistas são suficientes para perceber o nível de confiança do time.
- ▶ Nos casos em que equipes demonstram baixa confiança em seu líder, discuta a possibilidade de substituição da liderança. Recuperar a confiança da equipe é uma atividade que requer muito tempo e dificilmente será conseguida dentro de um projeto, onde a taxa de estresse é maior do que nas atividades rotineiras.

2.2.10. Estabelecer o plano de ação de Gestão de Mudanças

Não existem mudanças que não devam ser estruturadas como projetos, nem projetos que não gerem alguma mudança. A Gestão de Mudanças deve ser abordada como uma das disciplinas da Gestão de Projetos. Dessa forma, ter um bom planejamento de gestão das mudanças é importante para a integração com o plano do projeto. Só assim é possível manter uma abordagem única sem segregação entre Gestão de Mudanças e Gestão de Projetos, mesmo porque uma não existe sem a outra.

Um dos produtos gerados nesta etapa do projeto e que faz parte do Plano Estratégico de Gestão de Mudanças é o plano de ação, com as atividades táticas e operacionais que farão parte da execução ao encerramento do projeto e sustentação das mudanças.

A sustentação das mudanças, que ocorre na etapa de Produção (após o encerramento do projeto), frequentemente não é vista como uma atividade de projeto, dado que, por definição, para a maioria dos gerentes de projetos e PMOs, a empreitada termina na etapa de Encerramento. Entretanto, a sustentação demandará uma estrutura não só da equipe de gestão das mudanças, mas também de outros *stakeholders* para realizar eventuais ajustes e solucionar problemas só percebidos durante a etapa de Produção. Aproveite essa oportunidade para traçar a estratégia de sustentação das mudanças, definindo recursos, orçamento, processos e pessoas que farão parte dessa atividade.

O HCMBOK tem uma estrutura modular flexível que deve ser adaptada para cada projeto, selecionando-se as atividades e a sequência em que estas serão executadas. Cabe lembrar que algumas atividades não podem ser incluídas no cronograma, pois são recorrentes e demandam foco intensivo do gestor de mudanças. Nesse grupo estão: gestão de estresse, conflitos, comportamentos, motivação, comunicações extraordinárias, acompanhamento do espírito de equipe e intervenções pontuais para estímulo ao uso da criatividade e processos participativos.

O processo de mudanças é lento e gradual e evolui desde o planejamento do projeto até a consolidação pós-projeto. Os eventos que marcam o processo de mudanças devem estar sincronizados com as fases do projeto e compostos também por celebrações das pequenas vitórias de cada etapa.

Um programa de reconhecimento das equipes que consistentemente superem os desafios do projeto ajuda a sustentar o clima de otimismo, particularmente em projetos longos. Algumas empresas costumam estabelecer benefícios e bonificações específicas como parte do reconhecimento do esforço da equipe de projeto. Caso este não seja um elemento comum da cultura organizacional, avalie o risco dessa abordagem provocar antagonismos de *stakeholders* que não estão diretamente envolvidos no desenvolvimento do projeto. É possível que neste caso a equipe do projeto passe a ser vista como uma casta com privilégios que outros não têm. Dificilmente os que estão de fora do projeto compreenderão por que não gozam dos mesmos benefícios. Seu desejo de ter os mesmos privilégios pode despertar a ambição de fazer parte da equipe de projeto e, por estar de fora, a chance de antagonismos serem acirrados é grande. O ser humano tende a ter uma percepção de perda nessas situações. Isto é, não ter os mesmos benefícios da equipe de projeto será percebido como perder o que na verdade nunca tiveram. Nesse caso, o desconforto com a situação descrita pode ser maior do que com a mudança em si e você terá mais um elemento do complexo comportamento humano para administrar.

Quando benefícios e bonificações são elementos já inseridos na cultura organizacional, considere propor algo que esteja dentro dos parâmetros históricos da empresa e coerente com os desafios e riscos do projeto.

Levando-se em conta que o plano de ação se estende até a etapa de Produção, quando as atividades de sustentação da mudança são realizadas, o reconhecimento por metas atingidas e por indicadores de consolidação das mudanças pode ser planejado também para os *stakeholders* afetados pelo projeto. Organizações que têm em sua cultura o estabelecimento de metas para bonificações e participação nos lucros podem criar um programa de reconhecimento específico para o resultado alcançado pelas mudanças, preferencialmente integrando as metas de diversos *stakeholders* cujas atividades têm relação de interdependência.

Planeje celebrações para os principais marcos do projeto. Inclua os investimentos com celebrações e reconhecimento da equipe no orçamento do projeto. Eles fazem parte da empreitada e quando não são previstos no planejamento orçamentário geram discussões posteriores sobre quem deverá arcar com esses custos.

Manter a alta vibração da equipe demanda estímulo constante, e os marcos de Gestão de Mudanças são um componente importante para estimular o clima positivo.

Os eventos e *workshops* devem ser planejados com antecedência e comunicados à equipe. Entretanto, a sensibilidade do gestor deve prevalecer para ajustar o planejamento ao clima do projeto. Planeje, mas não se apegue ao planejamento – adapte-o dinamicamente.

Atividades:

- ▶ Avaliar o projeto e selecionar atividades do HCMBOK que serão executadas como parte da abordagem de gestão de mudanças.
- ▶ Planejar marcos da mudança – eventos e *workshops* sincronizados com o cronograma do projeto.
- ▶ Desenvolver programa de reconhecimento e celebração dos desafios superados.
- ▶ Desenvolver estratégia de sustentação da mudança.
- ▶ Integrar o planejamento de Gestão de Mudanças com o orçamento, o plano e o cronograma do projeto.

2.2.11. Planejar o *kick-off* do projeto

O *kick-off* do projeto é um marco importante, como a bandeira de largada para a jornada que se seguirá. Sua programação, o tempo dedicado e o investimento devem ser proporcionais à relevância dos objetivos estratégicos que motivaram a empreitada. Há *kick-offs* que demandam poucas horas de atividades realizadas na própria empresa. Outros demandam dias de dedicação exclusiva, e nesses casos o melhor é que seja realizado fora da organização. Inclua o investimento planejado no orçamento do projeto.

Todos os participantes, incluindo fornecedores e até mesmo alguns *stakeholders* afetados indiretamente pelo projeto, devem participar do evento. Muita atenção com a lista de participantes. Deixar alguém importante de fora será um grande erro que você não terá a possibilidade de consertar. Use o Mapa de *Stakeholders* como referência para selecionar os participantes. Se seu mapa estiver consistente, há poucas chances de você errar.

Diversos são os objetivos a serem conquistados com o *kick-off* do projeto:

- ▶ Comunicar:
    - ○ A Visão do estado futuro da organização esperado após a mudança.

- O propósito do projeto – por que o projeto será realizado (*why*).
- O objetivo – o que será realizado (*what*).
- O planejamento – como o projeto será realizado (*how*).
- Metas, expectativas e desafios a serem enfrentados.
- Estrutura de gestão do projeto.
▶ Alinhar papéis e responsabilidades.
▶ Integrar as pessoas e iniciar a formação do espírito de equipe.
▶ Impulsionar o entusiasmo e a motivação da equipe do projeto e demais *stakeholders*.
▶ Estimular o uso da criatividade para quebrar paradigmas e gerar inovações.
▶ Ressaltar fatores que podem ajudar a promover o engajamento nos objetivos estratégicos do projeto e reduzir antagonismos.
▶ Explicitar o patrocínio das lideranças da organização.
▶ Sensibilizar os *stakeholders* para a necessidade de mudanças contínuas como uma estratégia de competitividade e longevidade da organização.

A palavra do patrocinador deve abrir o evento, estabelecendo assim seu compromisso de apoio incondicional para que as mudanças sejam bem-sucedidas.

A partir desse evento, espera-se que os participantes do projeto comecem a formar uma equipe única, e isso inclui os fornecedores. Permitir ao fornecedor expressar seu compromisso com o projeto é uma boa prática que visa integrá-lo o mais rapidamente possível. Fornecedores não integrados à equipe de projeto poderão ser reconhecidos pelo corpo de colaboradores como um "corpo estranho", estimulando a formação de "anticorpos" que em nada ajudarão na gestão do clima do projeto.

Atividades participativas ajudarão a comprometer cada membro do projeto com o desafio que enfrentará. É hora também de matar os mitos, como, por exemplo, traumas de projetos anteriores, quando necessário.

O *kick-off* é uma excelente oportunidade para a equipe de gestão do projeto observar comportamentos e o nível de adesão provável dos *stakeholders* às mudanças. Defina com antecedência os *stakeholders* que serão o foco principal de observação. Priorize aqueles qualificados como "instável" ou "provável resistente", mas não deixe de ter um panorama geral dos demais. Planeje a realização de um *debriefing* do evento, se possível com a participação do patrocinador para ouvir as observações de todos e atualizar o Mapa de *Stakeholders*.

Um bom planejamento de *kick-off* deve incluir pelo menos:

- ▶ Apresentação do patrocinador com a Visão do estado futuro da organização, propósito, objetivo, metas, expectativas e desafios do projeto.
- ▶ Apresentação dos fornecedores, estabelecendo seu compromisso com o projeto (quando cabível).
- ▶ Apresentação do gerente do projeto com o macrocronograma e principais marcos do projeto.
- ▶ Sensibilização dos *stakeholders* em relação às mudanças.
- ▶ Canais de *feedback* dos *stakeholders* para avaliar o resultado obtido no *kick-off*.

Dicas adicionais para um bom *kick-off*:

- ▶ Planeje o *kick-off* respeitando a cultura da empresa.
- ▶ Quando possível, defina de forma participativa a identidade do projeto, como logomarca, slogan, nome e sentenças de motivação; promova um concurso, deixe as pessoas escolherem seus símbolos.
- ▶ Use a Matriz RACI como ferramenta de comunicação de papéis e responsabilidades e, se possível, realize dinâmicas participativas para enriquecê-la com a perspectiva da equipe do projeto. Isso não só gerará uma Matriz RACI mais rica, como também ampliará a percepção de pertencimento das pessoas em relação ao projeto.
- ▶ Aplique dinâmicas de grupo para identificação de riscos, definição de atitudes e comportamentos necessários para o sucesso do projeto.
- ▶ Estimule o desenvolvimento individual de um "contrato psicológico" – uma carta endereçada ao próprio autor, com o que cada um espera de si mesmo e como cada qual pretende estar ao final do projeto. Estimule-os a listar os desafios pessoais, seu compromisso e oportunidades de aprendizado e crescimento que podem ser proporcionados pelo projeto.

- ▶ Desenvolva atividades para integração e construção do espírito de equipe.
- ▶ Aproveite esse momento para a criação de um ambiente participativo e vibrante.
- ▶ Promova a interação social. Lembre-se de que, em alguns casos, parte da equipe não se conhece. A interação social constrói laços afetivos que sustentam a cooperação nos momentos difíceis do projeto e ajuda a construir o espírito de equipe.
- ▶ Aplique dinâmicas de definição das regras de convivência – princípios básicos que guiarão o comportamento da equipe no ambiente de projeto.
- ▶ Incentive o protagonismo da equipe de projeto em seu papel de agentes da mudança.
- ▶ Aplique dinâmicas que ajudem a equipe a compreender técnicas de negociação e gestão de conflitos.
- ▶ Aplique *assessments* que ajudem as pessoas a compreenderem seu estilo pessoal e que somos diferentes uns dos outros. Aproveite para cultivar o modelo de comunicação empática, ou seja, aquela que respeita o estilo de seu interlocutor; um bom *assessment* para ser aplicado nesse caso é o de Dominância Cerebral desenvolvido pelo Dr. Ned Herrmann.
- ▶ Contrate um facilitador externo especializado em planejamento e condução de *workshops*. Use também palestrantes reconhecidos como especialistas nos temas a serem abordados.
- ▶ Convide profissionais de outras empresas que realizaram projetos semelhantes para compartilhar sua experiência.
- ▶ Colete o material gerado nas atividades do *kick-off* e use-o na decoração do ambiente físico do projeto, a fim de proporcionar maior longevidade a esse momento de mobilização.
- ▶ Separe um bom tempo para *feedback* da equipe – um espaço para ouvir e compreender os possíveis temores e assegurar-se do entendimento da Visão, do propósito, das metas e dos objetivos do projeto. As resistências muitas vezes brotam de emoções não explicitadas. Crie um espaço para discussão aberta. Ouvir é uma das melhores práticas que podem ser adotadas para gerir mudanças. Adote técnicas formais de *feedback*, como uma avaliação do evento, mas não deixe de fazer uma avaliação informal junto aos *stakeholders* nos dias subsequentes ao evento.

Atividades:

- ▶ Definir modelo do *kick-off* – programação, tempo dedicado, local e investimento.
- ▶ Incluir investimento do *kick-off* no orçamento do projeto.
- ▶ Relacionar participantes usando Mapa de *Stakeholders* como fonte de informações.
- ▶ Preparar o patrocinador e os fornecedores para suas intervenções.
- ▶ Definir *stakeholders* que serão foco de observação da equipe de gestão do projeto.
- ▶ Definir processo de *feedback* dos participantes do evento.
- ▶ Realizar *debriefing* do evento e atualizar Mapa de *Stakeholders*.

2.2.12. Elaborar o Plano Estratégico de Gestão de Mudanças

O Plano Estratégico de Gestão de Mudanças é o principal produto desenvolvido durante essa etapa do projeto.

Além de organizar em um único documento os dados levantados ao longo dessa etapa do projeto e a estratégia de gestão do fator humano a ser adotada, o plano ajuda a reduzir aspectos abstratos, tornando a Gestão de Mudanças mais tangível para a equipe de gestão de projetos e o *top management* da organização.

Esses profissionais interpretam melhor uma linguagem embasada em dados e fatos, têm um pensamento cartesiano dominante e precisam de atividades e datas claramente definidas para compreenderem a abordagem proposta de Gestão de Mudanças.

A elaboração do plano é uma grande compilação das atividades anteriormente realizadas. Seu desenvolvimento, quando realizado de forma participativa com a equipe de gestão de projetos, amplia a percepção de pertencimento e integração. Trata-se do plano de Gestão de Mudanças do projeto e não da equipe de Gestão de Mudanças.

Para facilitar sua compreensão e posterior aprovação, depois de levantar os primeiros dados, como elementos da cultura organizacional, Mapa de *Stakeholders* (primeira versão), fatores de antagonismo e engajamento, faça revisões intermediárias com a equipe de gestão de projeto e o patrocinador. Isso permitirá uma construção cooperativa e o plano final estará alinhado com os *stakeholders* responsáveis por sua aprovação, desde sua primeira versão.

Caso ao longo do desenvolvimento do plano você identifique *Quick-Wins*, proponha a implantação imediata deles. Assim, ao final o plano já estará na verdade em parcial funcionamento e a credibilidade das ações de gestão de mudanças será ampliada passo a passo. Um *Quick-Win* típico é a comunicação da mudança logo após o *workshop* de alinhamento e mobilização de lideranças.

Ainda que o projeto esteja apenas em sua fase de planejamento, a mobilização em torno deste já terá começado. O corpo funcional já saberá da iniciativa e possivelmente já estará tecendo comentários acerca das mudanças que estão por vir. Dessa forma, comunicar logo a Visão do estado futuro da organização após as mudanças, o propósito do projeto, objetivo e sua estrutura de gestão é uma boa prática que minimiza as especulações e evita um possível estado negativo de luto antecipatório.

Note que o Plano Estratégico de Gestão de Mudanças toca em temas sensíveis e que, se divulgados, podem causar constrangimentos. O Mapa de *Stakeholders* é um dos itens do plano que deve ser tratado com muito cuidado. Dessa forma, trate-o com a confidencialidade necessária e compartilhe-o apenas com a equipe de gestão do projeto (em alguns casos, apenas com parte da equipe) e o patrocinador. Uma versão sumarizada, sem esses itens mais delicados, pode ser compartilhada com o Comitê de Gestão do projeto.

A estrutura do Plano Estratégico de Gestão de Mudanças deve endereçar, mas não se limitar, as seguintes questões:

Patrocínio	Apresente a estrutura de patrocínio definida para o projeto considerando: quem será o patrocinador e qual será a sua agenda prevista para o projeto? Haverá um comitê de representação do patrocinador? Quem coordenará o comitê?

Visão	Descreva claramente o que será a mudança para a organização. Como esta operará em seu estado futuro após a implantação do projeto. A Visão do estado futuro precisa estar conectada com as diretrizes estratégicas, a Visão, a Missão, os Valores e a cultura da organização. Em geral, organizações com alto nível de maturidade em seu modelo de planejamento estratégico já têm uma Visão estabelecida para as mudanças, mas em muitos casos você terá que revisá-la para facilitar sua comunicação.
Propósito e objetivo	Apresente sentenças de definição do propósito e do objetivo do projeto.
Metas e métricas	Elenque as metas e métricas discutidas e aprovadas no *workshop* de alinhamento e mobilização das lideranças. Inclua outras métricas identificadas ao longo dessa etapa do projeto.
Elementos da cultura organizacional	Descreva os principais elementos da cultura organizacional e seus reflexos para a mudança. Relacione como estes podem ser usados para alavancar o engajamento. Caso sejam fatores que acirram antagonismos, apresente as ações de mitigação destes e os responsáveis por sua execução.
Maturidade para lidar com perdas	Apresente a avaliação do nível de maturidade para lidar com perdas no âmbito organizacional e medidas de contorno. Apresente a avaliação do nível de maturidade para lidar com perdas no âmbito individual e seu reflexo no Mapa de *Stakeholders*.
Confiança	Relacione evidências que mostrem o nível de confiança de equipes em seus líderes. Se for o caso, sugira alterações nas lideranças do projeto. Se o nível de confiança na organização for baixo, apresente ações para eliminar mitos que reforçam essa percepção e proponha ajustes no discurso das lideranças para reduzir o impacto desse fator no engajamento dos *stakeholders*.

Fatores de antagonismo	Relacione os fatores que acirram antagonismos, criam desconforto e dificultarão a implantação ou sustentação da mudança. Descreva as ações possíveis para redução do reflexo desses fatores no engajamento dos *stakeholders*. Os fatores de antagonismo podem estar relacionados a paradigmas, reflexos da cultura, impactos organizacionais, baixa maturidade para lidar com perdas e nível de confiança dos *stakeholders* nas lideranças e na organização etc.
Fatores de engajamento	Relacione os fatores de engajamento e como estes serão usados para facilitar a implantação e sustentação das mudanças. Os fatores de engajamento podem estar relacionados à comunicação adequada dos benefícios trazidos pelo projeto, ao patrocínio explícito, ao alto nível de maturidade para lidar com perdas, à credibilidade da organização junto ao corpo funcional, à cultura organizacional resiliente e preparada para o estado de mudanças contínuas, à oportunidade de desenvolvimento de novas competências e evolução na carreira, ao plano de reconhecimento e celebrações etc.
Mapa de *Stakeholders*	Apresente a primeira versão do Mapa de *Stakeholders* e discuta ações e responsáveis para ampliar a adesão provável à mudança. Identifique pessoas que poderão influenciar os antagonistas atuando como mentores.
Mapa de Riscos inerentes ao fator humano	Liste os riscos inerentes ao fator humano, identificados ao longo desta etapa do projeto. Esses riscos, quando identificados, devem ser imediatamente compartilhados e integrados com a gestão de riscos do projeto.
Abordagem de Gestão de Mudanças	Discuta as abordagens possíveis para gestão do fator humano no projeto. Os fatores de antagonismo e a adesão provável à mudança exigirão maior persuasão ou cabe uma abordagem em busca de engajamento? A cultura organizacional aceita uma abordagem coercitiva? Há predisposição e maturidade suficiente para lidar com as perdas? Os impactos organizacionais preliminarmente mapeados exigirão algum nível de imposição da mudança? Quais os efeitos decorrentes de uma abordagem coercitiva ou impositiva a longo prazo? Apresente cenários da abordagem de gestão de mudanças considerando efeitos positivos e negativos de cada alternativa.

Papéis e responsabilidades	Use a Matriz RACI para relacionar papéis e responsabilidades definidos para a equipe do projeto. Deixe claro que outra matriz será elaborada durante a etapa de Execução do projeto para ser usada na etapa de Produção (após o encerramento do projeto). Se a matriz for muito extensa, apresente um sumário executivo.
Estrutura de gestão do projeto	Apresente a estrutura de gestão do projeto, alçadas, papéis e responsabilidades de cada nível hierárquico. Descreva também as estruturas paralelas, como conselhos, se necessário.
Plano de alocação e desenvolvimento da equipe do projeto	Relacione os participantes do projeto e sua modalidade de participação – parcial ou em tempo integral. Liste os treinamentos preliminares necessários para que a equipe do projeto esteja preparada para enfrentar os desafios que virão. Apresente a estratégia preliminar para a gestão de aprendizagem dos demais *stakeholders*.
Identidade	Caso a identidade tenha sido definida, apresente seus elementos, como logo, slogan etc.
Plano de comunicações ordinárias	Apresente o plano de comunicações ordinárias – aquelas que podem ser planejadas. Liste canais, rituais, público, emissor da mensagem e frequência. Deixe claro que muitas comunicações serão extraordinárias e definidas conforme o andamento do projeto.
Ambiente físico	Apresente as necessidades de eventuais adequações do ambiente físico, investimentos e benefícios esperados. Deixe claro o efeito do ambiente físico na motivação e integração da equipe.
Plano de ação	Apresente a sequência de ações táticas e operacionais de Gestão de Mudanças integradas com o planejamento do projeto. Use imagens como macrocronogramas, com atividades e datas previstas. Caso o projeto conte com um programa de reconhecimento dos *stakeholders*, com benefícios e bonificações adicionais que não são comuns aos demais funcionários, discuta o risco dessa abordagem acirrar antagonismos ao projeto. Se a cultura organizacional aceitar bem esse tipo de reconhecimento pelo sucesso de um projeto, não deixe de apresentar uma proposta coerente com o desafio da empreitada.

Estratégia de sustentação das mudanças	Apresente o processo de sustentação das mudanças. Relacione indicadores, metas e métricas, assim como plano de reconhecimento, recursos, processos, pessoas e equipes envolvidas.
Kick-off	Apresente a agenda, os objetivos e os investimentos previstos para a realização do *kick-off* do projeto.
Quick-Wins	Relacione os *Quick-Wins* identificados. Liste aqueles que já foram implantados e os resultados alcançados com essas ações.
Orçamento	Liste todos os investimentos identificados para a condução das ações de Gestão de Mudanças. Estes já deverão estar integrados com o orçamento do projeto.

Todo plano é um conjunto de intenções que precisam ser transformadas em ações para que os resultados esperados sejam alcançados.

Atividades:

- ▶ Desenvolver o Plano Estratégico de Gestão de Mudanças em versões, durante a execução das atividades da etapa de Planejamento e das atividades recorrentes que transcorrem nessa etapa do projeto.
- ▶ Identificar, discutir e implantar *Quick-Wins*.
- ▶ Discutir versões preliminares do plano com a equipe de gestão do projeto.
- ▶ Apresentar e validar versões preliminares do plano com o patrocinador e o Comitê Diretor do projeto.
- ▶ Aprovar Plano Estratégico de Gestão de Mudanças com o patrocinador e o Comitê Diretor do projeto.
- ▶ Compartilhar versão do planejamento sumarizada e filtrada, evitando itens que possam causar constrangimentos (como o Mapa de *Stakeholders*, por exemplo) com o Comitê de Gestão do projeto. Lembre-se de que no próprio Comitê de Gestão poderão haver antagonistas.

NOTA: apresentamos a seguir uma relação de alguns elementos que podem influenciar o orçamento de Gestão de Mudanças a ser integrado com o orçamento do projeto. Não se furte a incluir outros, caso considere necessário.

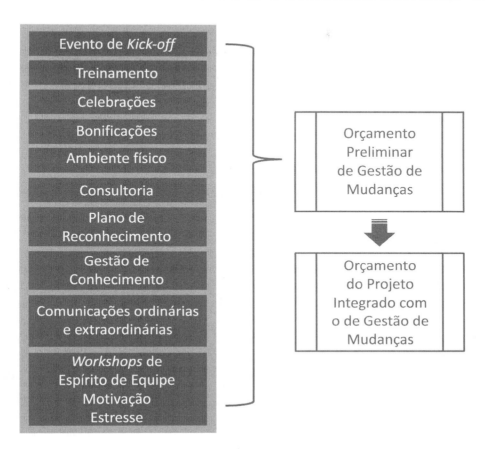

2.3. Aquisição

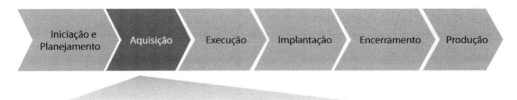

A etapa de Aquisição é o período em que o projeto desenvolve ações relacionadas às negociações com fornecedores. Muitas vezes, esta etapa se estende e transcorre em paralelo com a execução do projeto. Do ponto de vista de gestão do fator humano, é a partir desta etapa que novos *stakeholders* entram em cena – os fornecedores.

Apesar do mesmo propósito, os fornecedores têm objetivos diferentes do cliente – o objetivo primário do fornecedor com o projeto é o lucro.

Com a presença de uma nova cultura interagindo no projeto, a gestão do fator humano fica mais complexa e demanda atividades que promovam a integração e harmonização dos estilos organizacionais. Projetos que não demandem a aquisição de produtos e serviços podem não levar em conta algumas atividades dessa etapa.

Optamos por descrever as atividades do ponto de vista do cliente que está adquirindo um produto ou serviço. Se você for o fornecedor, tome a iniciativa de fazer dessas atividades parte de seu processo de negociação e plano de desenvolvimento do projeto.

No caso particular do projeto ser de aquisição de uma empresa, sempre que o texto mencionar um "fornecedor", considere-o como um *stakeholder* da empresa adquirida. Lembre-se de que depois da aquisição haverá uma fusão cultural que pode afetar não só os *stakeholders* da empresa adquirida, mas também os da compradora. Considere uma ampla revisão do Mapa de *Stakeholders* durante a etapa de Aquisição quando se tratar da compra de outra organização ou de uma fusão de duas ou mais entidades.

2.3.1. Planejar os aspectos humanos do processo de aquisições

- ▶ Estruturar processo de seleção de fornecedores considerando impactos culturais
- ▶ Assegurar que os fornecedores terão um plano de retenção de talentos

2.3.2. Avaliar riscos de choques culturais entre fornecedores e equipe

- ▶ Avaliar e compreender a cultura do fornecedor
- ▶ Identificar potenciais conflitos
- ▶ Discutir alternativas de ajustes comportamentais e regras de convivência com a equipe do cliente e os fornecedores e firmar um pacto de respeito mútuo

2.3.3. Definir as necessidades adicionais de treinamento da equipe

▶ Avaliar adequação da equipe de projeto em relação às competências técnicas necessárias
▶ Ajustar plano de treinamento desenhado na etapa anterior
▶ Comunicar resultado da revisão do planejamento de treinamento à equipe do projeto
▶ Iniciar execução do plano de treinamento da equipe de projeto assim que possível

2.3.4. Identificar as alternativas à gestão do conhecimento

▶ Planejar estratégia e ferramentas de explicitação do conhecimento
▶ Definir motivadores para que a equipe explicite todo o conhecimento adquirido
▶ Planejar reconhecimento das contribuições da equipe
▶ Planejar marcos de monitoramento da evolução da base de conhecimento
▶ Definir gestor departamental do conhecimento

2.3.5. Mapear estilos de lideranças de fornecedores

▶ Promover atividades de integração com as lideranças dos fornecedores – ouvir e avaliar estilos
▶ Discutir potenciais conflitos e alternativas com a equipe de gestão e o patrocinador do projeto

2.3.6. Validar papéis e responsabilidades (Matriz RACI) com fornecedores

▶ Discutir e validar a Matriz RACI com fornecedores
▶ Comunicar resultado da validação da Matriz RACI

> ### 2.3.7. Planejar a integração dos fornecedores à cultura da organização
>
> ▶ Promover visitas dos fornecedores às áreas de negócio
> ▶ Apresentar Missão, Visão e Valores da empresa
> ▶ Apresentar Visão do estado futuro da organização, propósito, objetivo, metas e métricas do projeto
> ▶ Discutir as peculiaridades do mercado, da concorrência e fatores de diferenciação da organização

2.3.1. Planejar os aspectos humanos do processo de aquisições

O processo aquisições conta com uma enorme pressão da variável preço. É parte da cultura das áreas de compras considerar o custo como a variável de decisão mais relevante, mesmo porque, em geral, elas têm metas relacionadas às economias geradas e não ao compromisso com o objetivo de um projeto. Sua bonificação está ligada às reduções de custos conseguidas nos processos de compras, sejam elas de *commodities* ou de produtos e serviços altamente relevantes para que os objetivos estratégicos de uma organização sejam alcançados através de programas e projetos.

Nossa visão é que áreas de compras deveriam ser segregadas em duas subdivisões: uma focada em compras não estratégicas e outra que, trabalhando no suporte aos programas e projetos de alto impacto no negócio, deveria ter como objetivo o desenvolvimento de relações sustentáveis com parceiros estratégicos para o negócio.

Em muitos casos, fatores técnicos também são considerados na equação final que leva a decisão por este ou aquele fornecedor. Entretanto, a variável cultura organizacional raramente é considerada.

A aquisição de uma linha de produção automatizada ou sistemas de tecnologia, por exemplo, não são apenas compras, mas, sim, o início de uma relação de longo prazo com parceiros de negócio que serão estratégicos por muito tempo. Parceiros estes, cuja substituição no futuro custará muito mais do que uma eventual redução de preço conseguida da negociação.

Nesse sentido, levar em conta os aspectos humanos em uma aquisição pode fazer toda a diferença entre o sucesso e o fracasso de uma empreitada no longo prazo.

Da mesma forma que diferenciais técnicos devem ser observados, a cultura organizacional do fornecedor também deve ser considerada. Não que seja ruim aproveitar um projeto para desenvolver novos elementos da cultura organizacional trazidos por um fornecedor. Ruim é isso não ser parte do plano de mudanças e as diferenças culturais criarem conflitos que terão reflexos no desenvolvimento do projeto e em seus objetivos estratégicos.

Uma boa prática a ser observada em projetos relevantes e de longo prazo é assegurar que o parceiro de negócio tenha uma estratégia de retenção de talentos e de gestão do conhecimento.

Mesmo que você acredite que cabe ao seu fornecedor assegurar a qualidade do serviço, no fundo, essa qualidade em boa parte virá das pessoas que fazem parte da equipe do fornecedor e que estarão interagindo no projeto.

Sem um plano de retenção, que pode incluir, por exemplo, carreira ou uma bonificação para aqueles que ficam até o final do projeto, na medida em que a empreitada se aproxima do fim, você poderá perder membros importantes que fazem parte da equipe dos fornecedores. Isso afetará a qualidade do serviço e, sobretudo, o seu compromisso de entrega das mudanças planejadas.

Fornecedores também são *stakeholders* e suas pessoas serão afetadas pelas mesmas angústias comuns de uma equipe dedicada integralmente ao projeto. Isto é, cada pessoa da equipe do fornecedor estará preocupada com o seu emprego, com sua posição na empresa, da mesma forma que as pessoas da equipe do projeto. A iminência de término do projeto sempre traz a dúvida em relação à existência de novos projetos que mantenham a equipe do fornecedor trabalhando.

Cabe à equipe de Gestão de Mudanças discutir com a área de compras a necessidade de levar em conta, além de critérios técnicos e preço, os fatores culturais na seleção de fornecedores.

Atividades:

▶ Estruturar processo de seleção de fornecedores considerando impactos culturais.
▶ Assegurar que os fornecedores terão um plano de retenção de talentos.

2.3.2. Avaliar riscos de choques culturais entre fornecedores e equipe

O processo de seleção de fornecedores já deveria levar em consideração o perfil cultural destes. Nem sempre o menor custo e o melhor perfil técnico trarão os melhores resultados.

Particularmente, quando o fornecedor tem uma cultura conflitante com a do cliente, o risco de embates que prejudicam o clima do projeto pode levar a atrasos e custos não planejados. No fim, o mais barato pode sair mais caro em todos os sentidos – custo, desgaste, qualidade etc.

Para exemplificar, fornecedores de países como Canadá e Alemanha são rigorosos com o planejamento e não trabalham em regime de horas extras, salvo em caso excepcional. Para os brasileiros, acostumados a trabalhar mais do que a carga horária prevista, essa peculiaridade cultural leva a uma percepção de baixo comprometimento. Por outro lado, nossa pouca disciplina no cumprimento de horários gera desconforto em muitos fornecedores. Este é o cenário perfeito para conflitos de ordem cultural.

Diferenças culturais de ambos os lados precisam ser identificadas e discutidas entre cliente e fornecedores antes que gerem conflitos que, se não forem adequadamente tratados no período de maior estresse do projeto, podem levar a crises que só prejudicarão o andamento do projeto.

Firme um pacto de compromisso mútuo de ajustes comportamentais e regras de convivência entre a equipe interna e os fornecedores. Para que a harmonização estabelecida nessa fase inicial do projeto não se perca mais tarde, não permita que as discussões fiquem apenas na informalidade.

Uma vez selecionados os fornecedores, é importante tratá-los como parte integrante do projeto e não como um corpo estranho na empresa contratante. Fornecedores e clientes devem ter um compromisso único com o propósito do projeto desde o início da relação.

Atividades:

- ▶ Avaliar e compreender a cultura do fornecedor. Faça visitas, repare no estilo da arquitetura da empresa e na composição de cada posto de trabalho. Vá ao banheiro e observe o asseio e as condições de higiene. Leia os quadros de aviso para compreender o estilo de comunicação e os temas que estão na agenda da organização. O ambiente físico fala muito da cultura organizacional.
- ▶ Apresentar as características da cultura organizacional do contratante aos fornecedores.
- ▶ Identificar conflitos potenciais.
- ▶ Discutir alternativas de ajustes comportamentais e regras de convivência com a equipe do cliente e os fornecedores e firmar um pacto de respeito mútuo.

2.3.3. Definir as necessidades adicionais de treinamento da equipe

A escolha dos fornecedores pode implicar em uso de tecnologias, metodologias e processos não identificados na etapa de Planejamento.

É preciso avaliar se o plano de treinamento preliminarmente desenhado está adequado e adaptá-lo quando necessário. A preparação da equipe é uma atividade que gera não só conhecimento, mas também segurança psíquica e confiança no futuro do projeto, facilitando o engajamento.

Menosprezar essa atividade pode trazer impacto no cronograma do projeto, pois a equipe terá mais dificuldade em realizar as tarefas. Não é incomum aos gestores de projetos só perceberem a necessidade de treinamentos adicionais nas fases posteriores, quando a execução está em pleno curso, gerando desconforto e insegurança na equipe do projeto.

Assim que possível, inicie a execução do plano de treinamento. É melhor começar a etapa de Execução com a equipe preparada do que iniciar o treinamento somente nas etapas subsequentes do projeto. Quando houver treinamentos que só serão realizados em etapas futuras, comunique logo o planejamento para gerar confiança na equipe.

Um bom plano de capacitação tem dois efeitos diretos no projeto. Um atende a uma demanda lógica de prover competências técnicas que influenciarão no desempenho da equipe e na qualidade do que se está criando. Outro está relacionado à segurança psíquica, ou seja, à criação de uma atmosfera positiva entre os participantes do projeto. Trata-se de promover uma percepção de que o projeto é uma oportunidade de desenvolvimento de carreira – e mais, de que a organização está disposta a investir no futuro de sua equipe.

Atividades:

- ▶ Avaliar criteriosamente se todos os participantes do projeto possuem as competências técnicas necessárias para o desenvolvimento das atividades; considere a possibilidade de haver necessidades individuais além das coletivas.
- ▶ Ajustar plano de treinamento desenhado na etapa de Planejamento do projeto.
- ▶ Comunicar resultado da revisão do planejamento de treinamento à equipe do projeto.
- ▶ Assegurar-se de que todos estão confortáveis com o plano final.
- ▶ Iniciar execução do plano de treinamento da equipe do projeto assim que possível.

2.3.4. Identificar as alternativas à gestão do conhecimento

Projetos são ótimas oportunidades de aprendizado individual e organizacional. Esse conhecimento pode ser de diversos tipos, como, por exemplo:

- ▶ Como gerir projetos.
- ▶ Aprofundamento nos processos e nas regras de negócio.
- ▶ Novas tecnologias.
- ▶ Fatores críticos de sucesso de um projeto.
- ▶ Técnicas de Gestão de Mudanças, etc.

Ninguém sai de um projeto como entrou. A questão é se esse conhecimento adquirido ao longo do projeto ficará tácito, armazenado em cada ser humano, ou se será explicitado e compartilhado.

Todo conhecimento tácito se perde com o tempo e empobrece a organização. Criar uma estratégia de gestão do conhecimento antes de iniciar a etapa de Execução do projeto faz-se necessário. Se a explicitação do conhecimento não for planejada antes, o projeto corre o risco de não executá-la.

Projetos que relegam essa atividade para uma fase posterior, quando o estresse para cumprimento de prazos e metas atinge níveis superiores, raramente a realizam e perdem uma ótima oportunidade de promover a aprendizagem organizacional.

Caso a empresa já tenha uma área de gestão de conhecimento, esta deve ser envolvida como um dos *stakeholders*. Um gestor de cada departamento ou área da empresa deve ser designado como responsável por manter vivo o conhecimento técnico – processos, regras de negócio, operação de tecnologias etc. – gerado pelo projeto. Esse gestor não é uma pessoa que necessite dominar todo esse conhecimento, mas mantê-lo vivo através de sua equipe. Isto é, evitar que a empresa dependa do conhecimento tácito de uma única pessoa, assegurar que o conhecimento estará sempre sendo multiplicado e manter a base de conhecimento ativa e atualizada.

Se possível, faça isso constar do *Job Description* desse gestor e dos demais processos de gestão de pessoas relacionados, tais como avaliação de desempenho, mapa de competências necessárias para o cargo, metas de remuneração variável (participação nos lucros) etc.

Esta macroatividade pode ser desenvolvida na etapa de Planejamento. Optamos por colocá-la aqui porque atualmente muitas tecnologias introduzidas por fornecedores do projeto já trazem em sua estrutura ferramentas de gestão do conhecimento.

Atividades:

- ▶ Envolver a área de gestão do conhecimento, quando cabível.
- ▶ Planejar estratégia e ferramentas de explicitação do conhecimento.
- ▶ Definir motivadores para que a equipe explicite todo o conhecimento adquirido.
- ▶ Planejar reconhecimento das contribuições da equipe à base de conhecimento.

► Planejar marcos de monitoramento quantitativo e qualitativo da evolução da base de conhecimento.
► Definir gestor departamental do conhecimento e incluir essa atividade na Matriz RACI.
► Avaliar custos adicionais envolvidos e incluí-los no orçamento do projeto.
► Formalizar o mapa de gestores do conhecimento departamental e, se possível, incluir essa atividade em seu *Job Description* e em demais processos de gestão de pessoas.

2.3.5. Mapear estilos de lideranças de fornecedores

Ainda que a cultura do fornecedor já tenha sido mapeada, o desempenho deste dependerá da equipe que trabalhará no projeto. Na verdade, uma vez assinado o contrato com o fornecedor, é a equipe designada para o projeto e não a equipe de vendas que conviverá com você.

Compreender o estilo das lideranças dos fornecedores que conviverão com o ambiente do projeto será importante para ajustá-lo ao estilo da equipe interna.

Muitos dos conflitos entre clientes e fornecedores decorrem de divergências subjacentes entre as lideranças que atuam diretamente no projeto. Quase sempre o perfil e as metas da equipe de vendas são bem diferentes da equipe que será designada para trabalhar no projeto. A integração e afinidade entre os líderes do projeto são fundamentais na formação de uma equipe única, sem segregação entre fornecedores e equipe do cliente.

Estilos diferentes não são necessariamente um problema. A força da complementaridade formará uma equipe com mais competências se, apesar das diferenças, as lideranças atuarem em sintonia. O problema é quando as diferenças se tornam incompatibilidades. Choques de ego, diferenças relacionadas a valores, atitudes e comportamentos no extremo podem inviabilizar uma relação. Um líder do fornecedor que é gentil com você e grosseiro com a equipe pode gerar constrangimentos a ponto de contaminar o projeto com um clima negativo.

Quando as diferenças não forem superáveis, não se furte a solicitar a substituição das lideranças do fornecedor. Será muito mais fácil trocar componentes dos fornecedores nessa etapa do projeto do que depois de iniciada a etapa de Execução.

Esse dilema também ocorre no sentido inverso, isto é, quando lideranças dos fornecedores se sentem desconfortáveis com o estilo dos interlocutores do cliente. Fornecedores tendem a ser mais adaptáveis a situações desse tipo, mas, ainda assim, quando seus valores humanos são afetados, mesmo com a predisposição de se ajustar ao estilo do outro, a relação pode tornar-se um conflito velado. Se você for um fornecedor nessa situação, considere a possibilidade de solicitar a mudança para outro projeto antes que este entre na etapa de Execução.

Atividades:

- ▶ Discutir suas ideias com as lideranças dos fornecedores. Ouça e avalie; fale de suas percepções e necessidades de ajuste.
- ▶ Integrar-se e afinar seu discurso com as lideranças do fornecedor. A equipe perceberá diferenças e/ou afinidades.
- ▶ Se não houver alternativa, discutir a situação com o patrocinador do projeto e solicitar a substituição das lideranças do fornecedor. Isso será bem melhor do que conviver com os conflitos que virão se não houver um perfeito alinhamento entre os líderes.

Lembre-se: se você é o cliente, terá que conviver com o resultado do projeto. O fornecedor passará pela empresa e seguirá para uma nova empreitada. Se você é um fornecedor, nada será mais importante do que sua reputação. É melhor sair mais cedo de um projeto com incompatibilidades humanas irreversíveis do que deixar uma história negativa correndo pelo mercado.

2.3.6. Validar papéis e responsabilidades (Matriz RACI) com fornecedores

Para fortalecer o espírito de equipe entre cliente e fornecedores, é importante um alinhamento total de papéis e responsabilidades. A Matriz RACI, cuja primeira versão foi elaborada na etapa de Planejamento, é um instrumento precioso para isso.

Bons fornecedores são especialistas na condução de projetos em sua área de atuação, com larga experiência anterior em desafios semelhantes. Validar a definição de papéis e responsabilidades desenvolvida na etapa de Planejamento pode enriquecê-la e ajustá-la à realidade do projeto. As fronteiras de atuação e as expectativas de cada parte também estarão mais detalhadas ao final dessa atividade. Muitas vezes o processo de contratação não chega ao nível de detalhe que um projeto necessita.

Um olhar de fora vindo de um especialista sempre agrega valor. Ao validar a Matriz RACI com o fornecedor, não só você irá melhorá-la como também estreitará laços de confiança com ele. A mensagem é clara: "confio em você e gostaria de ouvir sua opinião". Esse é sem dúvida um passo importante para quem está iniciando um novo relacionamento interpessoal.

Vale lembrar que a Matriz RACI é uma ferramenta de alinhamento de expectativas – dessa forma, ao alterá-la, sua comunicação ampla e transparente faz-se necessária.

Atividades:

- ▶ Apresentar e discutir a Matriz RACI com as lideranças dos fornecedores.
- ▶ Fazer os ajustes necessários e comunicar alterações aos *stakeholders* envolvidos.

2.3.7. Planejar a integração dos fornecedores à cultura da organização

Fornecedores que conhecem a cultura da organização contratante serão mais facilmente integrados e engajados no propósito do projeto. Conhecer o negócio é outra atividade que sensibiliza o fornecedor e permite que este compreenda melhor as decisões tomadas na gestão do projeto.

Para o fornecedor, não basta conhecer seus produtos e serviços; quanto melhor ele conhecer o segmento de atuação de seu cliente, mais competitivo ele se torna. Não deixe de proporcionar essa oportunidade para ele.

Essa é uma excelente oportunidade para a formação de um espírito de equipe único e integrado. O fornecedor apreciará o tempo dedicado em sua integração à cultura e a oportunidade de conhecer de perto o negócio, o mercado e suas peculiaridades. Invista tempo nessa atividade, pois o retorno é certo.

Atividades:

- ▶ Promover visitas dos fornecedores às áreas de negócio. Faça-os andar pela empresa, respirar o ritmo de produção, a cultura e o clima organizacional.
- ▶ Apresentar a Missão, a Visão e os Valores da empresa.
- ▶ Apresentar a Visão do estado futuro da organização, o propósito, o objetivo, as metas e as métricas do projeto.
- ▶ Discutir as peculiaridades do mercado, da concorrência e fatores de diferenciação da organização.

2.4. Execução

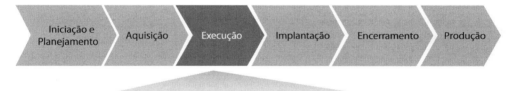

A execução de um projeto é quase sempre a sua etapa mais longa. É a partir desta etapa que a equipe inteira estará mobilizada e que o projeto começará a interagir com outros *stakeholders* que tenham envolvimento parcial na empreitada. Muitos desses serão afetados diretamente pelas mudanças.

O esforço de comunicação e a atenção ao clima – motivação, estresse, comportamentos, conflitos, espírito de equipe, estímulo à criatividade – precisam de foco total. Quanto antes os problemas forem detectados e geridos, melhor. Questões não resolvidas nesta etapa podem prejudicar seriamente o projeto e seus efeitos serão sentidos nas etapas posteriores, quando prazo, custo, orçamento e engajamento podem estar inevitavelmente comprometidos.

Começar bem esta etapa através de um *kick-off* contagiante é fundamental!

2.4.1. Realizar o evento de *kick-off* do projeto

▶ Revisar planejamento inicial do *kick-off* e executá-lo
▶ Transformar o que foi produzido no *kick-off* em cartazes, *screensavers*, painéis de fotos, em uma *newsletter* etc.
▶ Promover uma avaliação do evento junto aos participantes
▶ Reunir a equipe de gestão do projeto, avaliar o resultado do *kick-off* e planejar atividades complementares, quando necessário

2.4.2. Avaliar os impactos organizacionais

▶ Compilar impactos organizacionais identificados na etapa de Planejamento
▶ Avaliar impactos organizacionais decorrentes das definições da etapa de Execução em função de novas tecnologias, mudanças em processos, estrutura organizacional etc.
▶ Elaborar plano de ação para condução dos impactos organizacionais
▶ Estabelecer plano de movimentações para *stakeholders* afetados pelo projeto de acordo com alterações na estrutura organizacional

2.4.3. Planejar e executar a gestão da aprendizagem

▶ Manter a mobilização da área de treinamento e desenvolvimento da empresa, quando esta existir
▶ Revisar plano de treinamento da equipe de projeto
▶ Definir conhecimentos e competências necessárias
▶ Definir indicadores e métricas
▶ Confirmar recursos e investimentos necessários para a execução dos treinamentos
▶ Selecionar e capacitar multiplicadores do conhecimento
▶ Definir plano de treinamento e desenvolvimento dos demais *stakeholders*
▶ Revisar Mapa de *Stakeholders* para assegurar que todos foram contemplados no plano de treinamento
▶ Comunicar plano de treinamento e desenvolvimento
▶ Executar e gerir treinamentos
▶ Medir resultados e comunicá-los aos líderes de cada área envolvida no projeto

2.4.3. Planejar e executar a gestão da aprendizagem

► Preparar apresentação para que os líderes das áreas mostrem a evolução da capacitação de sua equipe na reunião do Comitê Diretor do projeto
► Assegurar que o conhecimento está formalmente explicitado em uma base de conhecimento
► Avaliar desempenho do gestor departamental do conhecimento
► Atualizar descrição de cargos, plano de capacitação contínuo e demais processos de gestão de pessoas junto ao RH

2.4.4. Alimentar o Mapa de Riscos do projeto

► Compilar riscos identificados nas etapas anteriores e na avaliação de impactos organizacionais
► Avaliar o nível de estresse e a motivação da equipe de projetos
► Discutir a incidência de conflitos entre *stakeholders*
► Desenvolver abordagens de mitigação ou eliminação de riscos
► Compartilhar riscos com a equipe de gestão
► Alimentar Mapa de Riscos do projeto

2.4.5. Confirmar o futuro dos *stakeholders* no pós-projeto

► Realizar avaliações de adequação do perfil técnico e comportamental dos *stakeholders* aos novos papéis e funções
► Confirmar alocação das pessoas junto às lideranças responsáveis e à área de RH
► Definir estratégia para condução das movimentações de pessoas – desligamentos e ascensões
► Monitorar frustrações das pessoas que não foram movimentadas

2.4.6. Planejar a desmobilização gradual da equipe do projeto

- ► Identificar influenciadores positivos do projeto que contagiarão os demais ao voltarem às suas atividades regulares
- ► Identificar pessoas-chave que precisam permanecer no projeto até o encerramento
- ► Planejar desmobilização da equipe e validar com as lideranças envolvidas
- ► Comunicar plano de desmobilização

2.4.7. Definir papéis e responsabilidades para a etapa de Produção

- ► Relacionar atividades que devem ser executadas pelos *stakeholders* afetados pelo projeto
- ► Definir papéis e responsabilidades e documentá-los na Matriz RACI ao longo da execução do projeto
- ► Comunicar amplamente a Matriz RACI
- ► Compartilhar Matriz RACI com RH

2.4.8. Definir indicadores para a avaliação de prontidão para a mudança

- ► Definir os critérios e indicadores para aprovação da implantação com a equipe de gestão do projeto
- ► Validar os critérios e indicadores com o patrocinador e comitês
- ► Criar ferramenta para acompanhamento do *status* dos indicadores e comunicá-los periodicamente
- ► Assegurar que o ritual de divulgação dos critérios e indicadores faça parte do Plano de Comunicação

2.4.1. Realizar o evento de *kick-off* do projeto

O *kick-off* é o marco do início da execução do projeto. A partir de sua execução, todo o planejamento realizado nas fases anteriores estará em ação. Não economize recursos com essa atividade. É importante começar bem, e boa parte da equipe do projeto tirará desse evento suas primeiras impressões do que está por vir. Quando possível, realize-o fora da empresa, em um lugar inspirador que permita a interação social ao final do evento.

Em projetos de grande porte, o *kick-off* deve tomar pelo menos um dia, se possível dois. Quando realizado em um hotel, as pessoas naturalmente terão que interagir durante as refeições e sobrará mais tempo para a integração da equipe.

O formato do *workshop* de *kick-off* e a mobilização dos *stakeholders* em torno deste emite uma clara mensagem da relevância do projeto para o desenvolvimento da estratégia da organização. Tudo que foi produzido no *kick-off* pode ser utilizado no projeto, seja na forma de cartazes, *screensavers*, painéis de fotos, em uma *newsletter* etc. Isso dará maior longevidade às mensagens passadas no *kick-off*.

Lembre-se de que o *feedback* do *kick-off* deve ter uma dimensão formal, como uma avaliação preenchida pelos participantes ao final do evento. Entretanto, cabe também uma abordagem informal, nos dias subsequentes ao evento, através de conversas francas com os participantes. Não se surpreenda se houver alguma discrepância entre as duas avaliações. Busque a causa-raiz e avalie, junto à equipe de projeto, a necessidade de definir atividades complementares para atender a eventuais itens do *kick-off* cujos objetivos não foram plenamente atingidos.

Vale ressaltar a importância do *kick-off* como oportunidade para observação do comportamento dos *stakeholders*. Muitos que estarão descontentes com o projeto não conseguirão esconder suas emoções. Em algumas pessoas, a contrariedade com a mudança molda comportamentos de desconexão emocional com o evento, explicitados pela pouca participação, falta de atenção em relação às apresentações, excesso de conversas paralelas e refúgio no uso de *tablets*, *laptops* e *smartphones*. É um comportamento típico de quem está em estado de "presenteísmo" e boicote consciente, ou não, ao marco de mobilização para as mudanças.

Atividades:
- ▶ Revisar planejamento inicial do *kick-off* e atualizá-lo quando necessário.
- ▶ Realizar as atividades listadas no planejamento do *kick-off*.
- ▶ Transformar o que foi produzido no *kick-off* em cartazes, *screensavers*, painéis de fotos, em uma *newsletter* etc.
- ▶ Promover uma avaliação do evento junto aos participantes.
- ▶ Reunir a equipe de gestão do projeto, avaliar o resultado do *kick-off* e planejar atividades complementares, quando necessário. O sucesso do *kick-off* será medido pela capacidade de alinhar expectativas, integrar *stakeholders*, compartilhar a Visão, o objetivo, as metas e o propósito do projeto, engajar e dar o primeiro passo para a formação do espírito de equipe, sem segregação entre os diversos *stakeholders* envolvidos.

2.4.2. Avaliar os impactos organizacionais

Os impactos organizacionais esperados, na verdade, já começaram a ser relacionados desde a etapa de Planejamento do projeto. Entretanto, haverá outros impactos que só poderão ser detectados durante a execução do projeto. É comum, embora não desejável, que alguns só sejam percebidos mais tarde, até mesmo depois que o projeto já tenha sido implantado e se encontra na etapa de Produção.

É durante a execução do projeto que o desenho conceitual (*business blue print*) e os detalhes de uma nova tecnologia, processo, estrutura organizacional etc. permitirão que os impactos da mudança se tornem mais claros, particularmente em relação àqueles que estão diretamente relacionados com a operação da empresa e pessoas no dia a dia.

O processo de levantamento de impactos organizacionais pode incluir uma variedade de fontes, tais como: entrevistas, aplicação de questionários, reuniões de definição de como a organização operará em seu estado futuro – comumente chamado de *to be* (como será) – etc.

A partir da identificação dos impactos, estes devem ser avaliados em relação ao seu grau de severidade. Ações de tratamento do impacto devem ser listadas, bem como o responsável por executá-las.

Note que muitos desses pontos que podem parecer de baixa relevância terão relação direta com o resultado pretendido com a mudança. Afetarão não só a motivação e o engajamento dos *stakeholders* ao longo do projeto, mas também a sustentação da mudança na etapa de Produção.

Essa atividade trará também dados para o aprimoramento do plano de treinamento. Considere não só a equipe diretamente envolvida no projeto, mas também as necessidades de capacitação dos *stakeholders* que serão afetados pelas mudanças.

Dentre os impactos organizacionais mais comuns e difíceis de serem geridos está a movimentação de pessoas. Isso vale tanto para a equipe de projeto como para os demais *stakeholders*. Poderá haver redução do quadro de funcionários, eliminação de funções, alterações no perfil técnico, enfim, uma série de repercussões das mudanças que, mesmo quando tratadas confidencialmente, tendem a ser percebidas facilmente pelas pessoas.

Faz-se necessário ainda rever o plano inicial de alocação da equipe pós-projeto, caso algum compromisso tenha sido assumido e não possa ser sustentado. Quando impactos organizacionais mudam o plano originalmente concebido, se a comunicação das mudanças não for bem executada, há um enorme risco de abalo na confiança da equipe e credibilidade dos líderes da mudança.

O planejamento de comunicação do projeto requer uma especial atenção nessa etapa, quando tipicamente o risco de "boatos" aumenta. Vale aqui o princípio da transparência e a intensificação da comunicação. Quanto maior for o nível de confiança dos *stakeholders* nos líderes da mudança, maior será a credibilidade da comunicação. Tudo que não for dito oficialmente dentro do processo de mudança deixa brecha para especulação e dá voz à "rádio corredor".

O volume de impactos relacionados e seu grau de severidade permitem uma boa visão de como e o quanto indivíduos, equipes e a organização serão afetados e permite a revisão do Mapa de *Stakeholders*, a necessidade de comunicações extraordinárias, ações de redução dos fatores de antagonismo, reforço dos fatores de engajamento e identificação de riscos inerentes ao fator humano.

São muitos os tipos de impactos que podem ocorrer em função das mudanças proporcionadas por um projeto. Relacionamos a seguir os mais frequentes:

- ▶ Revisão de estruturas organizacionais.
- ▶ Fusões, concentrações ou segregações de atividades.
- ▶ Integração entre áreas ou departamentos.
- ▶ Alterações no nível de autonomia de pessoas ou departamentos.
- ▶ Mudanças de *status* e estruturas de poder no corpo funcional.
- ▶ Ampliação do rigor com formalidades.
- ▶ Redução ou aumento do corpo funcional.
- ▶ Adequação de perfis funcionais.
- ▶ Novas competências de gestão que serão necessárias.
- ▶ Novas competências técnicas.
- ▶ Implicações em outros processos ou sistemas.
- ▶ Implicações em infraestrutura.
- ▶ Mudanças comportamentais e culturais.

Atividades:

- ▶ Compilar impactos organizacionais identificados na etapa de Planejamento.
- ▶ Avaliar impactos organizacionais decorrentes das definições da etapa de Execução em função de novas tecnologias, mudanças em processos, estrutura organizacional etc.
- ▶ Elaborar plano de ação para condução dos impactos organizacionais.
- ▶ Estabelecer plano de movimentações para *stakeholders* afetados pelo projeto de acordo com as alterações na estrutura organizacional.

2.4.3. Planejar e executar a gestão da aprendizagem

Caso a organização tenha uma área de treinamento e desenvolvimento estabelecida, esta deve ser envolvida desde a etapa de Planejamento. Ainda assim, essa área necessitará de apoio para estruturar o plano de treinamento e desenvolvimento com informações que só o projeto pode prover. Mesmo nessa situação, não deixe de se envolver na gestão de aprendizagem, pois essa atividade é um fator crítico para o sucesso de qualquer mudança. Além de novos conhecimentos, a gestão de aprendizagem proporciona segurança aos *stakeholders*, reduzindo o impacto da mudança tanto no nível lógico como no psicológico.

A equipe do projeto começou a desenvolver novos conhecimentos nas etapas de Planejamento e Aquisição. Esse é o momento de revisar o planejamento elaborado anteriormente e adicionar treinamentos nas competências técnicas e comportamentais que ainda não foram abordadas.

Ao longo desta etapa do projeto, as necessidades de treinamento dos *stakeholders* que não fazem parte da equipe de projeto ficarão evidentes. Lembre-se de que há mudanças que podem demandar novos conhecimentos de *stakeholders* que estão fora da empresa, como fornecedores e clientes, por exemplo.

Identifique todos os novos conhecimentos e as competências necessárias para o sucesso da mudança e o público-alvo de cada um desses. Relacione os *stakeholders* que precisarão de treinamento. Defina as modalidades que melhor se encaixam para cada público, considerando alternativas como treinamentos presenciais, virtuais, autoestudo, *e-learning*, uso de jogos (*gamification*) etc. Com base nessas informações, o projeto estará pronto para desenvolver o plano de treinamento e desenvolvimento dos *stakeholders* afetados pela mudança e estimar detalhadamente recursos e custos necessários.

A preparação do material de treinamento deve ser realizada com todo cuidado. Em projetos complexos com muitos conhecimentos novos, considere a possibilidade de contratar uma empresa especializada nesse tipo de serviço.

O uso de agentes multiplicadores do conhecimento é uma abordagem interessante para viabilizar treinamentos ao vivo (presenciais ou através de recursos como vídeo e audioconferência). Algumas culturas demandam esse tipo de abordagem mais ativa e interativa do que outras. Os multiplicadores poderão atuar ainda como uma primeira fonte de apoio no caso de dúvidas após as mudanças serem implantadas.

Selecione com muito cuidado seus multiplicadores. Eles precisam transmitir não só conhecimento como também entusiasmo com a mudança. Agentes multiplicadores devem ser preparados não só em relação ao conhecimento que transmitirão, mas também nas competências de comunicação necessárias para que o treinamento seja bem-sucedido.

Muitos treinamentos precisam ser realizados próximos da data de implantação do projeto, para que o conhecimento não se perca com o tempo. O cenário ideal é ter tudo que irá mudar – novas tecnologias, processos, regras de negócio etc. – pronto antes que o treinamento seja iniciado. Entretanto, essa não é a situação mais provável e usual. Sendo realista, em geral, as primeiras etapas de treinamento são desenvolvidas quando o serviço ou produto final a ser entregue pelo projeto ainda não está totalmente pronto e estável. Essa situação é um grande desafio para a gestão de aprendizagem, pois pode gerar insegurança nos *stakeholders* e fortalecer o pessimismo em relação aos benefícios trazidos pelas mudanças. Uma alternativa nesse caso é deixar claro que a primeira onda de treinamentos está sendo realizada em uma solução ainda em construção e que haverá uma grande mobilização de reforço dos treinamentos pouco antes da implantação.

Qualquer interação do projeto com os *stakeholders* é uma oportunidade de reforçar a Visão do estado futuro da organização após a mudança, seus motivadores estratégicos e o propósito do projeto, além de papéis e responsabilidades. Uma boa prática é abrir os treinamentos com uma breve mensagem do patrocinador (em vídeo, áudio ou um *slide*), reforçando esses pontos para gerar um clima de entusiasmo frente à oportunidade de desenvolvimento de novos conhecimentos e competências.

A gestão da aprendizagem exige uma boa comunicação do plano de treinamento e desenvolvimento, além da gestão de indicadores quantitativos e qualitativos. É preciso medir para poder gerir adequadamente a evolução do planejamento.

Indicadores como percentual de pessoas presentes em cada curso, percentual de pessoas treinadas por departamento ou área da empresa, avaliação da qualidade dos treinamentos, adequação da carga horária e testes aplicados nas pessoas treinadas para checar seu real nível de retenção do conhecimento, por exemplo, são importantes para que eventuais ajustes no planejamento sejam realizados.

Colete dados por meios formais após os treinamentos, mas use também abordagens informais, ouvindo os *stakeholders* para capturar a percepção destes em relação à eficácia de cada modalidade aplicada.

Lembre-se de que uma estratégia de sabotadores das mudanças é não participar dos treinamentos e na última hora alegar que não estão prontos para a mudança. Pior ainda é quando sabotadores são líderes que permitem a implantação da mudança sem que suas equipes estejam prontas. O desempenho abaixo do esperado depois da mudança será usado como argumento para que se tente voltar à situação anterior, ou seja, à sua zona de conforto.

A gestão da aprendizagem demanda não só o acompanhamento de indicadores como também a comunicação destes. Um líder cuja equipe tem baixa taxa de adesão aos treinamentos, por exemplo, será naturalmente pressionado pelos dados.

Faça com que cada líder apresente seus dados nas reuniões regulares do Comitê Diretor do projeto. Ninguém melhor do que o líder de uma área de negócio para mostrar como sua equipe está se dedicando ao projeto. O fato de terem que apresentar seus indicadores fará com que eles monitorem de perto o andamento do treinamento, para que não fiquem expostos a uma situação politicamente delicada.

Um erro comum é o gestor de mudanças assumir a responsabilidade de apresentar o *status* do treinamento. O gestor de mudanças deve comunicar intensamente esses dados aos líderes de cada área e deixar claro que eles serão os responsáveis pela apresentação nas reuniões do comitê. Como se diz, contra dados e fatos não existe argumento.

Todo o conhecimento aplicado nos treinamentos deve ser formalmente incluído no processo de gestão do conhecimento, pois se tornará uma fonte importante não só para a implantação do projeto, mas também como suporte na sustentação das mudanças. Cabe ao gestor departamental do conhecimento assegurar que este está devidamente documentado, acessível e sendo gerido por um processo estruturado.

Esse é um bom momento para que o desempenho da função de gestão departamental do conhecimento seja avaliado. Use os indicadores de avaliação do treinamento, cheque se existem várias pessoas designadas pelos gestores para atuarem como referências de conhecimento em seus departamentos, avalie a evolução da base de conhecimento, não só do ponto de vista quantitativo como também qualitativo.

Frequentemente os novos conhecimentos necessários à operação de uma nova tecnologia ou processo demandam atualizações na descrição de cargos e no plano de capacitação contínua de certas posições da organização. Esteja atento a essas necessidades e interaja com a área de RH para manter esses documentos atualizados.

Atividades:

- ▶ Manter a mobilização da área de treinamento e desenvolvimento da empresa, quando esta existir.
- ▶ Revisar plano de treinamento da equipe do projeto.
- ▶ Definir conhecimentos e competências necessárias.
- ▶ Definir indicadores e métricas.
- ▶ Confirmar recursos e investimentos necessários para a execução dos treinamentos.
- ▶ Selecionar e capacitar multiplicadores do conhecimento.
- ▶ Definir plano de treinamento e desenvolvimento dos demais *stakeholders*.
- ▶ Revisar Mapa de *Stakeholders* para assegurar que todos foram contemplados no plano de treinamento.
- ▶ Comunicar plano de treinamento e desenvolvimento.
- ▶ Executar e gerir treinamentos.
- ▶ Medir resultados e comunicá-los aos líderes de cada área envolvida no projeto.
- ▶ Preparar apresentação para que os líderes das áreas mostrem a evolução da capacitação de sua equipe na reunião do Comitê Diretor do projeto.
- ▶ Assegurar que o conhecimento está formalmente explicitado em uma base de conhecimento.
- ▶ Avaliar desempenho do gestor departamental do conhecimento.
- ▶ Atualizar descrição de cargos, plano de capacitação contínua e demais processos de gestão de pessoas junto ao RH.

2.4.4. Alimentar o Mapa de Riscos do projeto

O Mapa de Riscos de qualquer projeto deve contar também com os fatores humanos. Os riscos identificados devem ser compartilhados com a equipe de gestão e incluídos no Mapa de Riscos do projeto.

Para cada risco defina uma abordagem de mitigação ou eliminação e um responsável por executá-la. A alimentação do Mapa de Riscos do projeto é dinâmica e deve ser realizada no curso de todo o projeto.

Os riscos relacionados ao fator humano podem ter várias origens e tipos e a equipe de gestão do projeto também deve estar preparada para identificá-los, especialmente em atividades que ocorram sem a presença da equipe de gestão de mudanças.

Atividades:

- ▶ Reavaliar os riscos identificados nas etapas de Planejamento e Aquisição.
- ▶ Relacionar os riscos identificados na avaliação dos impactos organizacionais.
- ▶ Revisar o Mapa de *Stakeholders* e avaliar o nível de adesão provável à mudança.
- ▶ Revisar a relação dos fatores de antagonismo e checar se as medidas adotadas surtiram efeito.
- ▶ Avaliar o nível de estresse e a motivação da equipe de projetos.
- ▶ Discutir a incidência de conflitos entre *stakeholders* com a equipe de gestão do projeto.
- ▶ Selecionar os riscos que farão parte do Mapa. Classifique-os em relação ao seu impacto potencial e sua possibilidade de ocorrência.
- ▶ Desenvolver ações de mitigação ou eliminação dos riscos, identificando os responsáveis por sua condução.
- ▶ Revisar o Mapa de Riscos e o andamento das ações planejadas nas reuniões da equipe de gestão do projeto.

2.4.5. Confirmar o futuro dos *stakeholders* no pós-projeto

Projetos são ótimas oportunidades para identificação e desenvolvimento de talentos. Após o desenho conceitual e a avaliação de impactos organizacionais, as funções e os perfis necessários estarão claramente identificados. É o momento de planejar a "dança das cadeiras".

O quanto antes as pessoas conhecerem seu futuro, melhor. A dúvida é fator de ansiedade e prejudica muito a gestão do estresse e o clima do projeto.

O tempo não está ao seu favor. Uma vez definido, é preciso antecipar-se e comunicar o quanto antes como será o novo desenho organizacional.

Alguns poderão ascender. Muitos ficarão em atividades e funções semelhantes e outros eventualmente poderão não ser aproveitados. Cada grupo demandará uma abordagem específica. Eis aí um grande dilema, principalmente quando os que serão desligados fazem parte do projeto. Em muitos casos, após o desenho conceitual, algumas pessoas perceberão que suas funções deixarão de existir, mudarão consideravelmente ou serão fundidas com outras. Neste caso, não comunicar o futuro da equipe criará dúvida e insegurança nos envolvidos. O clima pode ser afetado e disputas internas podem surgir.

Deixar a comunicação do futuro dos que serão desligados para a etapa final do projeto pode até evitar algum impacto momentâneo; entretanto, criará traumas organizacionais que afetarão a confiança das equipes nas lideranças e prejudicarão muito o clima na organização inteira. Os futuros projetos carregarão inevitavelmente a cicatriz da desconfiança e da insegurança.

Dependendo da cultura da empresa, estabelecer um bom plano de desligamento, com benefícios e premiação para os que ficarem até o fim do projeto (ou mesmo até a estabilização pós-projeto), e comunicar aos envolvidos ainda durante a etapa de Execução do projeto pode ser uma ótima alternativa.

Não podem ser desconsideradas, entretanto, as desvantagens da comunicação prévia. Pessoas reagem mais emocionalmente do que racionalmente às perdas. É possível que a comunicação antecipada crie alguns zumbis no projeto – pessoas sem alma e vibração por já saberem que não terão futuro na organização.

No caso dos desligamentos de pessoas que estão fora do ambiente do projeto, essa comunicação pode ser postergada, mas o risco de vazamento é imenso. Não existe segredo quando uma informação é de conhecimento de mais de uma pessoa. O impacto aí será maior na organização do que no projeto, mas o dilema não é muito diferente do apresentado antes.

Organizações têm um contexto orgânico e as pessoas se solidarizam com os desligados. Mesmo as demissões dos que não atuam diretamente no projeto podem trazer impacto no clima do projeto. Prepare-se para lidar com o "luto". Perder o emprego é terrível para quem sai, mas também para os que ficam. Mesmo com todo o cuidado na realização de desligamentos com dignidade, é normal que a equipe sinta o impacto da mudança. Cabe ao gestor da mudança fazer com que esse inevitável impacto seja o menor possível. Isso não vale só para funcionários; frequentemente o afastamento de funcionários terceirizados que estão há muito tempo na empresa traz a mesma sensação de "perda" para uma equipe.

Para os que irão ascender, privilegie as pessoas de alto desempenho no projeto. Verifique cuidadosamente a adequação do perfil técnico e comportamental. Aplique ferramentas de *assessment* e testes psicológicos para conhecer melhor o perfil do candidato. Nem sempre o alto desempenho em um projeto significará sucesso em funções operacionais e repetitivas. Reconheça o engajamento, a cooperação e a colaboração com o resultado. Isso criará um senso de justiça e trará benefícios para os projetos futuros. A tendência é que as pessoas passem a ver os projetos como oportunidades de carreira, facilitando o engajamento e a vibração. A cultura de evolução por mérito será consolidada, fortalecendo a percepção de uma organização que gera crescimento profissional através de seu processo de contínua transformação.

Entretanto, é possível que alguns se sintam frustrados por não terem ascendido. A percepção de colaboração, adequação a uma nova função e desempenho é individual. A melhor maneira de lidar com a abstração dessa atividade é ter um processo transparente e estruturado de avaliação e *feedback* intensivo e dinâmico durante todo o projeto. Isso ajuda a ajustar as expectativas, reduzindo o desconforto dos que permanecerão nos mesmos cargos e funções. Cabe ao líder da mudança estimular as demais lideranças a manterem uma rotina de *feedback* intensivo e imediato, sem esperar ciclos anuais de avaliação de desempenho para discutir a evolução ou as necessidades de aperfeiçoamento de cada funcionário.

Mais uma vez, o líder da mudança deve usar a sua sensibilidade para sugerir o momento adequado para comunicar as movimentações organizacionais.

Atividades:

- ▶ Avaliar adequação da equipe às novas funções e à nova estrutura organizacional.

- ▶ Realizar avaliações de adequação do perfil técnico, comportamental, testes psicológicos e *assessments*.
- ▶ Definir alocação da equipe junto à área de RH e demais lideranças envolvidas nas mudanças.
- ▶ Definir estratégia de comunicação das movimentações de pessoal – desligamentos e ascensões.
- ▶ Comunicar movimentações.
- ▶ Desenvolver atividades para superação o mais breve possível do "luto", no caso de haver desligamentos.
- ▶ Monitorar eventuais frustrações dos que permanecerão nas mesmas funções e atividades.
- ▶ Intensificar a gestão do clima do projeto.

2.4.6. Planejar a desmobilização gradual da equipe do projeto

Avalie a necessidade de permanência da equipe do projeto na etapa posterior à Implantação e ao Encerramento. A desmobilização deve ser gradual, evitando rupturas que coloquem em risco a sustentação da mudança. Discuta desde já a composição da equipe que ficará encarregada de desenvolver melhorias contínuas necessárias na etapa de Produção para a sustentação das mudanças. Caso a equipe do projeto não venha a ser responsável pelas melhorias contínuas, planeje a passagem de conhecimento para aqueles que apoiarão a etapa de Produção.

Tão logo possível, comunique o processo de desmobilização. As pessoas gostam de conhecer seu futuro. Isso traz segurança em relação ao que acontecerá com a equipe após o término do projeto. A insegurança é inimiga do engajamento e da motivação.

Lembre-se de que, em alguns casos, fornecedores fazem parte da equipe do projeto. Para essas pessoas, a aproximação do término de um projeto frequentemente é motivo de grande apreensão, uma vez que há sempre o risco de o fornecedor não ter novos clientes, deixando sua equipe sem trabalho ao fim do projeto.

Não raro, profissionais de fornecedores com maior empregabilidade buscam novas oportunidades antes mesmo do término do projeto, de forma a evitar períodos de "entressafra" em suas carreiras. Esse é um risco que pode afetar o projeto e trazer perdas significativas em termos de conhecimento. Daí a importância de planejar a desmobilização dos fornecedores com a mesma cautela e zelo dos demais casos desde a etapa de Aquisição.

Atividades:

- ▶ Identificar a necessidade de permanência de pessoas-chave na sustentação da mudança.
- ▶ Identificar influenciadores positivos que podem voltar às suas áreas de operação o mais rápido possível para contagiar os que não atuaram diretamente no projeto.
- ▶ Planejar a desmobilização gradual da equipe, incluindo funcionários próprios e fornecedores, com as lideranças das áreas envolvidas.
- ▶ Comunicar plano de desmobilização à equipe.

2.4.7. Definir papéis e responsabilidades para a etapa de Produção

Esta atividade tem o mesmo objetivo da definição de papéis e responsabilidades realizada para a equipe do projeto. A diferença é que agora o foco está nos papéis e responsabilidades relacionados ao estado futuro da organização. Use o Mapa de *Stakeholders* como uma das fontes de informação para assegurar que todos os afetados pelo projeto sejam contemplados.

Use a Matriz RACI como ferramenta para que as fronteiras de atuação e as expectativas em relação à atuação de cada departamento e função na organização estejam claramente definidas. Uma boa prática é desenvolver a Matriz RACI para a etapa de Produção ao longo da etapa de Execução, na medida em que o detalhamento de processos, estruturas, tecnologias etc. sejam definidos.

Aproveite essa oportunidade para detalhar papéis e responsabilidades dos *stakeholders* envolvidos na sustentação das mudanças.

A Matriz RACI é uma ferramenta de alinhamento, documentação e comunicação. Não deixe seu desenvolvimento para o final da Execução, como mera formalidade. Esta é fruto das próprias decisões do projeto e, quando desenvolvida de forma participativa, gera maior engajamento dos *stakeholders* em seus novos papéis e responsabilidades.

A clara definição de papéis e responsabilidades na etapa de Execução reduz a ansiedade dos *stakeholders* e minimiza a possibilidade de conflitos futuros. Comunique a Matriz RACI e compartilhe as decisões com o RH para que processos de gestão de pessoas, tais como descrição de cargos, avaliação de desempenho, metas, bonificações por resultados etc. sejam atualizados.

Atividades:

- ▶ Relacionar atividades que devem ser executadas pelos *stakeholders* afetados pelo projeto.
- ▶ Definir papéis e responsabilidades e documentá-los na Matriz RACI ao longo da etapa de Execução do projeto.
- ▶ Comunicar amplamente a Matriz RACI.
- ▶ Compartilhar Matriz RACI com o RH.

2.4.8. Definir indicadores para a avaliação de prontidão para a mudança

Uma boa prática é definir critérios e indicadores para a avaliação de prontidão para a mudança durante a etapa de Execução. Ter critérios e indicadores tornará o processo decisório em relação à implantação mais racional e tangível. Isso ajuda a reduzir a ação de boicotadores que expressam sua opinião apenas com base em percepções, sem apresentar dados e fatos. Critérios e indicadores claros são uma fonte valiosa de informação quantitativa acerca da prontidão para a mudança. Defina-os com a equipe de projeto e valide-os com o patrocinador e os comitês.

A divulgação de critérios e indicadores de prontidão para a mudança deve fazer parte do Plano de Comunicação de forma ordinária. A sua comunicação permite o acompanhamento da evolução do projeto, tanto no âmbito interno como externo.

Atividades:

- ▶ Definir critérios e indicadores para aprovação da implantação com a equipe de gestão do projeto.
- ▶ Validar critérios e indicadores com o patrocinador e os comitês.
- ▶ Criar ferramenta para acompanhamento dos indicadores e comunicá-los periodicamente.

► Assegurar que o ritual de divulgação dos critérios e indicadores faça parte do Plano de Comunicação.

2.5. Implantação

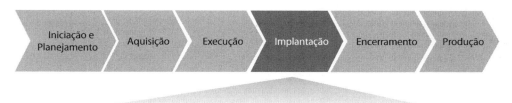

Esta etapa frequentemente caracteriza-se pelo pico de estresse. Nenhum projeto é perfeito e é aqui que os problemas aparecem, inclusive os humanos.

Pressões adicionais por prazo, custo e questões políticas podem levar a uma implantação prematura, o que poderá trazer problemas para a qualidade das mudanças implantadas. Os antagonistas nesse cenário se fortalecem, pois suas críticas ao novo estado proporcionado pela mudança passam a ter fundamentos lógicos, dados e fatos relacionados ao funcionamento inadequado das soluções apresentadas pelo projeto. Tentativas de retornar ao estado anterior são frequentes e algumas vezes necessárias para que o negócio não seja afetado.

Prepare-se para gerir essa etapa embasando a decisão do momento certo da implantação de acordo com indicadores do estado de prontidão para implantação da mudança. O estresse desta etapa pode afetar o espírito de equipe, se este não for verdadeiro e sólido. É fácil ver a equipe de projeto descambar para um "salve-se quem puder" – múltiplos lados podem minar o clima e dificultar o contorno das dificuldades naturais de uma mudança. Avalie a necessidade de reforçar a coesão do espírito de equipe e intensifique as atividades de gestão do estresse, motivação e comportamentos para minimizar os efeitos naturais desta etapa.

É aqui também que a mudança atinge todos os *stakeholders*, e boicotadores, até então velados, podem aparecer. A gestão de conflitos merecerá especial atenção para evitar que estes se tornem confrontos ou até mesmo crises.

2.5.1. Avaliar a prontidão e a confiança dos usuários para a implantação

- ▶ Avaliar estado de prontidão para mudança considerando indicadores, metas e métricas
- ▶ Avaliar o grau de confiança da equipe nas soluções desenvolvidas pelo projeto
- ▶ Assegurar-se do domínio operacional dos usuários afetados pelo novo processo ou componente tecnológico
- ▶ Endereçar preocupações levantadas pela equipe do projeto, realizando ajustes em soluções tecnológicas, processos, treinamentos etc. ou desenvolvendo ações de contingência
- ▶ Realizar pesquisa sobre o clima de entusiasmo e segurança dos demais *stakeholders* afetados pela mudança
- ▶ Comunicar estado de prontidão e criar clima de entusiasmo para a mudança

2.5.2. Assegurar o comprometimento das lideranças com a implantação

- ▶ Agendar reuniões com antecedência necessária para assegurar que todos sejam ouvidos
- ▶ Realizar reunião preliminar de avaliação com líderes que fazem parte do Comitê de Gestão do Projeto, Comitê Diretor e conselho
- ▶ Identificar possíveis barreiras sem fundamentos lógicos e antagonistas e atualizar Mapa de *Stakeholders*
- ▶ Articular junto à equipe de projeto medidas de contorno para preocupações com fundamentos lógicos, discutindo alternativas para eliminá-las ou contingências para reduzir impactos potenciais
- ▶ Preparar apresentação para reunião de decisão da implantação
  - ○ Usar os resultados da avaliação de prontidão dos usuários para implantação e das percepções da reunião preliminar de avaliação com os *stakeholders*
  - ○ Apresentar indicadores e dados quantitativos levantados na avaliação de prontidão para mudança

2.5.3. Realizar a reunião de decisão da implantação

▶ Preparar o patrocinador para sua atuação na reunião
▶ Realizar reunião participativa de decisão da implantação
▶ Definir a estratégia de comunicação da decisão da reunião

2.5.4. Comunicar o resultado da reunião de decisão da implantação

▶ Comunicar a decisão da reunião à equipe de projeto
▶ Comunicar formalmente à organização e a todos os *stakeholders* a decisão da reunião

2.5.1. Avaliar a prontidão e a confiança dos usuários para a implantação

Um projeto, mesmo após a realização de todas as atividades que foram planejadas, pode não estar pronto para implantação. Estar pronto para implantação envolve não só os aspectos lógicos, mas também os psicológicos de um projeto. Os usuários de um novo sistema, por exemplo, mesmo tendo participado de um treinamento bem-sucedido em relação aos indicadores quantitativos (índice de presença no treinamento, resultados de testes de compreensão do conteúdo etc.), precisam estar seguros, confiantes e com o domínio operacional necessário para que a mudança seja sustentável.

Uma decisão precipitada de implantação que não considere os aspectos humanos pode levar um projeto tecnicamente perfeito a um fiasco como processo de mudança.

Avalie se inseguranças demonstradas pelos *stakeholders* têm fundamentos lógicos. Vá até a causa-raiz. Não aceite argumentos sem fundamentação lógica. Considere a possibilidade de algumas dessas inseguranças serem, na verdade, resistências de boicotadores velados da mudança. Em alguns casos será só uma natural insegurança humana em função da iminência de deixar a zona de conforto e adentrar em uma nova maneira de trabalhar.

Promova a avaliação do estado de prontidão para a mudança em conjunto com a equipe de gestão de projeto. Considere fatores como:

- ▶ Critérios e indicadores de prontidão para a mudança, desenvolvidos na etapa de Execução.
- ▶ Metas e métricas estabelecidas para o projeto. Algumas virão do plano de negócio, outras do *workshop* de mobilização e alinhamento das lideranças.
- ▶ Indicadores de desempenho da gestão de aprendizagem.
- ▶ Estabilidade de processos e soluções tecnológicas desenvolvidas no projeto.
- ▶ Mapa de Riscos do projeto e planejamento de contingências.
- ▶ Mapa de *Stakeholders* e estado corrente de adesão às mudanças.
- ▶ Alinhamento das lideranças com os impactos potenciais da transição do estado atual para o futuro.
- ▶ Preparação do patrocinador e demais líderes para atuarem como agentes da mudança, reforçando a necessidade da mudança, mesmo em uma situação de forte antagonismo; se os líderes não forem vendedores da mudança, a sustentação será muito mais difícil.
- ▶ Adequação da comunicação com *stakeholders* internos e especialmente externos, como governo, clientes, fornecedores, sindicatos etc.
- ▶ Influência de fatores mercadológicos.

Atividades:

- ▶ Avaliar o grau de confiança da equipe com as soluções desenvolvidas pelo projeto.
- ▶ Avaliar estado de prontidão para mudança, considerando indicadores, metas e métricas.
- ▶ Ouvir a equipe, compreendendo que possivelmente haverá algum natural receio em relação ao novo. Certamente, a equipe do projeto tem ótima percepção do nível de prontidão das soluções geradas pelo projeto. Aproveite esse momento para eliminar mitos relacionados a problemas ocorridos em situações anteriores.
- ▶ Endereçar preocupações levantadas pela equipe do projeto, realizando ajustes em soluções tecnológicas, processos, treinamentos etc. ou desenvolvendo ações de contingência.

- ► Realizar pesquisa do clima de entusiasmo e segurança dos demais *stakeholders* afetados pela mudança.
- ► Assegurar-se do domínio operacional dos usuários afetados pelo novo processo ou componente tecnológico.
- ► Desenvolver ações para contornar resistências travestidas de insegurança.
- ► Usar canais de *feedback* para ouvir opiniões individuais.
- ► Avaliar se eventuais inseguranças individuais têm representatividade coletiva.
- ► Comunicar estado de prontidão e criar clima de entusiasmo para a mudança.

2.5.2. Assegurar o comprometimento das lideranças com a implantação

Este é o momento de assegurar que todas as lideranças estarão comprometidas com a implantação.

Uma boa estratégia é impregnar a decisão de implantação com o DNA de todos os envolvidos. Realize reuniões para ouvir os *stakeholders* Decisores, alguns Influenciadores Diretos e Indiretos de maior relevância (formadores de opinião) e o patrocinador. Elimine a possibilidade de alguém dizer *a posteriori* que não concordava com a implantação por este ou aquele motivo e não teve a oportunidade de expressar a sua opinião. A agenda desses *stakeholders* em geral é cheia de compromissos. Agende as reuniões com antecedência para evitar que boicotadores usem a falta de tempo como desculpa para não expressarem suas opiniões. Colete informações e dados que reflitam eventuais preocupações ou a confiança dos *stakeholders* em relação à implantação do projeto.

Avalie com a equipe de gestão do projeto se essas preocupações têm fundamento lógico, discuta alternativas para eliminá-las ou contingências para reduzir impactos potenciais. Relate o estado geral de prontidão apresentado pelos entrevistados e atualize o Mapa de *Stakeholders*.

Esse é o momento de discutir com a equipe de gestão do projeto e o patrocinador a estratégia de condução da reunião de decisão da implantação, considerando a avaliação de prontidão para a mudança e os resultados colhidos nas reuniões com os *stakeholders*.

Esteja atento não só ao discurso dos entrevistados, mas também à sua linguagem corporal. Em alguns casos, mais importante do que é dito, é como é dito.

Muita atenção com os boicotadores velados. Essa é a última oportunidade em tempo de projeto para que eles ataquem.

Atividades:

- ▶ Agendar reuniões com antecedência necessária para assegurar que todos sejam ouvidos.
- ▶ Realizar reunião preliminar de avaliação com líderes que fazem parte do Comitê de Gestão do Projeto, Comitê Diretor e conselho. Essa reunião indicará o humor destes com relação à decisão a ser tomada na reunião de decisão da implantação.
- ▶ Identificar possíveis barreiras sem fundamentos lógicos e antagonistas e atualizar Mapa de *Stakeholders*.
- ▶ Articular, junto à equipe de projeto, medidas de contorno para preocupações com fundamentos lógicos, discutindo alternativas para eliminá-las ou contingências para reduzir impactos potenciais.
- ▶ Discutir resultado da avaliação preliminar com a equipe de gestão do projeto e o patrocinador e definir a estratégia de condução da reunião de decisão da implantação.
- ▶ Preparar apresentação para reunião de decisão da implantação:
  - ○ Usar os resultados da avaliação de prontidão dos usuários para implantação e das percepções da reunião preliminar de avaliação com os *stakeholders*.
  - ○ Apresentar indicadores e dados quantitativos levantados na avaliação de prontidão para a mudança.

2.5.3. Realizar a reunião de decisão da implantação

Esta atividade é uma sequência da anterior. Consiste em uma reunião com todos os *stakeholders* Decisores e o patrocinador do projeto para definir, diante das circunstâncias, se o projeto deve ser implantado ou não.

Prepare o patrocinador para que ele seja o último a expressar sua posição. Caso ele se manifeste com antecedência, antagonistas alegarão que não tiveram como expressar sua real opinião pela pressão política do patrocinador.

A equipe do projeto deve apresentar o estado de prontidão para mudança, medidas de contingência, Mapa de Riscos, metas e métricas de projeto etc. Todas as dimensões do projeto devem ser apresentadas, inclusive as humanas.

Após a apresentação dos dados compilados pela equipe de gestão do projeto, a reunião deve ser conduzida de forma participativa e todos devem emitir sua opinião sobre a implantação. Não deixe que apenas percepções não fundamentadas prevaleçam. Provoque justificativas embasadas em fatos e dados. Se a preparação para essa reunião tiver sido bem-sucedida, a equipe de projeto terá respostas para todos os pontos levantados.

Os *stakeholders* que permanecerem calados devem ser provocados a definir sua posição. Muitos boicotadores optam por se omitir nesse momento para poderem dizer depois que não estavam de acordo com a implantação.

Estabeleça um tempo para cada qual expressar sua opinião. Boicotadores podem tumultuar a reunião expressando uma sequência infinita de fatores contrários à implantação. Faça intervenções quando necessário para que o tempo estabelecido para cada participante seja respeitado.

Se o estado de prontidão para a implantação for consistente, inicie a reunião com os *stakeholders* qualificados como Vendedores da mudança. Deixe os boicotadores para o fim. Seus argumentos possivelmente já terão perdido força quando chegar a hora deles expressarem suas opiniões. Feche com a palavra do patrocinador.

Lembre aos participantes que, mesmo não havendo consenso, a decisão tomada doravante precisa contar com o apoio de todos. Argumentações negativas devem ficar restritas apenas a essa reunião e não devem ser propagadas pela organização. Mobilize todos pela causa, reforçando o compromisso coletivo de levar a organização a um novo estado após a implantação do projeto.

Caso o estado de prontidão aponte para a postergação da implantação, deixe que os *stakeholders* que tenham justificativas concretas e lógicas expressem suas preocupações. Ninguém melhor do que quem sofrerá a dor da mudança para ajudar a evitar uma implantação precipitada. A equipe de projeto tem que estar pronta para apresentar um plano de ação para solução dos problemas que poderão levar a uma postergação da implantação.

A comunicação da decisão da reunião de implantação deve relacionar o nome de todos que fizeram parte do processo decisório para ampliar o compromisso com a decisão tomada.

Feche a reunião definindo a estratégia de comunicação da decisão tomada.

Esteja atento para agir como um facilitador em busca da melhor decisão, minimizando o risco de uma implantação precipitada por fatores políticos ou a pressão para postergação motivada por inseguranças psicológicas e/ou forças antagonistas.

Atividades:

- ▶ Preparar o patrocinador para sua atuação na reunião.
- ▶ Realizar reunião participativa de decisão da implantação:
    - ○ Apresentar o estado de prontidão para mudança, medidas de contingência, Mapa de Riscos, metas e métricas de projeto etc.
    - ○ Passar a palavra para que cada *stakeholder* emita sua opinião, solicitando justificativas lógicas e fundamentadas em dados e fatos.
    - ○ Fechar com a palavra do patrocinador.
    - ○ Apresentar plano de ação quando a decisão for pela postergação da implantação e definir nova data da reunião de decisão da implantação.
    - ○ Mobilizar participantes da reunião para que o discurso à organização seja uníssono mesmo que não haja consenso na reunião.
- ▶ Definir a estratégia de comunicação da decisão da reunião.

> **NOTA:** a reunião de decisão da implantação deve contar com todos os outros parâmetros técnicos de avaliação do projeto. Destacamos aqui os aspectos ligados às pessoas e à estratégia de condução da reunião.

2.5.4. Comunicar o resultado da reunião de decisão da implantação

A comunicação de uma decisão de implantação merece um capítulo especial, pois o projeto está perto de terminar, mas a jornada de mudanças continua. Comunique à equipe do projeto pessoalmente e logo após a reunião; todos estarão ansiosos para saber o resultado.

Caso a decisão seja de postergação, comunique claramente à equipe do projeto os motivos da decisão. Isole suas emoções e mostre que vale a decisão do comitê, mesmo que você não concorde com ela. Apresente o plano de ação com as atividades que serão desenvolvidas para contornar os problemas e a nova data da reunião de decisão da implantação.

Comunique à organização em meio formal e inclua na comunicação da decisão a relação de todos os *stakeholders* que participaram da reunião, começando pelo patrocinador do projeto. Comunique formalmente a decisão aos demais *stakeholders* com o mesmo formato antes descrito.

Atividades:

- ▶ Comunicar a decisão da reunião à equipe do projeto.
- ▶ Crie um clima de entusiasmo para a implantação se a decisão for positiva.
- ▶ Apresentar à equipe de projeto o plano de ação e a nova data da reunião de decisão de implantação quando a decisão for de postergação.
- ▶ Comunicar formalmente à organização e a todos os *stakeholders* a decisão da reunião.

2.6. Encerramento

Muitas expectativas em relação ao desenvolvimento de carreira geradas pelos *stakeholders* com envolvimento direto no projeto virão à tona nesta etapa. Se elas forem justas e atendidas, a organização reforçará a percepção de que o mérito leva ao desenvolvimento da carreira na sua cultura organizacional.

Quando expectativas geradas não são atendidas, a frustração será inevitável e contaminará seriamente a cultura, prejudicando o engajamento em mudanças futuras.

Empresas que têm foco em aprendizagem usam essa etapa para consolidar conhecimentos.

Não raro, projetos são "encerrados" politicamente antes que realmente todas as atividades tenham sido executadas, deixando para trás um legado negativo e frustração na equipe.

2.6.1. Executar a desmobilização gradual da equipe do projeto

- ▶ Estimular cada participante a deixar um registro que represente sua participação no projeto
- ▶ Executar plano de desmobilização

2.6.2. Reconhecer desempenho da equipe e individual

- ▶ Promover entre a equipe a escolha participativa das pessoas que mais se destacaram
- ▶ Promover reconhecimento do trabalho das equipes

2.6.3. Montar Mapa de Lições Aprendidas

▶ Estimular a documentação contínua das lições aprendidas
▶ Realizar reunião de mapeamento final de lições aprendidas
▶ Registrar itens mais relevantes na base de conhecimento

2.6.4. Assegurar a preparação dos usuários para treinar novos colaboradores

▶ Assegurar comprometimento do gestor departamental do conhecimento
▶ Assegurar a capacidade da equipe de multiplicadores de manter o conhecimento de processos, regras de negócio e operação de novas tecnologias introduzidas pelo projeto

2.6.5. Assegurar a preparação da equipe de manutenção e suporte na fase pós-projeto

▶ Assegurar que a equipe responsável pela manutenção de novas tecnologias introduzidas pelo projeto esteja preparada e disponível na etapa de Produção
▶ Desenvolver plano contínuo de compartilhamento de conhecimento

2.6.6. Assegurar a realocação adequada da equipe do projeto

▶ Assegurar que as pessoas sejam realocadas adequadamente no novo desenho organizacional
▶ Negociar eventuais discrepâncias identificadas, envolvendo a área de RH e patrocinador, quando necessário

> ### 2.6.7. Celebrar as conquistas e metas atingidas
> ► Planejar e executar uma celebração contagiante que esteja à altura do feito conseguido
> ► Introduzir momentos lúdicos à celebração, como sorteio de prêmios, entrega de certificados, reconhecimento dos destaques etc.
> ► Incentivar o patrocinador do projeto a agradecer a participação e o engajamento de todos e ressaltar a necessidade de manter a vibração para que a mudança se perpetue

2.6.1. Executar a desmobilização gradual da equipe do projeto

Inicie a desmobilização gradual da equipe como planejado. Faça de cada evento de movimentação de pessoas um marco de celebração do sucesso do projeto.

Mantenha a conexão das pessoas com as mudanças. No caso de um "Contrato Psicológico" ter sido desenvolvido no *kick-off* ou em alguma ação de motivação, esse é o momento de devolvê-lo para cada participante, como um ritual de fechamento de sua participação no projeto.

Seres humanos são ritualísticos e expressam seus sentimentos através da arte rupestre desde a pré-história. Caso a empresa tenha um painel que documente a história de seus projetos, seja ele físico ou digital, estimule as pessoas a deixarem seu registro no projeto. Pode ser uma frase, uma palavra, uma imagem. Algo que expresse sua participação e reforce sua conexão com as mudanças promovidas pelo projeto.

Atividades:

► Realizar ritual de devolução do "Contrato Psicológico" elaborado no *kick-off* do projeto ou em alguma ação de motivação da equipe.
► Estimular cada participante a deixar um registro que represente sua participação no projeto.
► Executar plano de desmobilização.

2.6.2. Reconhecer desempenho da equipe e individual

Um dos fatores que incentiva o engajamento e a motivação da equipe de projeto é a busca por autorrealização.

O reconhecimento do desempenho em projetos, promovido sistematicamente por uma empresa, aprimora a cultura de busca constante por desafios. Participar de um projeto passa a ser uma honra e ótima oportunidade de aprendizado, crescimento e autorrealização.

Algumas organizações têm a cultura de reconhecer a participação em projetos através de bonificações ou prêmios como viagens, por exemplo. O reconhecimento deve estar alinhado com a cultura organizacional. Se esse for o seu caso, o reconhecimento deve ter sido previsto no orçamento do projeto.

O fato é que muitas vezes uma foto na intranet, uma palavra na *newsletter* da empresa ou a entrega de um certificado pelo patrocinador é o suficiente para surtir grande efeito na equipe de projeto.

O reconhecimento não é só um fator motivador para o mérito presente, mas também para gerar engajamento em futuros projetos.

Note que o plano de reconhecimento pode ter duas dimensões e ocorrer em dois momentos distintos: um relacionado ao evento de implantação e encerramento do projeto e outro ao atingimento dos objetivos estratégicos. Este plano só poderá ser realizado na etapa de Produção quando as mudanças se apresentarem totalmente sustentáveis e estiverem consolidadas na cultura organizacional.

Atividades:

- ▶ Promover reconhecimento do trabalho das equipes.
- ▶ Promover entre a equipe a escolha participativa das pessoas que mais se destacaram, considerando alguns fatores, tais como:
    - Cooperação e espírito de equipe.
    - Vibração e contribuição para o clima do projeto.
    - Capacidade de gerar resultados.
    - Engajamento.
    - Criatividade e inovação.
    - Compromisso com o propósito do projeto.

NOTA: reconheça várias pessoas como destaques. Não crie prêmios para um único vencedor. Todos os demais se sentirão perdedores. Conduza esse momento para ser algo divertido. Considere a possibilidade de realizar o ritual de reconhecimento na celebração das conquistas e metas atingidas.

2.6.3. Montar Mapa de Lições Aprendidas

Cada projeto é uma grande oportunidade de aprendizado, não só individual, mas também coletivo e organizacional. O aprendizado individual é tácito, está relacionado às habilidades desenvolvidas por cada um e ao conhecimento adquirido. O aprendizado coletivo está relacionado ao aprendizado subliminar, não consciente, envolvendo interações intergrupais, comportamentos, gestão das mudanças e outros fatores culturais consolidados ao longo do projeto.

Já o aprendizado organizacional não ocorre sem que seja orquestrado. Necessita de uma abordagem que permita capturar todo o conhecimento individual e coletivo e transformá-lo do estado tácito para o explícito.

Organizações que "aprendem a aprender" com suas experiências desenvolvem uma forte cultura orientada à transformação contínua de seus negócios. A inovação é estimulada e facilitada pelo conhecimento explícito organizado em uma base de conhecimentos. Uma boa prática é documentar as lições aprendidas ao longo de todo o projeto e apenas revisá-las e compilá-las nesta etapa.

O encerramento em geral é uma etapa de correria, que muitas vezes tem outras prioridades que não o mapeamento das lições aprendidas. Mesmo que não consiga nesse momento, não deixe de realizar essa atividade tão logo seja possível. Esse é o caminho para o desenvolvimento da organização, capaz de evitar que os próximos projetos exijam tanto de seus participantes, especialmente em suas etapas finais.

Atividades:

- ▶ Estimular a documentação contínua das lições aprendidas.
- ▶ Realizar reunião de mapeamento final de lições aprendidas.
- ▶ Compartilhar lições aprendidas com o PMO.
- ▶ Registrar itens mais relevantes na base de conhecimento.

2.6.4. Assegurar a preparação dos usuários para treinar novos colaboradores

Ainda que a gestão de aprendizagem tenha sido bem-sucedida, considerando o dinamismo das organizações e as oportunidades de crescimento que são geradas para os indivíduos ao longo dos projetos, é possível que o quadro de retenção de conhecimento planejado anteriormente já não seja o mesmo. Daí a importância de assegurar que os usuários multiplicadores do conhecimento estejam disponíveis e bem preparados para esta atividade.

Este é um bom momento para você se assegurar de que o gestor responsável por manter o conhecimento vivo em cada área do negócio continua comprometido com essa tarefa.

É comum o conhecimento esvair-se sorrateiramente pela empresa, sem que ninguém perceba, até que ele seja necessário para a resolução de um problema ou o treinamento de um novo colaborador.

Atividades:

- ► Assegurar comprometimento do gestor departamental do conhecimento.
- ► Assegurar a capacidade da equipe de multiplicadores de manter o conhecimento de processos, regras de negócio e operação de novas tecnologias introduzidas pelo projeto.

2.6.5. Assegurar a preparação da equipe de manutenção e suporte na fase pós-projeto

Não raro, em projetos muito complexos, atividades críticas são executadas apenas por consultores, limitando a capacidade da equipe da organização em dar suporte contínuo após o término do projeto. Mesmo quando a equipe do projeto desenvolve o conhecimento necessário para dar suporte contínuo, em muitos casos essa equipe se dedica somente a projetos e não ficará encarregada de dar manutenção após o seu encerramento. Assegure-se de que o conhecimento foi adequadamente documentado e passado para a equipe de manutenção em casos como esse.

Mesmo que sua estratégia seja de terceirização, dificilmente a equipe de consultores que atuou na implantação do projeto será a mesma que dará o suporte pós-projeto.

Um projeto bem-sucedido não assegura o sucesso da mudança na etapa de Produção pós-projeto sem o conhecimento necessário e, principalmente, as pessoas certas bem preparadas.

Atividades:

▶ Assegurar que a equipe responsável pela manutenção de novas tecnologias introduzidas pelo projeto esteja preparada e disponível na etapa de Produção.
▶ Desenvolver plano de compartilhamento contínuo de conhecimento para preparar a equipe de manutenção. Note que, em alguns casos, esta atividade será relevante em pontos específicos relacionados a novas tecnologias introduzidas pelo projeto, como a configuração de um sistema ou manutenção de uma linha de produção automatizada, por exemplo.

2.6.6. Assegurar a realocação adequada da equipe do projeto

Na etapa de Execução, o futuro dos *stakeholders* no pós-projeto foi definido. Nesta atividade, o líder da mudança deve se certificar de que o destino final das pessoas que participaram do projeto ocorreu de forma justa, preferencialmente como o planejado. Parece incrível, mas com alguma frequência veem-se talentos com ótimo desempenho e engajamento em projetos serem tratados de forma inadequada no Encerramento.

O trauma organizacional gerado por uma falha nessa atividade pode ter consequências sérias na motivação e no engajamento das equipes, não só na etapa de Produção (após o encerramento do projeto) como também em futuros projetos.

Expectativas geradas e não cumpridas são fontes de grandes frustrações, deixando marcas negativas que afetam a confiança na organização e em seus líderes. Recuperar a credibilidade organizacional é sempre bem mais difícil e trabalhoso do que perdê-la.

Atividades:

- ▶ Assegurar que as pessoas sejam realocadas adequadamente no novo desenho organizacional.
- ▶ Negociar eventuais discrepâncias identificadas, envolvendo a área de RH e o patrocinador do projeto, quando necessário.

2.6.7. Celebrar as conquistas e metas atingidas

As celebrações são parte da cultura de cada empresa. No caso de projetos, celebrar é um marco da Gestão de Mudanças que encerra um ciclo e inicia outro, mesmo que de forma inconsciente para a organização.

Esta é a hora de extravasar. Transformar os momentos difíceis em aprendizado. Olhar para frente e inserir novas perspectivas na organização e nas carreiras de cada qual. Um gol foi marcado e os jogadores – *stakeholders* – precisam desse momento de vibração antes que uma nova jornada seja iniciada.

Cabe lembrar que o fim do projeto não é o fim da jornada de mudanças. Alguns *stakeholders* mais resistentes ou pessimistas só começarão a se convencer de que a mudança foi bem-sucedida após a sua consolidação. Lembre-se de que o engajamento na etapa de Produção deve ser mantido para sustentar as mudanças e evitar que os boicotadores velados acordem e tentem reverter a mudança depois do projeto ter sido finalizado.

Atividades:

- ▶ Planejar e executar uma celebração contagiante que esteja à altura do feito conseguido.
- ▶ Introduzir momentos lúdicos à celebração, como sorteio de prêmios, entrega de certificados, reconhecimento dos destaques etc.
- ▶ Incentivar o patrocinador do projeto a agradecer a participação e o engajamento de todos e ressaltar a necessidade de manter a vibração para que a mudança se perpetue.

2.7. Produção

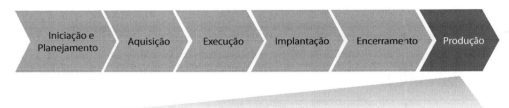

A definição amplamente adotada para projetos é de uma empreitada com início e término claramente definidos. Entretanto, se o motivador do projeto são diretrizes estratégicas que visam levar a organização a novos mercados, patamares diferenciados de produtividade, lucratividade, competitividade etc., isso só poderá ser mensurado com o tempo.

Mesmo que o projeto seja um sucesso em relação às suas variáveis básicas, como prazo, custo, escopo e qualidade, se as mudanças esperadas não se consolidarem, a Visão do estado futuro da organização não se concretizará e o projeto na verdade terá sido um fracasso.

Após a implantação o projeto entra em sua etapa de Produção. Note que não estamos falando do período de garantia de uma nova tecnologia introduzida, comumente chamado de "operação assistida". Tratamos aqui de uma etapa em que a organização está operando com todas as mudanças introduzidas pelo projeto.

Embora teoricamente as mudanças tenham sido implantadas, estas ainda necessitam de sustentação para que se consolidem, passem a fazer parte da rotina da empresa e estejam integradas na cultura organizacional. A adoção plena de uma nova maneira de trabalhar seja qual for o seu motivador – fusão, aquisição, reestruturação, redesenho de processos, lançamento de novos produtos, implantação de novas tecnologias etc. – demanda tempo de adaptação do componente humano, até que ele se encontre em total sintonia com o novo estado planejado para a organização.

Esse tempo varia de pessoa para pessoa e, dependendo das circunstâncias, da conexão individual com o que foi mudado, do grau de maturidade para lidar com perdas e de seu nível de resiliência, é possível que algumas jamais se adaptem plenamente a uma nova situação.

Nesta etapa, se a estrutura de gestão e patrocínio do projeto tiver sido desmobilizada, o foco na consolidação da mudança se perde e *stakeholders* antagonistas podem aproveitar a oportunidade para boicotar as mudanças introduzidas pelo projeto, tentando retroceder à situação anterior.

2.7.1. Assegurar a sustentação da mudança

- ▶ Revisar e confirmar os indicadores, as metas e as métricas de consolidação da mudança que serão monitorados
- ▶ Mobilizar patrocinador e comitês para contínua atuação como agentes de mudanças
- ▶ Mobilizar recursos e pessoas e implantar processos para desenvolvimento das atividades de sustentação da mudança
- ▶ Reforçar comunicação das mudanças e seus indicadores e metas
- ▶ Realizar pesquisa de campo, ouvir as pessoas e checar se as mudanças introduzidas pelo projeto foram adotadas plena e satisfatoriamente
- ▶ Realizar *workshop* de melhoria contínua para aperfeiçoamento da mudança – criar um espaço para que as pessoas possam falar de seus desconfortos e expressar suas emoções
- ▶ Segregar demandas de ajustes lógicas das psicológicas e desenvolver ações para contorná-las
- ▶ Definir o futuro das pessoas que não se adequaram às mudanças junto às lideranças e ao patrocinador
- ▶ Manter o ciclo de checagem para assegurar a sustentação da mudança até que indicadores de consolidação estejam firmes
- ▶ Executar planejamento de reconhecimento quando as mudanças estiverem consolidadas

2.7.1. Assegurar a sustentação da mudança

Projetos são atividades com um fim claramente determinado, mas mudanças nem sempre são assim. Suas repercussões podem ser prolongadas por meses ou mesmo anos.

Em alguns casos, antagonistas que passaram toda a etapa de projeto sem se pronunciar aparecem estrategicamente após a mudança para tentar reverter o quadro para a situação anterior. Outras vezes, impactos organizacionais não identificados durante o projeto aparecem depois que se entra na etapa de Produção. Seja qual for o motivador, a Gestão de Mudanças deve acompanhar o período pós-projeto, que aqui denominamos Produção.

Uma questão recorrente em relação à sustentação da mudança é quem deve realizá-la. Isso dependerá muito da maturidade da empresa na gestão de seu processo contínuo de transformação organizacional. O estado da arte é ter um CMO que realizará essa atividade interagindo com o PMO, TI, RH, área de processos e equipe de execução da estratégia. A Matriz RACI definida na etapa de Execução para alinhamento de papéis e responsabilidades na etapa de Produção deve contemplar essa questão.

A sustentação das mudanças deve manter a mobilização da estrutura de gestão do projeto, mesmo que com outra configuração. Se o gestor de mudanças for o líder dessa atividade, ele ocupará a mesma posição de líder antes ocupada pelo gerente do projeto. O patrocinador precisa se manter ativo, assim como os demais agentes de mudanças.

Um projeto bem-sucedido não é só aquele que termina com prazo, custo, escopo e qualidade originalmente planejados, mas sim o que atinge seus objetivos estratégicos e leva a organização de um estado anterior para outro planejado desde o estabelecimento da Visão do futuro pós-mudanças, e isso só pode ser medido com o tempo. O tempo de processamento da mudança é diferente para cada pessoa. Enquanto os indicadores de consolidação da mudança não estiverem totalmente estáveis, ela precisa continuar a ser gerida.

Os indicadores de consolidação da mudança podem ser quantitativos ou qualitativos. Os quantitativos em geral estão relacionados com o objetivo, o plano de negócio, o retorno sobre o investimento (ROI), as metas e as métricas do projeto. Estes são identificados ainda na etapa de Planejamento do projeto e aperfeiçoados ao longo da Execução.

Já os indicadores qualitativos podem ser explícitos ou tácitos. Os explícitos são facilmente perceptíveis, enquanto os tácitos demandarão técnicas e perspicácia para serem descobertos. Apresentamos mais adiante um quadro com indicadores qualitativos que podem ajudar a avaliar a consolidação da mudança.

A comunicação de indicadores quantitativos é muito eficaz como argumento de sustentação da mudança e isolamento de antagonistas, sensibilizando especialmente pessoas com tendência a tomada de decisões baseadas em raciocínio lógico, dados e fatos.

O gestor de mudanças deve observar o comportamento dos *stakeholders*, realizar pesquisas de campo e de clima. Evocar e discutir abertamente a questão com as lideranças para identificar e diferenciar questões lógicas – simples ajustes em processos que geram desconforto, por exemplo – das psicológicas – sensação abstrata de perda e desconforto em certas pessoas. Questões pontuais, envolvendo um indivíduo ou um pequeno grupo, devem ser segregadas das questões coletivas.

Sempre vale uma conversa franca para compreender a natureza do desconforto, sua causa-raiz e tentar solucioná-lo diplomaticamente. Entretanto, comportamentos recorrentes dessa natureza podem indicar que tal indivíduo ou pequeno grupo não se adequaram ao novo modelo de trabalho. Nesses casos, ou se realocam as pessoas em outras funções ou é melhor desligá-las, para não colocar em risco todo o processo de mudança. Por vezes, o desligamento de uma única pessoa com alto grau de influência e persuasão no grupo resolve a questão.

Uma mudança implantada que continua trazendo desconforto e resistências de grande quantitativo ou de *stakeholders* importantes indica que algo não foi bem tratado ao longo do projeto. Só o diagnóstico preciso da causa-raiz pode resolver a questão.

Nesse caso, o gestor de mudanças deve retomar o *script* metodológico percorrendo cada passo, desde o propósito original, passando pelo modelo de gestão, pela avaliação de conflitos, até variações no grau de engajamento, motivação, expectativas não atendidas, comunicação, pendências técnicas, enfim, tudo que pode ter deixado marcas negativas, e planejar medidas para contornar a situação.

Reconhecer publicamente eventuais necessidades de ajustes ajuda muito a reverter a situação. Por fim, o gestor de mudanças deve identificar seu limite de atuação e envolver o patrocinador quando necessário para a sustentação da mudança.

Uma ótima técnica que pode ser aplicada é a realização de *workshops* de planejamento de ajustes nas mudanças visando um processo de melhorias contínuas. Dessa forma, os *stakeholders* sentirão que têm voz ativa, poderão sugerir redirecionamentos e ajustes, encontrar seu canal de expressão e finalmente se engajarem, ainda que tardiamente, na mudança. Nesse caso, o Comitê de Gestão do Projeto deve ser o fórum adequado para tomada de decisão em relação a prioridades dos ajustes frequentemente necessários.

Ainda assim, vale a velha máxima: "não dá para fazer omelete sem quebrar os ovos". As organizações mudam e nem todos conseguem acompanhar as mudanças. Há sempre um ponto em que vale rever a adequação do perfil de seu corpo funcional às mudanças implantadas. Algumas pessoas podem se tornar obsoletas no novo estado de funcionamento da organização, não obstante os esforços realizados pela equipe de gestão do projeto. Há um ponto em que o futuro dessas pessoas precisa ser definido.

Atingir os objetivos estratégicos que motivaram o empreendimento é o verdadeiro marco de consolidação das mudanças. Deixar parte do reconhecimento para esse marco é importante para estimular o engajamento até que a mudança tenha sido totalmente absorvida pela cultura organizacional.

Atividades:

- ▶ Revisar e confirmar os indicadores, as metas e as métricas de consolidação da mudança que serão monitorados.
- ▶ Mobilizar patrocinador e comitês para contínua atuação como agentes de mudanças.
- ▶ Mobilizar recursos e pessoas e implantar processos para desenvolvimento das atividades de sustentação da mudança.
- ▶ Reforçar comunicação das mudanças e seus indicadores e metas.
- ▶ Realizar pesquisa de campo, ouvir as pessoas e checar se as mudanças introduzidas pelo projeto foram adotadas plena e satisfatoriamente.
- ▶ Realizar *workshops* de melhoria contínua para aperfeiçoamento da mudança – criar um espaço para que as pessoas possam falar de seus desconfortos e expressar suas emoções.
- ▶ Segregar as demandas de ajustes lógicas das psicológicas e desenvolver ações para contorná-las.

► Definir o futuro das pessoas que não se adequaram às mudanças junto às lideranças e ao patrocinador.
► Manter o ciclo de checagem para assegurar a sustentação da mudança até que indicadores de consolidação estejam firmes.
► Executar planejamento de reconhecimento quando as mudanças estiverem consolidadas.

Indicadores de consolidação da mudança	Indicadores de inconsistência da mudança
Alto engajamento e vibração da equipe com a nova situação	Desmotivação e reclamações formais ou informais sobre problemas trazidos pela mudança – é percebido um estado de luto permanente
Novos padrões de produtividade	Mesmo padrão ou queda da produtividade
Sugestões de melhoria contínua e aprimoramento das soluções introduzidas pelo projeto	Tentativas de ressuscitar antigos padrões, processos, tecnologias, modelos de operação etc. Criação de alternativas que no fundo são boicotes ao novo padrão
Orgulho e prazer na equipe em ter participado da mudança	Rancor e saudosismo. A "rádio corredor" alarma o caos
O projeto torna-se parte da história profissional de cada participante, e mesmo os que estiveram envolvidos parcialmente buscam colher os méritos do projeto	Os participantes colocam-se como vítimas, vozes não ouvidas no projeto. Componentes da equipe do projeto envolvidos em regime parcial fazem questão de deixar claro que não estiveram no projeto em caráter integral
O projeto torna-se referência e a organização volta seu foco para novos desafios estratégicos e segue seu processo de transformação organizacional	O projeto perpetua-se como um trauma, arrasta correntes como um "zumbi" imortal. Empreendimentos interdependentes são afetados pelas inconsistências do anterior

2.8. Atividades recorrentes em todas as etapas do projeto

- Planejar e Gerir Comunicação
- Formar Espírito de Equipe e Realizar Dinâmicas de Reforço
- Estimular Processos Participativos
- Gerir Conflitos, Motivação, Estresse e Comportamentos
- Estimular Criatividade e Inovação
- Gerir *Stakeholders*

Esse conjunto de atividades fará parte do projeto de forma recorrente, desde sua etapa de Planejamento até a Produção (quando atividades de sustentação da mudança serão realizadas). Essas atividades são de extrema importância no processo de Gestão de Mudanças e ao mesmo tempo são as mais complexas e difíceis de serem geridas. Sua natureza recorrente exige atenção, pois uma falha seguramente trará forte impacto ao componente humano dos projetos.

Note que há uma grande interconexão entre essas atividades e mesmo uma relação de causa e efeito entre elas. O excessivo estresse pode levar a comportamentos inadequados e conflitos que minarão o espírito de equipe ou limitarão a criatividade. A baixa motivação da equipe do projeto implicará em menor tolerância ao estresse. A falta de processos participativos afetará a motivação e potencializará conflitos. A comunicação ineficaz dificultará a gestão de *stakeholders*, afetará a motivação e pode levar a conflitos que poderiam ser evitados. Esses são apenas alguns exemplos da repercussão que uma atividade recorrente pode ter em outra.

2.8.1. Planejar e gerir a comunicação

> ► Compilar dados da avaliação da cultura organizacional para definir nível de formalidade, rituais e canais já existentes e mais adequados ao projeto
> ► Identificar a existência de uma área focada em comunicações (internas e externas) e mobilizá-la para a participação no projeto definindo papéis e responsabilidades
> ► Desenvolver Plano de Comunicações ordinárias para público interno e externo
> ► Monitorar a necessidade de comunicações extraordinárias
> ► Definir canais de resposta (*feedback*) e encorajar os diversos segmentos do público a participar ativamente da comunicação
> ► Criar um clima positivo no ambiente de projeto para que a comunicação informal seja intensiva e as emoções possam ser extravasadas
> ► Observar os estilos de dominância cerebral de indivíduos e grupos para definir a melhor forma como a mensagem será codificada
> ► Monitorar a eficácia das comunicações ao longo do projeto e realizar ajustes necessários

A comunicação é uma das atividades mais relevantes e complexas para o sucesso de um projeto. Embora ao longo de muitas atividades do HCMBOK você encontre recomendações relacionadas à comunicação, entendemos que seu papel estratégico demanda uma macroatividade específica. O objetivo primordial do planejamento e da gestão da comunicação é fazer com que os *stakeholders* estejam mobilizados, alinhados e conectados com os desafios e as metas ao longo de toda a jornada de mudanças.

É através da comunicação que:

► Será propagada a Visão da mudança, do estado atual para outro desejado pela organização.
► *Stakeholders* serão envolvidos com o propósito, o objetivo, o planejamento, seu papel e responsabilidades.
► A evolução do projeto será acompanhada.
► As metas alcançadas serão divulgadas.
► Canais de *feedback* serão estabelecidos.
► Fatores de antagonismo serão minimizados.
► O engajamento nas mudanças será potencializado.

A comunicação se inicia já na etapa de Planejamento e deve seguir mesmo após o encerramento do projeto, para manter os *stakeholders* conectados com a sustentação das mudanças. Lembre-se, existe uma grande diferença entre informar e comunicar. Informar está ligado apenas à emissão de uma mensagem, enquanto comunicar é uma via de duas mãos e demanda um esforço adicional para colher *feedbacks* e avaliar se ruídos não distorceram as mensagens.

A boa prática demanda o alinhamento da comunicação com a cultura organizacional. Há culturas em que a informalidade é tão valorizada que se você emitir um comunicado formal poderá não estabelecer uma conexão com o interlocutor ou ainda criar um choque que venha a distorcer sua mensagem. Outras são tão formais que não se deve estabelecer um contato informal sem que antes uma comunicação formal tenha sido emitida.

A comunicação tem um aspecto lógico de conectar as pessoas com as mensagens que se quer passar, mas também tem um tremendo impacto psicológico que está relacionado ao envolvimento emocional de cada *stakeholder* com as mudanças. Muitas vezes, dedicar tempo para interagir individualmente e escutar as angústias de um *stakeholder* que está desconfortável com a mudança é o suficiente para alterar a sua percepção dos fatos. De todas as atividades pertinentes à comunicação, criar os canais de expressão das emoções dos *stakeholders* é algo fundamental que não pode deixar de existir em qualquer processo de mudança.

Caso a organização tenha uma área de comunicação estabelecida, envolva-a e defina seu papel e suas responsabilidades. Ainda assim, a prática de estabelecer comunicações informais contínuas com *stakeholders* será necessária para as comunicações extraordinárias e deve ser executada pelo gestor de mudanças.

Esteja atento à necessidade eventual de envolver outras áreas, como RH e Jurídico, por exemplo. Levante políticas, restrições e regras adotadas pela empresa e mantenha a execução de suas comunicações alinhada com eles.

Dimensões da comunicação

Não presencial - A comunicação não presencial tem a vantagem de poder atingir um grande número de pessoas, dispersas geograficamente, ao mesmo tempo. Entretanto, estas tendem a parecer unidirecionais e estimulam menos o *feedback*, dificultando a compreensão de como a mensagem foi interpretada.

Presencial – A comunicação presencial é um exercício não só de emissão de informações, mas essencialmente de prospecção de percepções. Ouvir é mais importante do que falar no uso desta abordagem. A comunicação presencial fornece informações relevantes para compreender o clima do projeto, o humor do interlocutor, seus desejos e anseios, receios e expectativas, engajamento e resistências. É um verdadeiro termômetro do projeto. Pode ser realizada com um indivíduo ou com grupos.

Individual - Comunicações individuais demandam bem mais energia e podem parecer improdutivas ou mesmo inviáveis, mas, para muitos casos, especialmente para questões polêmicas ou que envolvam *stakeholders* com perfil antagonista ao projeto, esta pode ser a melhor alternativa. Estimule o interlocutor a interagir fazendo perguntas. Observe os sinais subliminares e as reações corporais que este emitirá. Isso lhe permitirá compreender o quanto ele foi afetado positiva ou negativamente pela mensagem.

Em massa – Comunicações em massa atingem um maior número de *stakeholders* simultaneamente, mas demandam maior estímulo para que se consiga entender o quanto a mensagem foi adequadamente compreendida. A interação tende a ser menor e você colherá menos informações acerca de como a mensagem afetou os *stakeholders*. Prepare a equipe de gestão de projeto para observar comportamentos quando houver comunicações presenciais em massa.

Passiva - São as comunicações postadas em algum canal, mas que demandam a iniciativa do público para serem eficazes, como, por exemplo, intranet, blogs, quadros de aviso etc. Há culturas que aceitam bem este tipo de comunicação, outras que demandarão muito estímulo para que funcionem.

Ativa - Comunicações ativas são aquelas emitidas diretamente para um determinado público. Quando são ativas e presenciais, como reuniões da equipe do projeto, por exemplo, o entendimento adequado das mensagens pode ser checado imediatamente, deixando-se um tempo exclusivo para a realização de dinâmicas de grupo, de questionamentos diretos etc. Quando são ativas não presenciais, como um e-mail, por exemplo, é necessário estimular a participação dos *stakeholders* para que os *feedbacks* sejam recebidos.

> **NOTA:** as diversas dimensões da comunicação podem ser combinadas para definir a abordagem de emissão de uma mensagem. A palavra do patrocinador sobre a Visão do projeto, por exemplo, pode ser presencial para uns e não presencial para outros que estão dispersos geograficamente e acompanham o evento por audioconferência. Nesse caso, a comunicação será em massa; entretanto, um ou outro *stakeholder* pode demandar reforço individual da mensagem para assegurar o entendimento. Gravações de áudio e vídeo poderão ser postadas na intranet, transformando uma comunicação inicialmente ativa em passiva.

Elementos a serem considerados na elaboração das comunicações

O emissor	É quem comunica, quem "assina" a mensagem e empresta sua credibilidade ao que está sendo comunicado. Uma mensagem adequada com o emissor equivocado seguramente não surtirá o efeito desejado. Se você não acredita no mensageiro, não acreditará na mensagem. E você não pode acreditar no mensageiro se não sabe no que o mensageiro acredita.
A mensagem	É o que será comunicado. Algumas mensagens como o modelo de apresentação a ser usado nas reuniões do conselho e comitês podem ter padrões predefinidos. O Plano de Comunicação deve considerar as mensagens que podem ser previstas, como, por exemplo, a Visão do estado futuro a ser alcançado após a mudança, o propósito do projeto, o andamento de cada etapa etc., e também as mensagens eventuais, como realizações e metas atingidas, reconhecimentos, celebrações etc. Dependerá da sensibilidade do gestor da mudança identificar o conteúdo adequado para cada público e o momento em que as mensagens eventuais se farão necessárias. Cuidado para não sobrecarregar os *stakeholders* com muitas informações em uma mensagem. Customize uma mesma mensagem para diferentes públicos, levando em conta o nível de detalhe que esta deve ter. Uma mensagem pode ser emitida inicialmente por um canal e depois reforçada por outros. O reforço serve para dar relevância e longevidade à mensagem e pode usar diferentes estilos, como texto, imagens e vídeos, por exemplo. A codificação de uma mensagem é a forma como as ideias do que se deseja comunicar são traduzidas em uma linguagem e deve estar alinhada com o público e a cultura organizacional.

O público	É o receptor da mensagem. Um projeto tipicamente tem diversos públicos, e a mensagem precisa ser customizada para cada segmento. A fonte principal para a segmentação do público e customização da comunicação é o Mapa de *Stakeholders* e a Matriz RACI. É através do Mapa de *Stakeholders* que serão definidas as comunicações que precisam ser individuais e/ou presenciais.
O canal ou veículo	É o meio que transmitirá a mensagem. A comunicação inicial da Visão do estado futuro da organização, o propósito, o objetivo e as metas de um projeto deve ser emitida pelo patrocinador e em geral funciona melhor se for ativa e presencial. Comunicações complementares podem ser feitas através de quadros de avisos, *banners*, e-mails, *screensavers*, mídias sociais etc. O gestor de mudanças precisa avaliar com cuidado o melhor veículo para cada público e para cada mensagem. Vale ressaltar que o veículo errado pode potencializar ruídos que venham a distorcer a mensagem. Comunicações escritas, especialmente por e-mails, em geral, são compreendidas com a emoção de quem lê e não com a de quem escreveu. A cultura organizacional é um fator importante a ser levado em conta na decisão do melhor veículo a ser usado em cada circunstância. Há culturas onde o relacionamento interpessoal é tão relevante que a simples emissão de um e-mail não só não surte o efeito desejado como pode despertar percepções equivocadas de irrelevância da mensagem. A sensibilidade do gestor de mudanças será fundamental para determinar aqueles *stakeholders* que demandam uma comunicação adicional, ativa, presencial e individual, e não obstante os demais veículos utilizados para a mesma mensagem.
A resposta	Entre a emissão da mensagem e a recepção, podem existir ruídos que por vezes afetam profundamente o que se quer comunicar. Comunicação é uma via de duas mãos e o gestor de mudanças deve preparar os canais de *feedback* para avaliar a eficácia de cada mensagem emitida. Esses canais precisam ser claros e, sempre que possível, devem fazer parte da própria mensagem. Ouvir, em muitos casos, será a parte mais importante de uma comunicação, pois se pode inferir pelo *feedback* como anda o humor dos *stakeholders*, o nível de estresse da equipe, a predisposição para a mudança, o engajamento, as barreiras etc. Ao expressar suas emoções em relação à mudança, cria-se uma conexão com esta, transformando uma energia negativa anteriormente contida em um estado ativo de participação.

As comunicações em um projeto podem ser desdobradas em duas modalidades – ordinárias e extraordinárias.

Comunicações ordinárias

As comunicações ordinárias demandam a criação de um planejamento estruturado, identificando através do Mapa de *Stakeholders* e da Matriz RACI os indivíduos ou grupos que devem receber comunicações com uma periodicidade predefinida. Em seguida, defina os canais que serão usados, o público, a frequência com que as comunicações serão realizadas, o emissor, os canais de *feedback* e os padrões de mensagens que poderão ser estabelecidos, como o relatório de evolução do projeto, por exemplo.

As organizações costumam já possuir canais diversos que podem ser utilizados no planejamento. Avalie e selecione aqueles que têm maior eficácia e são mais adequados para o público que se quer alcançar. Defina também rituais de comunicação, como reuniões da equipe de projeto, reuniões do conselho e dos comitês de Gestão e Diretor.

O Plano de Comunicação deve estar alinhado com a cultura organizacional para uma correta definição do veículo, da codificação da mensagem (como as ideias são traduzidas em uma linguagem) e do nível de formalidade de cada mensagem. Vale lembrar ainda que a comunicação deve ser direcionada não só para o público externo, mas também para o interno – *stakeholders* que trabalham diretamente no projeto.

Uma vez preparado, o Plano de Comunicação deve ser discutido e validado com a equipe de gestão de projetos. Levante os custos envolvidos para o desenvolvimento do plano de comunicações ordinárias. Não se esqueça de que existirão demandas por comunicações extraordinárias que também precisam ter os custos estimados. Inclua o investimento total em comunicações no orçamento do projeto.

A comunicação, mesmo tendo um ótimo planejamento, é uma atividade dinâmica, que demandará monitoramento do gestor de mudanças para realizar os ajustes necessários com o andamento do projeto.

Comunicações extraordinárias

Comunicações extraordinárias partem de uma necessidade específica, não prevista, e são sensíveis ao momento certo em que devem ser realizadas. Não dizer nada em determinadas situações diz muito às pessoas e alimenta forças antagonistas com o poder de rumores não oficiais e boatos. O silêncio também comunica, e de uma forma que não permite gerir as repercussões da mensagem. Esteja atento ao que não foi comunicado pela gestão do projeto, mas está circulando entre os *stakeholders*. Em situações como essa cabe uma intervenção imediata para que a falta de comunicação não afete o engajamento ou crie conflitos desnecessários.

Estilos de dominância cerebral e implicações na comunicação

A comunicação é mais eficaz quando adequada ao estilo de dominância cerebral de seu interlocutor. Os estilos de dominância cerebral (HERRMANN, 1996), embora encontrem alguma controvérsia entre acadêmicos, ajudam muito na definição da forma como a mensagem será codificada e podem ser percebidos facilmente por qualquer pessoa bem preparada. Tomar uma posição empática e estruturar a comunicação a partir do estilo do outro é uma boa prática para que a mensagem seja bem recebida e potenciais ruídos sejam reduzidos.

Segundo Ned Herrmann, pessoas com predominância no lado esquerdo são descritas como analíticas lógicas e sequenciais, enquanto as com predominância no lado direito são mais intuitivas e emocionais. A teoria de Herrmann define quatro estilos de dominância – analítico, controlador, relacional e experimental.

A seguir relacionamos algumas boas práticas de comunicação codificada com o estilo de seu interlocutor. Note que essas abordagens serão mais bem-sucedidas nas comunicações individualizadas, mas servem também para grupos que tenham um estilo dominante, como o departamento de engenharia de uma empresa, por exemplo. A maioria dos engenheiros, naturalmente, tende a ter dominância analítica.

Analítico
- ▶ Desenvolva abordagens lógicas.
- ▶ Utilize fatos e dados.

- ► Construa gráficos, tabelas, planilhas e cronogramas.
- ► Use expressões como analise, examine, determine etc.
- ► Evite:
    - Interações longas, emocionais ou ambíguas.
    - Falta de clareza e abordagens vagas.
    - Percepções sem embasamento racional.

Controlador
- ► Mostre dados detalhados e itens do planejamento.
- ► Apresente as mensagens em uma sequência lógica.
- ► Use elementos de comunicação padronizados.
- ► Estabeleça premissas e sempre feche com conclusões.
- ► Evite:
    - Atrasos, falta de planejamento e mudanças na agenda.
    - Desorganização e quebra de padrões.
    - Ritmo excessivamente acelerado e quebras na sequência.

Relacional
- ► Mostre interesse pela pessoa, suas emoções e sentimentos.
- ► Demonstre que está ouvindo com atenção.
- ► Busque conhecer suas convicções e seus interesses.
- ► Crie vínculos pessoais e gere um clima de interação.
- ► Evite:
    - Abordagem impessoal, fria ou sem entusiasmo.
    - Excesso de dados, gráficos, detalhes.
    - Ir direto ao assunto e pressionar para uma tomada de decisão sem antes estabelecer uma relação interpessoal.

Experimental
- ► Apresente uma visão ampla e holística sem muitos detalhes.
- ► Deixe espaço para participação, sugestões e soluções criativas e inesperadas.
- ► Interrogue e use expressões como: suponha, imagine, sugira etc.
- ► Ouça, crie espaço para possibilidades sem muitas limitações.
- ► Evite:
    - Ritmo lento e repetição.
    - Excesso de padrões e detalhes.
    - Limitar a espontaneidade e não apresentar a visão geral.

Atividades:

► Compilar dados da avaliação da cultura organizacional para definir nível de formalidade, rituais e canais já existentes e mais adequados ao projeto.
► Identificar a existência de uma área focada em comunicações (internas e externas) e mobilizá-la para participação no projeto, definindo papéis e responsabilidades.
► Desenvolver Plano de Comunicações ordinárias para público interno e externo.
► Monitorar a necessidade de comunicações extraordinárias.
► Identificar comunicações que surtirão melhor efeito se realizadas presencialmente; use o Mapa de *Stakeholders* para avaliar a necessidade de comunicações presenciais, sejam elas individuais ou em massa.
► Definir canais de resposta (*feedback*) e encorajar os diversos segmentos do público a participarem ativamente da comunicação.
► Criar um clima positivo no ambiente de projeto para que a comunicação informal seja intensiva, as emoções possam ser extravasadas.
► Observar os estilos de dominância cerebral de indivíduos e grupos para definir a melhor forma como a mensagem será codificada.
► Monitorar a eficácia das comunicações ao longo do projeto e realizar ajustes necessários.

2.8.2. Formar espírito de equipe e realizar dinâmicas de reforço

► Assegurar que todos conhecem e entendem a Visão do estado futuro da organização depois que a mudança for implantada, o propósito, o objetivo, a identidade e as metas do projeto
► Assegurar que cada um conhece o seu papel e a sua responsabilidade no projeto
► Criar eventos para que relações sociais surjam naturalmente e estimulem o afeto e o companheirismo
► Mapear estilos pessoais conflitantes, evitando rivalidades e antipatias que são destruidoras do espírito de equipe

> ► Identificar líderes naturais, os formadores de opinião e influenciadores da atmosfera do projeto e cooptá-los para apoiar a formação da equipe
> ► Eliminar os "abutres" – pessoas negativas que vivem reclamando de tudo e apontando culpados
> ► Buscar voluntários para certas tarefas, criando exemplos de pessoas engajadas por vontade própria, capazes de realizar atividades de alto desempenho e contagiar todo o ambiente
> ► Monitorar os sinais de que a equipe que iniciou sua formação na etapa de Planejamento se mantém integrada e coesa
> ► Monitorar o ambiente e planejar dinâmicas de reforço, sustentando o estímulo contínuo para que o estresse natural do projeto não enfraqueça o espírito de equipe
> ► Estabelecer metas de curto prazo e celebrar as pequenas vitórias. A autoestima da equipe é importante para manter o time unido

Para ir rápido, vá sozinho.
Para ir longe vá acompanhado.
Provérbio africano

Uma equipe, por definição, é um grupo de pessoas que se une para alcançar determinado objetivo. O espírito de equipe é a essência do trabalho de um grupo que promove um estado de pertencimento e conecta as pessoas.

O ego é o maior inimigo da formação do espírito de equipe por individualizar e promover a competição em vez da cooperação. A dinâmica que promove a interação de pessoas em torno de um objetivo em projetos e ajuda a formar o espírito de equipe envolve:

► Liderança inspiradora, coerente e atuante através do exemplo.
► Predisposição para ouvir, conciliar e gerir conflitos.
► Clara definição de papéis, responsabilidades e expectativas.
► Compartilhamento da Visão do estado futuro da organização.
► Criação de um propósito que mobilize as pessoas para a jornada que levará à mudança.
► Delegação e oportunidades de participação.

- ▶ Tratamento igualitário e atenção às necessidades individuais sem a concessão de privilégios.
- ▶ Estímulo a interações sociais e ao afeto no ambiente de trabalho.
- ▶ Desapego e renúncia de posições individuais em prol de um bem maior – a equipe.
- ▶ Solidariedade e companheirismo sem permissividade e condescendência.
- ▶ Confiança nos líderes e nos demais membros da equipe.
- ▶ Estabelecimento de metas, rituais de reconhecimento e celebração.

Projetos costumam ser formados por equipes multidisciplinares, com componentes que muitas vezes nunca trabalharam juntos. Ao desenvolver o espírito de equipe, você assegura que todos caminharão na mesma direção, de forma interdependente, comprometidos com o sucesso do projeto e não apenas com a tarefa que lhe cabe.

Esteja atento a rivalidades, conflitos velados e quebras de confiança que podem existir entre pessoas e departamentos antes mesmo do projeto começar. Estes serão fatores que influenciarão negativamente a predisposição de alguns indivíduos ou grupos de aceitarem sacrifícios em prol de um bem comum.

O espírito de equipe é um agente catalisador dos projetos, na medida em que usa da força da complementaridade para superar desafios que demandam diversas competências para serem ultrapassados. Equipes de alto desempenho não buscam o consenso, mas se baseiam no senso comum para tomar decisões. Os conflitos existirão, mas serão mais facilmente geridos pela redução da força de posições individuais.

Reconheça o trabalho em equipe como um fator de relevância do projeto. Evite o uso de exemplos de indivíduos, pois isso fragmenta o espírito de equipe. Pessoas são altamente conectadas com símbolos que reforçam sua identificação com algo. Equipes precisam de uma identidade que reforce sua sensação de fazer parte de algo maior que suas tarefas individuais.

Ainda que você tenha conseguido formar o espírito de equipe em um projeto, fique atento à necessidade de reforçá-lo dinamicamente. O estresse natural e crescente, na medida em que o projeto se aproxima da implantação, potencializado pela atuação de forças antagonistas e comportamentos inadequados, podem enfraquecer o espírito de equipe.

Lembre-se: equipes precisam de líderes. Não importa o que você diga, o comportamento da equipe tomará como base o que você faz!

Atividades:

- ▶ Assegurar comprometimento do gestor departamental do conhecimento.
- ▶ Assegurar a capacidade da equipe de multiplicadores de manter o conhecimento de processos, regras de negócio e operação de novas tecnologias introduzidas pelo projeto.
- ▶ Criar eventos para que relações sociais surjam naturalmente. As pessoas precisam de tempo para construir afeto e companheirismo; use o lúdico. Pode ser uma jornada, uma aventura, um jogo, qualquer coisa que tenha relação metafórica com o projeto, mas que não seja uma atividade do empreendimento propriamente dito. Busque algo que aproxime as pessoas através de uma mesma atividade cujo sucesso depende do comprometimento de todos. Cuidado, não use abordagens que tenham um vencedor, pois os demais se sentirão perdedores. Se possível, inicie essa atividade já no *kick-off* do projeto.
- ▶ Mapear estilos pessoais conflitantes. Rivalidades e antipatias são destruidoras do espírito de equipe. Quando for inevitável, considere a possibilidade de redistribuir o time em equipes menores, onde a afinidade seja comum.
- ▶ Evitar que surjam as "panelinhas" que estão comprometidas apenas com seus objetivos e competem entre si; certifique-se de que o espírito de equipe cubra o projeto inteiro.
- ▶ Identificar líderes naturais, os formadores de opinião e os influenciadores da atmosfera do projeto. Estes merecem atenção especial. Da mesma forma que podem ser grandes aliados, se posicionarem-se como antagonistas contaminarão o ambiente e tornarão tudo mais difícil.
- ▶ Livrar-se dos "abutres", que são as pessoas negativas que vivem reclamando de tudo e apontando culpados.
- ▶ Discutir as metas com a equipe e permitir que seus membros ajudem a definir os desafios. Isso fará com que o DNA de cada um faça parte

das metas, ampliando o comprometimento de todos. Equipes são baseadas em relacionamento, respeito e cumplicidade. Não se trata de criar um ambiente democrático, mas participativo.
- ▶ Buscar voluntários para certas tarefas. Você perceberá que as pessoas que se engajam por vontade própria são capazes de realizar atividades de alto desempenho e contagiar todo o ambiente.
- ▶ Manter postura de abertura para ouvir críticas e sugestões.
- ▶ Atuar pelo exemplo! Equipes precisam de líderes. Se você não puder ajudar a solucionar uma questão técnica, por exemplo, demonstre solidariedade. Esteja presente, compre as pizzas, os chocolates e os refrigerantes quando uma equipe estiver, por exemplo, trabalhando em regime de horas extras. Equipes precisam de líderes que estejam com elas em momentos bons e difíceis.
- ▶ Monitorar os sinais de que a equipe que iniciou sua formação na etapa de Planejamento se mantém integrada e coesa.
- ▶ Monitorar o ambiente e planejar dinâmicas de reforço, sustentando o estímulo contínuo para que o estresse natural do projeto não enfraqueça o espírito de equipe.
- ▶ Estabelecer metas de curto prazo e celebrar as pequenas vitórias. A autoestima da equipe é importante para manter o time unido.

2.8.3. Estimular processos participativos

- ▶ Identificar situações em que o processo participativo possa ser aplicado
- ▶ Identificar os *stakeholders* que precisam ser envolvidos em uma decisão
- ▶ Planejar, agendar com antecedência e moderar cada reunião que envolva processos participativos
- ▶ Observar comportamentos, discutir com a equipe de projeto, atualizar Mapa de *Stakeholders* e traçar ações para gestão de antagonismos
- ▶ Envolver patrocinador em questões relevantes com *stakeholders* Decisores, como alternativa para minimizar as opiniões com embasamento mais emocional do que lógico

Estimular processos participativos é uma tática eficiente para acelerar e manter o engajamento. Essa abordagem pode valer para atividades simples, como escolher o nome e a logomarca do projeto, mas também para decisões importantes, como metas de desempenho e uma decisão de implantação ou postergação do projeto.

Decisões participativas demandam mais energia, tempo das pessoas e podem ser complexas de serem geridas. Selecione com cuidado as decisões e atividades que serão foco de processos participativos. Foque principalmente naquelas que visam contagiar a equipe de projeto e nas decisões relevantes que devem envolver os *stakeholders* Decisores. Esteja atento a antagonistas que insistem no excesso de processos participativos. Essa é uma forma de fazer o projeto não evoluir como planejado e comprometer o cronograma.

Identifique com base no Mapa de *Stakeholders* aqueles que devem fazer parte de um processo participativo. Muito cuidado nessa hora. Deixar de fora alguém que deveria fazer parte da lista de convidados é um fator de acirramento de antagonismos. Essa pessoa se sentirá desprestigiada e desconectada com a mudança.

Quando se tratar de uma decisão altamente relevante, deixe claro no convite que, caso o convidado não possa participar, este deve enviar um representante com poder de decisão. Não comparecer a um processo participativo que tomará uma decisão relevante pode ser uma estratégia de boicote. Para ampliar a chance de participação de todos os *stakeholders* que devem fazer parte de uma decisão relevante, solicite ao patrocinador que envie o convite para a reunião.

Planeje desde a primeira versão do plano de ação as reuniões participativas mais relevantes e envie logo os convites para evitar que a sobrecarga na agenda dos *stakeholders* Decisores os impeça de participar. Ajuste a agenda e reenvie os convites depois do detalhamento do cronograma do projeto, se necessário.

Para ser útil e viável, um processo participativo precisa ser objetivo. Longas reuniões, com discussões intermináveis, são verdadeiras armadilhas que minam o clima do projeto e satisfazem as necessidades dos boicotadores. Cabe ressaltar que um bom processo participativo é aquele que envolve as pessoas nas decisões, sem tornar-se burocrático nem prejudicial à produtividade.

Prepare as reuniões participativas descrevendo a decisão a ser tomada. Determine um tempo para que cada um exponha sua posição. Atue como moderador para conter os mais prolixos, solicitando que eles concluam o ponto discutido objetivamente.

Antes de encerrar a reunião, faça um breve resumo e assegure-se de que a conclusão foi compreendida por todos. Documente e comunique as decisões tomadas, com o cuidado de deixar transparente que o processo foi participativo e quem foram os participantes. Empresas e projetos não são democracias. O processo participativo também não tem esse sentido. O objetivo é impregnar as decisões com o DNA dos *stakeholders*.

Decisões unilaterais tendem a colocar o decisor em uma posição vulnerável. Qualquer um poderá dizer que não concordava com a decisão, que tinha alternativas, mas não teve a oportunidade de expressá-las. Além disso, decisões unilaterais tendem a incomodar o "ego" das pessoas e a gerar opositores mais facilmente, muitas vezes somente por questões emocionais.

O processo participativo tem que ser lógico e transparente. Muitas vezes não haverá consenso, isso é normal, mas a decisão terá levado em conta diferentes perspectivas trazidas pelos *stakeholders*. Mesmo não estando plenamente de acordo com uma decisão, só o fato de ter sido envolvido como participante em uma discussão leva o *stakeholder* a sentir que tem voz ativa no projeto, que suas emoções e percepções podem ser expressadas, ampliando sua conexão com a mudança.

Processos participativos, sejam em reuniões ou *workshops*, são excelentes oportunidades para a equipe de projeto e gestores de mudanças observarem comportamentos e o nível de adesão dos *stakeholders* em relação à mudança. Fique atento ao discurso de cada um e o quanto suas colocações são carregadas de emoções ou embasadas em dados, fatos e questões lógicas. Perceba se os comentários são positivos ou se há sempre uma visão negativa das coisas. Há pessoas que expressam seu desconforto com sarcasmo ou ironia, por vezes com sutileza e ambiguidade. Foque nas expressões corporais. Lembre-se que o corpo fala e expressa a coerência entre discurso e emoção. Leve em conta também o tom de voz em relação ao estilo natural de cada *stakeholder*. Não deixe ninguém em silêncio, sem expressar sua opinião, pois esse pode ser um comportamento de boicote e você precisa colher elementos para avaliar melhor a posição de todos os *stakeholders*.

Logo após o término do processo participativo, reúna a equipe do projeto e promova uma breve reunião (*debriefing*) para discutir os comportamentos observados. Aproveite para atualizar o Mapa de *Stakeholders* e traçar ações que podem envolver itens como: o aprofundamento na causa-raiz de um comportamento não esperado, ações para redução de antagonismos etc. Faça do processo participativo um modelo de gestão do projeto. Isso ajudará a manter a motivação e o clima positivo para que a mudança seja bem-sucedida.

Quando você intuir que uma reunião participativa com *stakeholders* Decisores corre o risco de descambar para um conflito de posições antagonistas, solicite a presença do patrocinador. Essa simples ação colocará os participantes em estado de alerta para expor apenas as questões lógicas a serem resolvidas, reduzindo, quando não inibindo, a ação dos boicotadores.

Atividades:

▶ Identificar as situações em que o processo participativo possa ser aplicado.
▶ Identificar os *stakeholders* que precisam ser envolvidos na decisão; use o Mapa de *Stakeholders* como referência para a identificação daqueles que devem ser envolvidos no processo participativo. Procure alternativas lúdicas quando a decisão envolver toda a equipe de projeto.
▶ Planejar e moderar a reunião para que ela seja objetiva e não burocrática.
▶ Observar comportamentos, realizar reunião de discussão (*debriefing*) com a equipe de projeto, atualizar Mapa de *Stakeholders* e traçar ações para gestão de antagonismos ou busca pela causa-raiz de um comportamento inesperado.
▶ Envolver o patrocinador em processos participativos com *stakeholders* Decisores que venham a discutir temas relevantes como alternativa para minimizar as opiniões com embasamento mais emocional do que lógico e reduzir a possibilidade de conflitos.

2.8.4. Gerir conflitos, motivação, estresse e comportamentos

A gestão desses quatro elementos consolidados pode ser considerada a gestão do clima do projeto. Projetos com um bom clima ampliam a tolerância das pessoas ao estresse, mantêm a equipe motivada, há poucas incidências de comportamentos inadequados e os conflitos são resolvidos cooperativamente e não com foco em posições e interesses individuais.

2.8.4.1. Gerir conflitos

- ▶ Avaliar potenciais situações de conflito e monitorá-las
- ▶ Classificar conflitos em relação à sua natureza – lógica e psicológica
- ▶ Compreender a causa-raiz e os interesses reais das partes envolvidas no conflito e atuar como moderador na busca de uma solução cooperativa
- ▶ Aplicar técnicas como *mentoring* e *coaching*, buscar apoio do RH, do patrocinador ou do Comitê Diretor, quando necessário

2.8.4.2. Gerir a motivação

- ▶ Definir o perfil da equipe que terá maior chance de se motivar com a participação no projeto e selecionar pessoas considerando esse critério
- ▶ Assegurar que os fatores básicos como adequação do ambiente físico do projeto, entusiasmo das lideranças, comunicação e propósito da mudança estão adequados para gerar a motivação extrínseca
- ▶ Identificar, reforçar, reconhecer e celebrar pequenas vitórias e metas atingidas para impulsionar a motivação intrínseca
- ▶ Realizar pesquisas de clima, observar comportamentos e ouvir a equipe
- ▶ Monitorar continuamente eventos que podem afetar a motivação e aplicar ações de reversão

2.8.4.3. Gerir o estresse

- ▶ Observar o humor da equipe e de indivíduos
- ▶ Balancear momentos de aceleração e estresse intenso com outros de desaceleração, celebração e eventos sociais que quebrem a dura rotina dos projetos mais complexos
- ▶ Monitorar indicadores como absenteísmo, "presenteísmo" (fenômeno que denominamos de "missa de corpo presente"), excesso de conflitos e comportamentos hostis
- ▶ Desenvolver planejamento de férias em projetos de longo prazo

> 2.8.4.4. Gerir comportamentos
>
> ▶ Observar comportamentos da equipe e de indivíduos, atentando para pequenos sinais como camaradagem, cooperação e busca voluntária do senso comum
> ▶ Utilizar técnicas como *coaching*, *mentoring* e abordagem direta em pessoas com comportamentos inadequados para entender a causa-raiz da questão
> ▶ Aplicar pesquisas simplificadas de clima do projeto
> ▶ Buscar ajuda junto ao RH para ter um diagnóstico mais preciso
> ▶ Monitorar o clima continuamente

2.8.4.1. Gerir conflitos

Conflitos não são necessariamente um problema. Se bem geridos, muitas vezes os conflitos podem ser transformados em oportunidades de melhoria na gestão do projeto, nos produtos e serviços gerados e no desenvolvimento das pessoas. Os conflitos fazem parte das relações humanas e algumas vezes não podem ser evitados. Entretanto, em alguns casos podem ser previstos e sempre devem ser geridos para manter o bom clima em projetos.

Estilos pessoais, interesses distintos, perspectivas divergentes e choque de egos são as principais causas dos conflitos. Algumas atividades que ajudam a prever e a evitar conflitos potenciais são:

▶ Classificação dos *stakeholders*
▶ Avaliação da cultura organizacional
▶ Clara definição de papéis e responsabilidades
▶ Avaliação da maturidade para lidar com perdas
▶ Avaliação do risco de choques culturais com fornecedores
▶ Mapeamento do estilo de lideranças dos fornecedores

É importante entender a natureza dos conflitos e isolar o "lógico" do "psicológico". Cada qual demandará uma abordagem de gestão diferente. Os conflitos "lógicos" estão relacionados com o entendimento diferente de uma questão ou solução que deve ser aplicada. Nesses casos, explicitar os fatos e usar dados, *benchmark* e a opinião de especialistas podem ser suficientes para resolver o conflito. Caso este não seja resolvido, avalie a possibilidade de ser um "falso-lógico", que no fundo é um conflito psicológico travestido de lógico. São posições antagonistas muito motivadas por interesses pessoais ou choques de ego.

Conflitos "psicológicos" são mais complexos, podem envolver estilos pessoais, disputas por poder, interesses pessoais e ego. Em casos como esses, depois de esgotar as alternativas de gestão para o conflito, buscar ajuda junto ao RH e ao patrocinador pode ser uma boa alternativa. Evitar os conflitos dessa natureza, quando possível, é a melhor alternativa, e isso dependerá muito da sensibilidade e da perspicácia do gestor de mudanças.

Por vezes, a simples presença do patrocinador do projeto em uma reunião de comitê, por exemplo, pode alterar comportamentos indesejáveis e ajudar a evitar um conflito potencial. Um conflito torna-se um problema quando passa a ser um confronto entre duas ou mais pessoas que focam em suas posições, transformando a situação em um jogo de ganha e perde. Por vezes, o tema em questão perde relevância e o mais importante passa a ser ganhar o embate, mesmo quando a pessoa percebe que do ponto de vista lógico a sua proposta ou solução não é a mais adequada. Situações como essa envolvem pessoas que conduzem conflitos através da **Competição**.

Há pessoas que diante de uma negociação para resolução de um conflito se posicionam de tal forma que abrem mão de suas posições e sequer entram na negociação. Esse estilo chamamos de **Evitação**.

Os casos em que a pessoa abre mão integralmente de seus objetivos chamamos de **Acomodação**. O foco está em manter o relacionamento e não em defender suas ideias.

Quando ambas as partes têm que abrir mão de uma parcela de seus objetivos iniciais para tentar conciliar e resolver a situação, o verdadeiro efeito não é de ganha-ganha. A percepção humana de perda é sempre maior do que a de ganho e é assim que as pessoas perceberão o resultado do conflito em pouco tempo, quando não de imediato. A gestão de um conflito resolvido dessa forma é no fundo um jogo de perde-perde, pois cada parte perdeu parte de seu objetivo inicial. Chamamos esse estilo de **Compromisso**. Cada qual atingirá parte de seus objetivos e manterá uma relação supostamente positiva.

O comportamento humano é complexo e por vezes difícil de ser compreendido na instância racional. Imagine que duas pessoas que ganham o mesmo salário pedem ao seu chefe um aumento. Uma recebe 50% de aumento e fica feliz com sua conquista. Mas se dias depois ela souber que o outro ganhou 60% de aumento, sua percepção muda imediatamente. Mesmo tendo conseguido um ganho expressivo, sua percepção de perda será maior do que a da conquista.

É claro que não queremos dizer com isso que ceder e conciliar seja algo ruim ou mesmo necessário em uma negociação para gestão de um conflito. A reflexão importante é que talvez exista uma solução diferente que pode atender aos objetivos de ambas as partes gerando a verdadeira percepção de conquista e ganho. Uma boa gestão de um conflito instalado demanda a busca dos reais interesses que estão em discussão. Estes precisam ser avaliados e discutidos com profundidade. A causa-raiz do conflito é que interessa e não sua aparência superficial.

Imagine que você tenha uma única laranja e duas pessoas a queiram. O que você faria para conciliar e atender ao objetivo de ambas? A maioria das pessoas responde de imediato que cortaria a laranja no meio e daria partes iguais para as duas pessoas envolvidas no conflito. Acontece que essa solução atende apenas a metade do objetivo de cada lado. E haverá sempre o risco das partes perceberem com maior intensidade que perderam metade da laranja do que o fato de terem ganhado a outra metade.

Agora imagine outra abordagem para a mesma situação. Busque os interesses reais de cada pessoa e pergunte por que elas querem a laranja. Nesse cenário hipotético, ao buscar a causa-raiz da questão, você descobrirá que uma deseja fazer um suco e a outra deseja fazer um chá com a casca da laranja. Veja que a busca dos interesses reais pode transformar totalmente sua decisão e atender plenamente ao objetivo de ambas as partes envolvidas no conflito. Basta dar a casca da laranja para uma pessoa e todo o restante para outra. Esse é o verdadeiro ganha-ganha, uma atitude cooperativa que busca com profundidade uma forma de ambas as partes alcançarem seu objetivo. Esse estilo chamamos de **Cooperação**. Para funcionar bem é preciso que haja confiança entre as partes e transparência na discussão dos interesses reais.

Note que as pessoas têm estilos naturais de negociação, mas o gestor de mudanças pode moderar o conflito em busca da cooperação para que ambas as partes atinjam seus objetivos e o relacionamento seja preservado, uma vez que ninguém terá a percepção de perda.

Apesar disso, cada negociação em um conflito é um caso diferente. Em alguns casos a opção de adotar um estilo de Acomodação pode ser importante para negociações futuras. Tome o cuidado de deixar claro que você está abrindo mão de algo naquele caso, que é uma escolha feita diante de um caso específico. Com essa abordagem você evitará que a outra pessoa fique com a percepção de que você agirá da mesma forma em todas as negociações.

Em outros casos, você poderá adotar um estilo mais persuasivo como o da Competição, mas deve tomar o cuidado de gerir o relacionamento posteriormente. Por fim, quando a Cooperação não é possível, tente o Compromisso e cuide da relação a seguir. Como já dissemos, cada caso é um caso, mas sempre priorize a solução por Cooperação.

Apresentamos no gráfico a seguir os cinco estilos de negociação que podem ser usados como estratégia em cada situação de conflito. Em um eixo está o foco no objetivo que se busca e no outro o foco em manter um bom relacionamento.

Outras técnicas que podem ser aplicadas são o *coaching* e o *mentoring*. Em geral, não há tempo para aplicar o *coaching* em projetos, pois é uma técnica que demora mais a trazer resultados. Exceção é feita nos casos em que se tem uma etapa de preparação da equipe para mudanças futuras. Por exemplo, uma organização que em seu planejamento estratégico decide que crescerá através de aquisições de outras empresas deve começar imediatamente a preparar sua equipe, especialmente os componentes que já foram mapeados com estilos de negociação que costumam acirrar conflitos.

Já o *mentoring* pode ser mais eficaz durante um projeto, especialmente quando existe uma boa relação de confiança entre as partes e alta credibilidade do mentor. O importante é o gestor de mudanças estar atento e não ignorar situações de conflitos. Atue como um moderador na gestão dos conflitos. Lembre aos participantes de um conflito que as ideias devem ser contestadas, não as pessoas. Comece ouvindo as partes separadamente. Deixe as emoções fluírem. Pratique a escuta ativa. Só então faça perguntas para entender a causa-raiz da questão. Avalie o quanto a questão tem fundamentos lógicos e se tudo que está sendo dito expressa de fato o conflito. Insista na busca da causa-raiz. Nem sempre ela aparecerá de imediato. Tente estabelecer uma sentença que defina a questão e cheque se seu entendimento foi correto.

Depois de ouvir as partes, proponha uma reunião para discussão de soluções. Note, a reunião não é para discutir o problema. Apresente o conceito de negociação cooperativa e estimule a busca de soluções que atendam ao objetivo de ambas as partes. Modere a discussão tentando isolar emoções e mantenha o foco na busca de soluções para a questão. Caso a reunião não evolua na busca de soluções e você perceba que as partes estão tomando posições pessoais, proponha uma pausa para que ambos possam refletir sobre o que já foi discutido. Agende outra reunião e avalie a situação. Caso você perceba que o confronto é iminente, peça apoio ao RH ou ao patrocinador. Se a reunião fluir bem, encerre-a checando se o entendimento da solução está claro para todos.

O pior conflito é o conflito não resolvido. Em algum momento ele virá à tona e possivelmente com maior intensidade, frequentemente em forma de crise.

Atividades:

- ▶ Avaliar potenciais situações de conflito e monitorá-las.
- ▶ Classificar os conflitos em relação a sua natureza – lógica e psicológica; utilize dados, fatos, *benchmark* e suporte de especialistas para condução dos conflitos lógicos.
- ▶ Compreender a causa-raiz e os interesses reais das partes envolvidas no conflito e atuar como moderador na busca de uma solução cooperativa.
- ▶ Aplicar técnicas como *mentoring* e *coaching*, buscar apoio do RH, do patrocinador ou do Comitê Diretor, quando necessário.

2.8.4.2. Gerir a motivação

Simplificando a questão, motivação é o impulso interno que leva um ser humano à ação. A motivação tem duas perspectivas: a extrínseca e a intrínseca. A motivação extrínseca é gerada por processos de reforço e "punição". Já a intrínseca está ligada a necessidades e motivos pessoais.

Observando o modelo de Maslow, percebe-se a hierarquia de cinco níveis de necessidades para alcançar a realização pessoal.

O grau de motivação de uma equipe influencia diretamente seu desempenho em um projeto. Tomando como base os fatores descritos por Maslow, o gestor deve estar atento às necessidades da equipe para mantê-la motivada, nesta ordem de prioridade:

1. Fatores higiênicos	Estrutura física de trabalho adequada. Sala, mesa, cadeira, banheiro, alimentação etc.
2. Segurança psíquica	Manter o emprego é prioridade para as pessoas. É importante trazer à equipe a perspectiva de que o projeto é uma oportunidade de carreira, não uma ameaça.
3. Relacionamentos	O bom relacionamento entre as pessoas e as parcerias afetivas são fatores estruturais. Manter o clima de camaradagem e o espírito de equipe ajuda a satisfazer essa necessidade.
4. Estima	A sensação de conquista e admiração está diretamente ligada ao orgulho de fazer parte do projeto. Quando o gestor de mudanças consegue criar esse espírito de pertencimento, dá sentido a essa necessidade de estima e gera a confiança na equipe para manter a motivação em alta.
5. Realização pessoal	Para gerar realização pessoal, a equipe precisa ser estimulada em sua criatividade, participar ativamente das decisões, atingir suas metas individuais e enxergar no propósito do projeto algo que faça sentido para ela. A autorrealização está ligada ao orgulho de ter participado de uma mudança que levou a organização a alcançar seus objetivos estratégicos.

Note que, se de um lado a presença desses elementos promove e sustenta a motivação, por outro, a simples ausência deles pode afetá-la negativamente. Nenhuma equipe que desenvolve um projeto em um porão ou na garagem da edificação, sem o mínimo de privacidade e asseio, pode sentir-se motivada.

Os fatores higiênicos, de segurança psíquica, de relacionamentos e de estima são estruturais e básicos para que a realização pessoal aconteça. A ausência de qualquer um desses desestrutura os demais, pode gerar desmotivação e consequentemente baixo engajamento com o propósito da mudança.

Gerir a motivação começa na seleção da equipe de projeto. É preciso encontrar pessoas que tenham as necessidades descritas anteriormente em sintonia com o projeto, e que percebam nele uma oportunidade de encontrar os fatores que estimularão a sua motivação intrínseca.

Os processos de reforço, como ambiente físico inspirador, entusiasmo das lideranças, comunicação e propósito completam o quadro para gerar a motivação extrínseca. Pequenas vitórias e metas atingidas são também fatores de motivação extrínseca que precisam ser reconhecidos e celebrados para impulsionar a motivação intrínseca.

O gestor de mudanças deve considerar a motivação um fator crítico de sucesso e estar atento a qualquer evento que possa alterar a perspectiva da equipe em relação aos fatores de motivação no curso do projeto. Alterações nas condições iniciais que favoreciam a motivação, comunicações inadequadas ou quebra de confiança podem alterar fortemente a motivação da equipe de projeto, colocando em risco a qualidade e o prazo almejados.

As pesquisas de clima ajudam a mapear a motivação da equipe, mas estas dão um panorama geral do clima do projeto. Para identificar a motivação individual, converse com as pessoas de maneira informal, aplique entrevistas formais, mas atente aos sinais subliminares. Pessoas dissimuladas podem facilmente relatar sentimentos opostos em uma entrevista formal. Criar vínculos de confiança e canais para ouvir as pessoas ainda é o caminho mais assertivo para gerir a motivação individual.

Atividades:

- ▶ Definir o perfil da equipe que terá maior chance de se motivar com a participação no projeto e selecionar pessoas considerando esse critério.
- ▶ Assegurar que os fatores estruturais foram satisfeitos.
- ▶ Assegurar que os fatores complementares como ambiente físico inspirador, entusiasmo das lideranças, comunicação e propósito da mudança estão adequados para gerar a motivação extrínseca.
- ▶ Identificar, reforçar, reconhecer e celebrar pequenas vitórias e metas atingidas para impulsionar a motivação intrínseca.
- ▶ Realizar pesquisas de clima, observar comportamentos e ouvir a equipe; promova contatos individuais com pessoas que demonstrem baixa motivação para tentar compreender a causa-raiz da situação.

► Realizar entrevistas formais mantendo a atenção em comportamentos dissimuladores. Lembre-se de que o corpo fala e entrega as verdadeiras emoções de cada pessoa.
► Circular frequentemente pelo projeto, mantendo contato com as pessoas e criando laços afetivos e de confiança com a equipe de projeto e os *stakeholders* em geral. Essa postura ativa do gestor de mudanças é importante não só para a gestão de motivação, mas também para todos os demais aspectos relacionados ao clima do projeto.
► Observar com cuidado o humor de cada participante do projeto, respeitando seus estilos pessoais. Um gestor de mudanças perspicaz é capaz de identificar a baixa motivação em uma pessoa com um simples olhar; fareje no ar o clima do projeto. Muitas vezes a baixa motivação é evidente.
► Monitorar continuamente eventos que possam afetar a motivação e aplicar ações de reversão.

2.8.4.3. Gerir o estresse

O estresse é uma força positiva quando impulsiona a equipe para a vibração necessária à superação de desafios. É o chamado **Eustresse**.

Entretanto, o excesso de estresse, conhecido como **Distresse**, é perigoso para o projeto. Afeta a motivação, pois causa impacto direto na qualidade de vida da equipe. Por vezes leva a uma alta taxa de absenteísmo por doenças como depressão, ansiedade, enxaqueca, disfunções gástricas e problemas musculares ou na coluna vertebral.

Em sua manifestação mais contundente, pode levar ao *Burnout*, síndrome caracterizada por sintomas como agressividade, depressão e esgotamento físico e mental. Nesse caso a pessoa "sai de órbita" e pifa. Projetos que chegam a esse ponto precisam ser repensados. O absenteísmo será alto e a equipe, tomada por uma apatia, será incapaz de entregar os resultados esperados.

Pior ainda que o absenteísmo é o presenteísmo, ou seja, uma equipe que leva o corpo para o trabalho, mas deixa a alma em outro lugar. Está presente, mas sente-se tão pressionada e desmotivada que produz mecanicamente, sem apresentar contribuições criativas.

Gerir o estresse merece atenção à equipe e aos indivíduos. Pessoas podem ser mais ou menos vulneráveis ao estresse. Além disso, nem sempre a carga de trabalho será uniforme, podendo levar uma parte da equipe ou mesmo um indivíduo ao estresse negativo.

O ritmo do projeto, suas metas, estilo das lideranças e clima são fatores que exercem maior efeito sobre o estresse da equipe. Se bem geridos, podem trazer grandes benefícios, promovendo a vibração da equipe e a produtividade criativa. Conflitos frequentes e intensos, por vezes, têm no Distresse suas raízes. Não raro, criam um ciclo vicioso onde o Distresse e os conflitos alimentam-se mutuamente, agindo como causa e efeito ao mesmo tempo.

A tendência natural é que com a aproximação da implantação o estresse aumente. Projetos bem-sucedidos apresentam uma redução do nível de estresse após a implantação. Entretanto, projetos cuja implantação foi prematura, ou ainda cujo resultado não foi o esperado, manterão o nível de estresse alto mesmo após a implantação. Se essa situação perdurar por muito tempo, a capacidade de reação da equipe será reduzida e a chance de reversão da situação, baixa. Cicatrizes organizacionais deixarão um legado negativo na cultura, afetando o engajamento em projetos futuros.

Curiosamente, projetos que têm um ritmo lento, onde as decisões não são tomadas no tempo esperado e não há desafios, também afetam a equipe, particularmente os jovens das gerações Y e Z.

Um fator moderador do estresse, que deve ser considerado na etapa de Planejamento, especialmente em projetos de longo prazo, é o plano de férias. Planeje e discuta com a equipe de projeto quais serão os períodos de férias mais adequados. Considere fatores como família, férias escolares dos filhos, simultaneidade das férias de pessoas de uma mesma equipe etc., equilibrando as necessidades individuais com o planejamento do projeto.

Em minha experiência como gestor de projetos e mudanças, já houve casos em que antes mesmo da etapa de Execução colocamos boa parte da equipe de projeto de férias. Nesse caso, tratava-se de um projeto estratégico de mais de um ano e queríamos iniciar com todos altamente motivados. Planejamos ainda um período de paralisação nas duas últimas semanas do ano, que serviu como uma pausa breve antes da etapa de Implantação.

Cabe ao gestor de mudanças avaliar continuamente os sinais de estresse da equipe. Propor a aceleração ou desaceleração em momentos específicos. Desenvolver eventos, dinâmicas e celebrações que quebram a rotina e equilibram o estresse quando este está alto demais.

Atividades:

- ▶ Observar o humor da equipe e de indivíduos.
- ▶ Balancear momentos de aceleração e estresse intenso com outros de desaceleração, celebração e eventos sociais que quebrem a dura rotina dos projetos mais complexos.
- ▶ Monitorar indicadores como absenteísmo, "presenteísmo" (fenômeno que denominamos de "missa de corpo presente"), excesso de conflitos e comportamentos hostis.
- ▶ Desenvolver planejamento de férias em projetos de longo prazo.
- ▶ Aplicar o ISSL (Inventário de Sintomas de Stress para Adultos), ferramenta muito útil em projetos de grande porte, desenvolvida por Marilda Novaes Lipp (2000). Cabe ressaltar que esta ferramenta só pode ser aplicada por um psicólogo.

Gráfico ilustrativo da curva de estresse em um projeto

2.8.4.4. Gerir comportamentos

O comportamento individual e da equipe é um indicador de clima positivo ou problemas no projeto. Camaradagem, cooperação, busca do senso comum, por exemplo, são fatores que indicam um projeto saudável.

Por outro lado, a falta desses elementos nos comportamentos individuais e coletivos demonstra que algo não vai bem e que dificilmente o grupo estará se comportando como uma equipe. Gerir o comportamento permite que o gestor de mudanças possa identificar e atuar rapidamente. Comportamentos inadequados podem ser sintomas de problemas relacionados a:

- ► Espírito de equipe (ou falta deste).
- ► Atuação das lideranças.
- ► Estresse excessivo.
- ► Conflitos não declarados.
- ► Choques de estilos pessoais.
- ► Choques de origem cultural.
- ► Comunicação ineficaz.
- ► Propósitos não compreendidos.
- ► Baixo engajamento.
- ► Atuação de resistentes e boicotadores com forte influência nas equipes e nos indivíduos.
- ► Pouca confiança da equipe em seus líderes ou na organização.
- ► Medo e insegurança.

O comportamento da equipe e de indivíduos é dinâmico e pode variar ao longo do projeto. O gestor de mudanças deve monitorá-lo continuamente. Este é um indicador de saúde do projeto. Uma vez identificado um comportamento inadequado, a abordagem direta através de uma conversa franca pode ajudar a entender a causa-raiz da questão. Quando necessário, peça ajuda ao RH para ter um diagnóstico mais preciso. Pesquisas simplificadas de clima também podem ser úteis.

Técnicas como o *coaching* e o *mentoring* costumam ajudar nos casos de indivíduos com problemas. Nos casos de comportamentos inadequados de uma equipe inteira, a solução quase sempre passa pela sua liderança.

Atividades:

▶ Observar comportamentos da equipe e de indivíduos, atentando para pequenos sinais como camaradagem, cooperação e busca voluntária do senso comum.
▶ Utilizar técnicas como *coaching*, *mentoring* e abordagem direta em pessoas com comportamentos inadequados para entender a causa-raiz da questão.
▶ Aplicar pesquisas simplificadas de clima do projeto.
▶ Buscar ajuda junto ao RH para ter um diagnóstico mais preciso.
▶ Monitorar o clima continuamente.

2.8.5. Estimular a criatividade e a inovação

▶ Criar ambiente inspirador
▶ Desenvolver clima e ambiente de confiança para que a equipe se sinta estimulada a criar e a sugerir
▶ Estimular as lideranças a promoverem debates, um clima de bom humor e segurança para assumir riscos e tolerar tentativas e fracassos
▶ Preparar equipe e líderes para aplicar técnicas como *brainstorming*, *brainwriting* e SCAMPER
▶ Atuar como facilitador de processos de busca de soluções criativas
▶ Estimular participação, colaboração e enriquecimento coletivo de ideias
▶ Estimular pesquisa, respeitando o tempo de incubação, iluminação e verificação

Criatividade é como a barba,
você só a terá se a deixar crescer.
Voltaire

Segundo pesquisa realizada por George Land & Beth Jarman, "Breakpoint and Beyond: Mastering the Future Today" (1992), enquanto 98% das crianças até cinco anos podem ser consideradas altamente criativas, apenas 2% dos adultos acima de 25 anos alcançam essa classificação. Como todos um dia foram crianças, ninguém deixa de ser criativo. As pessoas apenas se acostumam com padrões e deixam de usar sua criatividade. Daí a importância de gerir a criatividade, produzindo os fatores de estímulo que permitirão que a equipe use todo o seu potencial criativo no projeto de mudanças.

Enquanto a criatividade é a competência humana para conceber coisas novas, a inovação necessita do espírito empreendedor para selecionar e transformar ideias criativas em verdadeiras inovações, capazes de gerar diferenciais competitivos que levem a ganhos de produtividade e lucratividade.

Nem tudo que é criativo se transforma em uma inovação, mas toda inovação é filha da criatividade. Projetos são excelentes oportunidades para que as organizações inovem. Entretanto, as inovações não são fatos espontâneos. Precisam ser estimuladas e inseridas na cultura organizacional.

Inovar significa quebrar paradigmas e velhos hábitos. Normalmente, sem os estímulos adequados, as pessoas tendem a manter o *status quo*. Esse fenômeno ocorre principalmente em organizações com cultura conservadora, mudanças impositivas ou quando a equipe apresenta baixa maturidade para lidar com as perdas. Nesses casos, inovações são vistas como ameaças, e não como oportunidades.

Não é fácil tirar as pessoas de sua zona de conforto e implantar uma cultura voltada para criatividade e inovação, mas os efeitos são tão positivos para uma mudança que todo esforço vale a pena. Estimular as pessoas a usar sua criatividade pode impregnar as soluções trazidas pelo projeto com o DNA desses *stakeholders*, ampliando tremendamente a sua percepção de paternidade das mudanças geradas. O efeito no engajamento daqueles que cocriam é impressionante. A motivação é ampliada, as pessoas se sentem valorizadas e atingem um nível de realização pessoal diferenciado, tornando-se vendedores da mudança.

Entretanto, o cenário mais comum é o apego aos paradigmas, que acaba transformando projetos que deveriam trazer grandes benefícios ao negócio em meras evoluções tecnológicas, desperdiçando a oportunidade de repensar processos e regras de negócio, produzir inovações e posicionar a organização em um novo patamar competitivo.

A força dos paradigmas é tamanha que não foram os centenários meios de comunicações impressos, como jornais e revistas, que conseguiram encontrar soluções para as oportunidades proporcionadas pela publicidade digital. Ao contrário, foram vítimas da rápida digitalização do mundo e em uma década viram a receita de propaganda (com a inflação corrigida) despencar a um nível menor do que se tinha em 1950, segundo dados da *Newspaper Association of America* (2013).

Da mesma forma, não foram as grandes cadeias hoteleiras que criaram o famoso site de hospedagens Airbnb, hoje presente em mais de 190 países e cujo valor de mercado em 2015 superou o de algumas organizações gigantes da hotelaria.

Um ambiente criativo pressupõe minimamente:

- ▶ Liberdade e confiança para as pessoas expressarem suas ideias sem serem criticadas e ridicularizadas.
- ▶ Ludicidade e bom humor.
- ▶ Incentivo e inspiração das lideranças.
- ▶ Capacidade de assumir riscos e tolerar tentativas e fracassos bem-intencionados.
- ▶ Aplicação de técnicas e processos de estímulo ao debate criativo; ambiente inspirador.
- ▶ Colaboração e enriquecimento de ideias.

Visão gráfica da aplicação da criatividade para gerar inovações

Cabe ao gestor de mudanças promover a aplicação de técnicas que estimulam a busca de soluções criativas para os problemas do projeto e do negócio. Influenciar as lideranças e agir como facilitador para que as técnicas adequadas sejam aplicadas.

Antes de apresentarmos as técnicas aplicáveis de estímulo à criatividade, conceituaremos dois tipos de pensamentos que serão usados no processo de geração de soluções criativas.

Pensamento divergente

É uma forma ampla e irrestrita de pensar sem nenhuma preocupação com a realidade. O pensamento divergente é literalmente terra de ninguém, sem lógica, limites ou regras. Vale tudo, tudo é possível. As regras básicas do pensamento divergente são:

- ▶ Quantidade leva à qualidade.
- ▶ Adie o julgamento e estimule o devaneio.
- ▶ Não reprima nem descarte nada.
- ▶ Explore o inusitado e o incomum.
- ▶ Melhore outras ideias, deixe que uma ideia gere outras.

Pensamento convergente

O pensamento convergente sempre é aplicado após a etapa de divergência. É o que envolve avaliação, julgamento e tomada de decisões. O risco aqui é o apego aos paradigmas limitar as escolhas e subtrair a engenhosidade do pensamento divergente. Algumas regras básicas do pensamento convergente são:

- ▶ Seja positivo, pergunte-se: "por que não?".
- ▶ Seja ponderado – evite decisões precipitadas que possam descartar uma boa ideia que a princípio parece inexequível.
- ▶ Foque no objetivo original.
- ▶ Explore o inusitado e o incomum.
- ▶ Melhore ideias.
- ▶ Considere a novidade, seja corajoso!

Apresentamos a seguir algumas técnicas que podem ser úteis na geração de soluções criativas.

Definição do problema a ser resolvido

O real problema a ser resolvido muitas vezes não está evidente. O que sentimos como problema em geral é o efeito de uma situação.

Na década de 1940, a indústria de transporte marítimo enfrentava grave crise. O custo de transporte de cargas crescia e as mercadorias continuavam a demorar muito a chegar ao seu destino. Grandes investimentos foram feitos para desenvolvimento de navios mais rápidos, redução de custos com a tripulação e combustível, mas o resultado fora insatisfatório.

O problema de fato não estava no tempo de deslocamento do navio, mas no tempo em que este ficava parado até ser carregado. Um navio é um grande investimento de capital e quanto mais tempo estiver sem navegar, pior será a produtividade. Além disso, o tempo excessivo que as mercadorias demoravam no porto significava maior risco de desvios, perdas e roubo, aumentando o custo do seguro para o transporte de carga marítima.

Foi então que um jovem motorista de caminhão, observando o lento embarque de fardos de algodão no porto de Nova Iorque, teve a ideia de armazená-los em grandes caixas de aço, que poderiam ser organizadas previamente antes mesmo do navio atracar, reduzindo tremendamente o tempo de carga e descarga. Assim foram criados os *containers*, revolucionando a indústria de transporte marítimo. O efeito que se sentia estava relacionado ao custo e à eficácia do transporte marítimo, mas o problema não estava em melhorar a operação de uma embarcação em deslocamento, e sim em reduzir seu tempo ocioso.

O primeiro passo na busca de uma solução para um problema é uma avaliação ampla de todos os fatores envolvidos, coletando o máximo de dados possível e reunindo uma equipe multidisciplinar para discuti-lo e estabelecer uma sentença que o defina de forma clara e objetiva.

Geração de ideias

Uma vez definido o problema, reúna pessoas com diferentes perfis, de diferentes áreas de negócio, para trabalharem juntas na busca de soluções. Note que a diversidade ajuda muito, pois traz diferentes perspectivas para a busca de ideias realmente criativas sem apego aos paradigmas instalados. Para a geração de ideias, use técnicas que estimulam o pensamento divergente, tais como:

Brainstorming – Consiste em usar pensamento divergente para a geração do maior número possível de ideias, sem qualquer pré-julgamento em relação a sua viabilidade. É um exercício livre que deve ser coordenado para que nenhum filtro ou postura crítica venha a inibir o pleno envolvimento das pessoas na geração de ideias. Uma regra básica é não descartar nenhuma ideia nesta etapa e permitir o devaneio.

Comece apresentando a sentença de definição do problema, sua natureza e características. Use um *flip-chart* para deixar a definição do problema à vista de todos. Cada ideia gerada deve ser escrita no *flip-chart* e compartilhada com todos. A cada dez ou 15 ideias, reavalie se o foco no problema não foi perdido. Uma ideia pode ser inspirada em outra, uma adição de algo ou uma modificação na ideia original. Nesses casos, não descaracterize a ideia original. Acrescente suas derivações na lista de ideias. **Lembre-se, este é o momento de gerar ideias, e não de discuti-las.**

Brainstorming com *post-it* – É uma evolução do *brainstorming* que torna o processo mais participativo e dinâmico. Os fundamentos são os mesmos, variando apenas o instrumento de aplicação. No *brainstorming* com *post-it*, cada participante, na fase de pensamento divergente, ao ter uma ideia, deve escrevê-la, lê-la em voz alta para o grupo e colar o *post-it* na parede. Na fase de convergência, o agrupamento das ideias fica facilitado pela mobilidade com que se pode manusear o *post-it*.

Brainwriting – É também uma derivação do *brainstorming*, muito útil em grupos com elementos muito ativos que acabam ofuscando e inibindo a participação equilibrada de todos. Nesta técnica, a fase de divergência é conduzida estimulando todos os participantes a escreverem três ideias em uma folha e trocá-la com outro. Ao receber a nova folha, o participante deve ler o conteúdo e escolher entre acrescentar algo a uma ideia gerada por outra pessoa ou incluir outras ideias. O somatório das duas ações ou de uma delas também deve ser de três ideias. Termina-se esta etapa quando todos tiverem tido contato com todas as folhas dos demais.

> **NOTA:** estimule o máximo de ideias possível. As melhores ideias serão provavelmente uma combinação ou melhoria de várias outras e serão selecionadas no último terço do total de ideias geradas.

SCAMPER - É um processo "interrogatório", onde se usam perguntas para enriquecer a maneira de enxergar alternativas. Este processo pode ser aplicado em conjunto com as técnicas anteriores. Resumidamente, o processo do SCAMPER busca soluções questionando como:

- ▶ **S** – Substituir
- ▶ **C** – Combinar
- ▶ **A** – Adaptar
- ▶ **M** – Modificar
- ▶ **P** – Procurar outro uso
- ▶ **E** – Eliminar
- ▶ **R** – Reorganizar

Agrupamento, seleção e lapidação

Após a etapa de geração de ideias baseada no pensamento divergente, está na hora de estruturá-las para que se comece a definir o quadro de soluções aplicáveis usando o pensamento convergente. Inicie solicitando à equipe que gerou as ideias que as agrupem por afinidade e semelhança. Se for necessário, reescreva as ideias para torná-las mais compreensíveis.

Solicite à equipe que selecione aquelas que parecem ser mais adequadas. Forme conjuntos de ideias com prioridades 1 e 2. Questione as escolhas e especialmente os motivadores para que algumas ideias tenham sido descartadas. Use o processo interrogatório do SCAMPER para melhorar ideias descartadas, quando aplicável. Não dispense nenhuma ideia. Mesmo as que não foram aproveitadas de imediato poderão ser rediscutidas mais tarde. Guarde-as em um banco de ideias para cada problema.

Revise os conjuntos de ideias selecionadas e lapide-as quando necessário, reescrevendo-as como soluções potenciais ao problema.

O esquema a seguir ilustra o processo de busca de soluções criativas descrito.

Segundo Bertrand Russel (1872 – 1970), o processo criativo possui quatro etapas que devem ser respeitadas para que se alcance o potencial criativo pleno das equipes.

Preparação	Estudar, ler, discutir, colecionar, rabiscar, cultivar sua imaginação
Incubação	Descansar, desligar-se do problema. O inconsciente, desimpedido pelo intelecto, começa a elaborar as inesperadas conexões que constituem a essência da criação; o gestor de mudanças ou o facilitador deve estar atento ao momento de intervir em uma reunião de busca de soluções, encerrando-a temporariamente para que as pessoas tenham tempo de "devaneio". Ao retomar a reunião em outro dia, possivelmente soluções criativas e inesperadas estarão prontas para emergir
Iluminação	Aqui surge a ideia, a solução. É o momento do clássico "eureka", de Arquimedes. Também conhecido como *insight*; frequentemente ocorre quando o cérebro está livre, conduzindo atividades mecânicas como tomar banho, fazer a barba e dirigir
Verificação	É a volta para o consciente, a racionalidade. O intelecto passa a dar acabamento à obra que a imaginação iniciou. É o momento de testar a ideia, submetê-la a críticas e julgamentos

O gestor de mudanças precisa estar atento à necessidade de intervir em alguns casos e permitir aos participantes de um processo de busca de solução criativa uma pausa de um ou dois dias para incubação.

Atividades:

- ▶ Criar ambiente inspirador.
- ▶ Desenvolver clima e ambiente de confiança para que a equipe se sinta estimulada a criar e a sugerir.
- ▶ Estimular as lideranças a promover debates, um clima de bom humor e segurança para assumir riscos e tolerar tentativas e fracassos.
- ▶ Preparar equipe e líderes para aplicar técnicas como *brainstorming*, *brainwriting* e SCAMPER.
- ▶ Atuar como facilitador nos processos de busca de soluções criativas.
- ▶ Estimular participação, colaboração e enriquecimento coletivo de ideias.
- ▶ Estimular pesquisa, respeitando o tempo de incubação, iluminação e verificação.

2.8.6. Gerir *stakeholders*

> ▶ Assegurar que o patrocinador comunicará amplamente a Visão do estado futuro da organização
> ▶ Envolver as lideranças da organização para conseguir o copatrocínio explícito e incondicional
> ▶ Acompanhar, atualizar dinamicamente e traçar estratégias de engajamento ou restrição da ação de antagonistas através do Mapa de *Stakeholders*
> ▶ Monitorar continuamente o comportamento dos *stakeholders* de maior influência no projeto
> ▶ Discutir as percepções do nível de engajamento dos *stakeholders* com a equipe de projeto para ter diferentes perspectivas
> ▶ Aplicar técnicas de *briefing* e *debriefing* nas reuniões com *stakeholders* importantes para o projeto
> ▶ Gerir Plano de Comunicação, atentando para a necessidade de comunicações extraordinárias, formais e informais
> ▶ Desenvolver relação de confiança e transparência com os *stakeholders* para abordá-los quando necessário, visando compreender a causa-raiz de antagonismos
> ▶ Usar macroatividades recorrentes como fontes de informação acerca do comportamento dos *stakeholders* e nível de adesão à mudança
> ▶ Aplicar técnicas para reduzir ações de antagonistas:
>   ○ Induzir protagonismo
>   ○ Aplicar táticas persuasivas
>   ○ Aplicar medidas extremas

A gestão de *stakeholders* tem como principal foco reduzir antagonismos e promover o engajamento na mudança para que os objetivos estratégicos que motivaram o investimento sejam alcançados. Não existe projeto bem-sucedido sem que se alcance um bom nível de engajamento na mudança.

O processo de engajamento na Visão do estado futuro da organização começa com uma comunicação clara e direta do patrocinador. O patrocínio é um dos elementos mais relevantes para o sucesso de uma mudança. Conseguir copatrocinadores da alta gestão da organização e de toda a cadeia de liderança também é um fator que tem influência direta no resultado do projeto.

O cenário ideal é conseguir 100% de engajamento. Entretanto, esse é um cenário utópico mesmo para os casos em que aparentemente não há possibilidades de encontrar resistências. Em abril de 2015, o jovem fundador e CEO da empresa de processamento de compras com cartão de crédito *Gravity Payments*, Dan Price, anunciou uma mudança surpreendente: baixar seu próprio salário e dar um salário mínimo de US$ 70 mil anuais para seus funcionários. A decisão de Dan Price fora inspirada por uma pesquisa que mostra que esse é o valor mínimo que as pessoas necessitam para serem felizes nos Estados Unidos.

De fato, muitos ficaram felizes com essa decisão, especialmente aqueles que ganhavam menos que este valor. Entretanto, repercussões negativas também ocorreram.

Pessoas que trabalharam anos para chegar a essa remuneração se sentiram desvalorizadas, já que qualquer novo trabalhador da empresa iniciaria ganhando o mesmo salário. Outros se sentiram expostos e passaram a ser pressionados por familiares e amigos com pedidos de empréstimos. Dois executivos dos mais valorizados por Price deixaram a empresa por entenderem que a nova política salarial era injusta. Novos clientes foram atraídos através da publicidade gerada pela repercussão do caso, mas alguns antigos clientes encerraram sua relação com a empresa temendo um aumento nos custos.

O comportamento humano é bastante complexo e não é só a lógica que define nossas atitudes e impulsos. Ao contrário, temos um lado psicológico, muitas vezes pouco conhecido por nós mesmos, que prevalece em situações que só com muita reflexão e autoconhecimento conseguiremos entender. Nossa percepção das perdas vem antes de nos darmos conta dos ganhos que teremos com a mudança.

O Mapa de *Stakeholders* é a principal ferramenta dessa atividade, que começa a ser elaborada na etapa de Planejamento, mas deve ser atualizada dinamicamente ao longo de todo o percurso do projeto, até que a mudança esteja consolidada. Note que esse mapa apresenta de forma clara e objetiva o nível de engajamento dos *stakeholders*, permitindo que se planejem ações para tratamento dos antagonistas.

Em projetos muito grandes e de alto impacto, monitorar uma longa lista de *stakeholders* pode não ser viável. Priorize os *stakeholders* com maior influência em relação ao rumo do projeto. O gestor de mudanças precisa compreender a causa-raiz dos antagonismos e para isso é fundamental ter a competência de se conseguir tomar uma posição empática. Compreender a situação e os reflexos da mudança do ponto de vista do outro.

Em muitos casos, você concluirá que o temor de uma pessoa é totalmente infundado. Mas lembre-se: é infundado para você, não para o outro. Cada ser humano é único e traz em seu comportamento atual não só estilos naturais e inatos, como também o reflexo de eventos anteriores que fazem parte de sua história de vida.

Desenvolva uma relação de confiança conversando franca e abertamente com os *stakeholders* para realmente compreender suas angústias. Fale pouco, ouça muito. Observe que muitas vezes há uma parte oculta da situação que não será declarada. Use sua perspicácia para encontrar o lado oculto do que está aparente e faça perguntas para confirmar ou descartar hipóteses.

Sempre compartilhe suas percepções com a equipe do projeto. O entendimento da posição de um *stakeholder* torna-se menos subjetivo quando você tem evidências de diversas fontes e diferentes perspectivas.

A gestão dos *stakeholders* começa na fase de planejamento e é desenvolvida através de um conjunto de macroatividades e atividades que serão realizadas durante todo o projeto, tais como:

- ▶ Definir e preparar o patrocinador do projeto:
  - ○ Identificar impactos preliminares percebidos pelo patrocinador.
- ▶ Realizar *workshop* de alinhamento e mobilização das lideranças:
  - ○ Definir a estratégia de comunicação da mudança e comunicá-la assim que possível.
- ▶ Definir propósito da mudança.
- ▶ Mapear e classificar os *stakeholders*.

► Avaliar as características da cultura organizacional e seus reflexos na mudança.
► Definir papéis e responsabilidades da equipe de projeto.
► Planejar a alocação e o desenvolvimento da equipe do projeto.
► Avaliar a predisposição do clima para mudanças e seus impactos:
  ○ Avaliar maturidade para lidar com perdas.
  ○ Avaliar nível de confiança da equipe.
► Desenvolver programa de reconhecimento e celebração dos desafios superados.
► Planejar e realizar o *kick-off* do projeto.
► Definir necessidades adicionais de treinamento da equipe.
► Avaliar impactos organizacionais.
► Planejar e executar gestão da aprendizagem.
► Confirmar futuro dos *stakeholders* no pós-projeto.
► Definir papéis e responsabilidades para a etapa de Produção.
► Avaliar prontidão e segurança dos usuários para implantação.
► Assegurar comprometimento das lideranças com a implantação.
► Reconhecer desempenho da equipe e individual.
► Assegurar realocação adequada das pessoas do projeto.
► Celebrar conquistas e metas atingidas.

Note que muitas dessas macroatividades e atividades estão ligadas a dar um sentido à mudança, desenvolver um estado de segurança psíquica, evitar efeitos negativos do luto antecipatório e envolver e mobilizar as pessoas, criando um clima positivo para o engajamento dos *stakeholders*.

Outras permitem a identificação de fatores de antagonismo e engajamento, além de servirem para acompanhamento do nível de adesão provável dos *stakeholders* em relação às mudanças propostas.

Os *stakeholders* devem ser monitorados ao longo de todo o projeto e até ao final deste, pois seu posicionamento pode variar bastante durante a etapa de Execução e mesmo após a implantação da mudança. Lembre-se de que quando falamos de *stakeholders* estamos incluindo não só os que participam diretamente no projeto, mas todos que são afetados pela mudança, inclusive de fora da organização. Tenha atenção especial com aqueles que gostariam de participar, mas que por algum motivo não fazem parte da equipe de projeto. A tendência dessas pessoas é descarregar suas frustrações na forma de antagonismo.

Uma boa prática para monitoramento é a realização de *briefings* e *debriefings* em reuniões que envolvam *stakeholders* importantes. Durante o *briefing*, defina claramente a estratégia de condução da reunião, as interações e os questionamentos que poderão ser provocados. Prepare-se para as intervenções negativas dos antagonistas e defina as táticas para contorná-las. Designe observadores da equipe do projeto que acompanharão o comportamento dos participantes da reunião, atentando para todos os detalhes, como postura corporal, nível de atenção e concentração, participação, entusiasmo etc. Durante o *debriefing*, discuta com a equipe de gestão as percepções coletadas. Use o Mapa de *Stakeholders* como um guia para documentar o posicionamento de cada qual e traçar estratégias para engajamento ou contorno dos antagonismos.

As macroatividades recorrentes também são excelentes fontes de informação acerca do nível de adesão à mudança. Observe os seguintes pontos em relação a essas atividades:

- ▶ Planejar e Gerir a Comunicação

    A comunicação é um elemento essencial para criar um entendimento da Visão da organização após a mudança, compreender o propósito (por que estamos mudando), o que mudará, e como se dará a mudança. Comunicar adequadamente reduz ruídos, incertezas, ajusta expectativas e alinha os *stakeholders* ao longo de todo o projeto.

    Em seu aspecto recorrente, a comunicação mantém as pessoas conectadas com a mudança e gera uma perspectiva de transparência, reduzindo o receio com o desconhecido. Lembre-se de que boa parte da comunicação não será ordinária. O gestor de mudanças deve abordar diretamente aqueles que demonstram algum nível de antagonismo para buscar *feedback* e checar se as mensagens foram compreendidas de forma adequada, compreender situações que criam desconforto, necessidades não endereçadas, situações que estimulam a insegurança psíquica e a percepção destes em relação aos ajustes necessários para que o engajamento seja ampliado. Solicite recomendações. As pessoas se sentem lisonjeadas e valorizadas quando alguém busca sua ajuda.

▶ Aplicar Processos Participativos

Processos participativos têm grande impacto sobre o senso de pertencimento das pessoas. O que é produzido de forma participativa gera uma percepção de paternidade, incluindo o DNA de cada participante nas decisões. E se tem o seu DNA, é seu filho. Se for seu filho, é bonito por definição. Jamais você verá alguém postar a foto do filho nas redes sociais dizendo "olha que feinho é o meu bebê".

Estimule o uso de processos participativos para gerar conexão dos *stakeholders* com a mudança, mas não deixe de observar as boas práticas dessa atividade.

▶ Gerir Conflitos

Conflitos frequentes de natureza lógica, que são resolvidos com uma abordagem cooperativa, podem indicar que as partes envolvidas estão engajadas. Esses conflitos na verdade são fruto de um esforço na busca das melhores soluções para que a mudança seja bem-sucedida. Entretanto, conflitos frequentes de natureza psicológica, envolvendo um mesmo *stakeholder*, podem ser indicadores de desconforto e resistência à mudança.

▶ Gerir Motivação

A alta motivação de uma equipe com um projeto é sinal de engajamento. Observe, entretanto, que mesmo uma equipe motivada pode ter uma ou outra pessoa com baixa motivação. Nesse caso, tente compreender a causa-raiz. Essa pode estar relacionada a diversos fatores pessoais que não necessariamente estão ligados ao projeto.
Por outro lado, a baixa motivação, que pode ser fruto de diversos fatores, deve ser avaliada em relação ao desconforto causado pela mudança.

▶ Gerir Comportamentos

Assim como a motivação, comportamentos inadequados podem ser efeitos de diversas causas. Há alguns anos, trabalhávamos em um projeto de alto impacto em termos de mudanças, quando percebemos que uma pessoa em particular passou a apresentar um comportamento agressivo em relação a alguns *stakeholders* diretamente envolvidos no projeto. Começamos então a investigar a causa-raiz deste comportamento. Descobrimos que essa pessoa estava passando por um divórcio e em litígio com sua esposa pela guarda dos filhos. Isso já seria motivo suficiente para entendermos a mudança comportamental. Para piorar a situação, sua esposa também trabalhava na empresa e fazia parte do projeto. Os *stakeholders* que estavam sofrendo com a agressividade desse membro do projeto eram justamente as pessoas mais próximas de sua esposa, e que a estavam apoiando em uma questão pessoal, o que acabou por se estender ao contexto de interações no projeto.

Só uma abordagem profunda da causa-raiz do problema poderá ajudar a compreender se o comportamento inadequado de um *stakeholder* está de fato relacionado com o desconforto da mudança.

As estratégias de gestão de *stakeholders* não podem se basear apenas em princípios racionais. Não é porque a comunicação foi adequada e as pessoas entenderam logicamente que uma mudança é necessária que haverá engajamento. Mesmo que você desenvolva todas as atividades tradicionais de capacitação e use de mecanismos de incentivo e reconhecimento, ainda assim, uma fatia dos *stakeholders* poderá nunca se sentir confortável com a mudança. Somos seres humanos e, como tal, profundamente complexos e influenciados não só pela razão, mas também pela emoção.

Não menospreze o poder das "agendas pessoais". Cada pessoa tem seu próprio plano de vida profissional que está conectado com suas ambições pessoais. As agendas pessoais têm um tremendo impacto, especialmente nas mudanças que tocam em interesses não declarados de alguns *stakeholders*.

Há casos em que o antagonismo sequer está ligado com a mudança. Qualquer pessoa que se destaca na gestão de um projeto de grande porte encontrará pela frente boicotadores, cuja única intenção é não apoiar o sucesso de alguém que compete com eles por um espaço na empresa. Note que a pirâmide hierárquica das organizações é naturalmente estimuladora da competição pelas poucas posições da alta hierarquia.

Choques de ego, disputas por poder e *status* são parte do complexo comportamento humano e tem influência direta na posição de suporte ou antagonismo dos *stakeholders*. Por isso, a gestão de *stakeholders*, ainda que deva focar em estratégias de engajamento, precisa considerar outras abordagens para pelo menos reduzir a ação dos antagonistas.

Induzir protagonismo
Tirar antagonistas da zona de conflito e colocá-los na zona de solução

Se engajar 100% das pessoas raramente é possível, gerir os antagonismos e colocar os *stakeholders* em uma posição de fragilidade para boicotar a mudança é uma abordagem viável e que costuma trazer ótimos resultados.

Quando um antagonista é um dos *stakeholders* importantes do projeto, dê visibilidade ao trabalho dele. Faça-o tomar parte em um conselho, deixe-o apresentar o andamento de atividades sob sua responsabilidade. Crie exposição para os níveis hierárquicos mais altos da organização. Um líder que deveria ser um agente de mudanças e atua como antagonista em uma situação como essa, ainda que não se engaje, terá pouca força para boicotar o projeto se induzido a atuar como protagonista.

Um erro comum das equipes de gestão de projetos é tomar para si a tarefa de apresentação do *status* ao Comitê Diretor. Atue como um articulador. Monte a agenda, abra a reunião, mas coloque os líderes de cada área para apresentar sua parte. Ninguém quer ser caracterizado como um boicotador da mudança diante de um Comitê Diretor. Imagine um líder que não envia sua equipe aos treinamentos agendados. Se estiver claro que os indicadores de sua área serão expostos por ele mesmo diante de um Comitê Diretor, haverá grande chance de este líder mudar de tática para evitar a degradação de sua imagem.

Se o Mapa de Riscos indica alguma situação que pode causar reflexo na mudança, não permita que um antagonista se coloque na posição de vítima.

Ao contrário, articule com o patrocinador a necessidade de todas as áreas de negócio apresentarem seus planos de contingência.

Há ainda pessoas que sentem que as mudanças afetarão seu *status* na organização, que gostariam de estar no projeto e não estão. Se forem *stakeholders* importantes, encontre para eles um espaço de atuação, como membro de um conselho, por exemplo. A percepção de exclusão afeta tremendamente a autoestima das pessoas. Incluí-las poderá transformar sua percepção sobre a mudança.

Tire os antagonistas da zona de problema e inclua-os na zona de solução, induzindo-os ao protagonismo e explicitando suas ações. Você não irá engajá-los de imediato, mas o instinto de sobrevivência limitará seu poder de resistência à mudança.

Aplicar táticas persuasivas

Mudanças impositivas deixam marcas profundas na cultura organizacional e raramente levam a empresa a atingir o nível de excelência esperado com uma mudança. Entretanto, há casos em que o nível de resistência de um *stakeholder* poderá exigir uma abordagem persuasiva. Esta pode ser de baixa pressão, como, por exemplo, solicitar o apoio de um *stakeholder* Vendedor, que foi identificado como influenciador de um antagonista, e solicitar que este ouça suas inquietudes e fale das perspectivas positivas da mudança.

Abordagens de média pressão podem incluir o envolvimento do RH ou de um mentor para reforçar a expectativa da empresa de que seus líderes devem atuar como agentes mobilizadores da mudança. Reforçar a relevância das lideranças agirem com coerência em relação à Visão do estado futuro da organização, lembrando que o que inspira os liderados é o exemplo e não as palavras.

Já as abordagens de alta pressão devem contar com o apoio do patrocinador e/ou Comitê Diretor do projeto de forma franca e direta. Neste ponto, a persuasão tocará na fronteira com a coerção, mas se isso for necessário para o sucesso da mudança, não deixe de fazê-lo.

Aplicar medidas extremas

Conviver com um *stakeholder* importante para o projeto que não se engaja e se mantém resistente mesmo depois da aplicação de todas as táticas possíveis para isolar seu antagonismo é um jogo de perde-perde. Esse cenário é ruim para o *stakeholder*, para o resultado da mudança e para a organização.

A pessoa estará em um estado de sofrimento que provavelmente afetará sua produtividade e possibilidades de carreira na organização. A mudança corre o risco de ser afetada e a organização cria um precedente perigoso. Sua cultura levará a marca de condescendência e mudanças futuras serão muito mais difíceis.

Casos extremos exigem medidas extremas. Discuta com a equipe de projeto os reflexos deste *stakeholder* para o sucesso do projeto. Organize evidências de seu boicote à mudança, relacione todas as ações realizadas para isolar o antagonismo e discuta a possibilidade de afastar essa pessoa do projeto ou mesmo da organização.

Situações desse tipo em geral já passaram por tanto desgaste, já envolveram tantas pessoas da alta hierarquia da organização, que a proposição da equipe do projeto não parecerá uma medida extrema sem fundamento.

Evite tanto quanto possível as medidas extremas, mas não perca o foco principal que é a consolidação da mudança. Nem todos se adaptam à Visão futura da organização. No final, não é o mais forte nem o mais inteligente que sobrevive, mas, sim, o que melhor se adapta.

Atividades:

- ▶ Assegurar que o patrocinador comunicará amplamente a Visão do estado futuro da organização.
- ▶ Envolver as lideranças da organização para conseguir o copatrocínio explícito e incondicional.
- ▶ Acompanhar, atualizar dinamicamente e traçar estratégias de engajamento ou restrição da ação de antagonistas através do Mapa de *Stakeholders*.

- ▶ Monitorar continuamente o comportamento dos *stakeholders* de maior influência no projeto.
- ▶ Discutir as percepções do nível de engajamento dos *stakeholders* com a equipe de projeto para ter diferentes perspectivas.
- ▶ Gerir Plano de Comunicação, atentando para a necessidade de comunicações extraordinárias, formais e informais.
- ▶ Desenvolver relação de confiança e transparência com os *stakeholders* para abordá-los quando necessário, visando compreender a causa-raiz dos antagonismos.
- ▶ Ter atitude empática nas interações com antagonistas. Falar pouco e praticar a escuta ativa.
- ▶ Aplicar técnicas de *briefing* e *debriefing* nas reuniões com *stakeholders* importantes para o projeto.
- ▶ Usar macroatividades recorrentes como fontes de informação acerca do comportamento dos *stakeholders* e nível de adesão à mudança.
- ▶ Aplicar técnicas para reduzir ações de antagonistas:
  - Induzir protagonismo.
  - Aplicar táticas persuasivas.
  - Aplicar medidas extremas.

3. O CMO – *Change Management Office*

3.1. Transformando a estratégia em resultados

Muitas empresas investem tempo valioso do *top management* desenvolvendo planos estratégicos, mas poucas são as que realmente conseguem executá-los adequadamente. Segundo Chris Zook e James Allen ("Profit from the Core", 2010), sete de cada oito empresas, em uma amostra global com quase duas mil organizações de grande porte, não foram bem-sucedidas no aumento de sua lucratividade, como planejado através das iniciativas estratégicas.

Na visão de Robert S. Kaplan e David P. Norton, os criadores do BSC – *Balanced Scorecard*, o problema está relacionado ao *gap* entre formulação e execução da estratégia. Suas pesquisas mostram que em média 95% dos colaboradores de uma organização desconhecem a estratégia, o que dificulta em muito sua implantação. E mais: em 67% das organizações, os gerentes de RH e TI desenvolvem atividades sem qualquer alinhamento com o planejamento estratégico. As bonificações dos colaboradores em mais de 90% dos casos não tem nenhuma conexão com o sucesso ou fracasso das iniciativas estratégicas.

Kaplan e Norton sugerem que a criação de um Escritório de Gestão da Estratégia (*Office of Strategy Management* – OSM) é uma boa prática para ampliar a eficácia na execução da estratégia.

Note que essa nova figura organizacional não é a mesma que articula o desenvolvimento do planejamento estratégico, mas, sim, um complemento focado na gestão da execução da estratégia, que envolverá processos, tecnologia e pessoas. Tudo isso implica no alinhamento de diversos departamentos, tais como RH, TI, PMO, Processos e Finanças. Este último precisa assegurar que o orçamento de cada departamento e unidade de negócio também estará alinhado com a estratégia corporativa.

Quando falamos de implantação de estratégia, estamos falando de mudanças, e é nesse contexto que se insere uma nova figura organizacional, o CMO – *Change Management Office*.

3.2. Conceito do CMO

O *Change Management Office*, ou Escritório de Gestão de Mudanças, é uma figura organizacional que vem ganhando força na medida em que a prática de gestão do fator humano em processos de mudanças se consolida como disciplina essencial para o sucesso das organizações.

Em poucas palavras, o CMO pode ser definido como uma área ou função da empresa que, interagindo com outras entidades ligadas ao planejamento e à execução da estratégia da organização, exerce o papel de apoiar o desenvolvimento da estratégia da organização e a priorização do portfólio de projetos, de gerir a metodologia, as boas práticas e as ferramentas e de planejar, conduzir, acompanhar e apoiar mudanças organizacionais.

A implantação de um CMO quase sempre resulta do amadurecimento da disciplina de Gestão de Mudanças Organizacionais em uma empresa. Em geral, as técnicas de Gestão de Mudanças começam a ser utilizadas por um departamento, frequentemente TI ou RH, e mais tarde, quando conseguem gerar valor percebido no resultado dos projetos, evolui para uma função mais abrangente, estabelecendo o CMO como uma área especializada, que pode chegar a cobrir todas as mudanças de uma organização.

Assim como o PMO (*Project Management Office*) o CMO apresenta diferentes níveis de maturidade e relevância nas organizações. Em boa parte das organizações a Gestão de Mudanças ainda se encontra em um nível primário de atuação operacional, a partir da etapa de Execução do projeto e com foco exclusivo em comunicação e treinamento.

Nas organizações que iniciam a estruturação de um CMO, este pode operar como uma pequena célula formada por poucas pessoas, em geral fazendo parte do PMO. Já nas organizações que alcançaram o nível de excelência em seu modelo de governança, o CMO é composto por estruturas que atuam diretamente ligadas aos mais altos níveis hierárquicos responsáveis pela definição e execução da estratégia corporativa. Nesses casos frequentemente encontramos uma área dedicada à articulação do planejamento dinâmico da estratégia e a gestão de sua execução. O CMO é explicitamente patrocinado pelo CEO e outros membros do *C-level*, e atua no planejamento estratégico, integrado com outras áreas da organização, tais como PMO, RH, TI, Processos e Finanças.

Apresentamos a seguir um quadro com os níveis de maturidade da Gestão de Mudanças em uma organização e suas principais características:

Nível de Maturidade	Características	Foco da Gestão de Mudanças
1. Primário	Típico das organizações onde o PMO não existe e a gestão de projetos está focada apenas em prazo, custo e escopo.	Quando a Gestão de Mudanças é aplicada, seu foco está limitado à comunicação e ao treinamento em um projeto específico, sem integração com a metodologia de gestão de projetos.
2. Operacional	Em geral existe em organizações que possuem PMOs departamentais, que atuam mais como controladores da execução dos projetos.	A Gestão de Mudanças é aplicada em alguns projetos. Ainda que com um papel operacional, já existe a consciência de sua necessidade também para avaliação de impactos organizacionais e técnicas básicas de gestão de *stakeholders*.
3. Orientado a padrões	Encontrada em organizações que, mesmo quando têm PMOs departamentais, aplicam uma metodologia padronizada. A atuação do PMO é também consultiva.	A Gestão de Mudanças segue um padrão e está integrada com a gestão de projetos. Alguns níveis de liderança entendem a relevância da gestão do fator humano para o sucesso dos projetos.

4. Gestão Tática	Organizações neste nível de maturidade, em geral, tem um PMO estruturado com atuação corporativa que inclui em sua metodologia a Gestão de Mudanças.	O CMO é constituído como parte da estrutura do PMO. Todos os projetos contam com patrocínio explícito de líderes. A Gestão de Mudanças atua no nível estratégico desde o planejamento do projeto.
5. Atuação Estratégica	O PMO é uma função integrada com a área de execução da estratégia. Sua função é assegurar a execução do portfólio de projetos visando alcançar objetivos estratégicos. PMO e CMO atuam de forma integrada para levar a organização à sua Visão do estado futuro.	O CMO aparece como figura organizacional no mesmo nível do PMO, ambos integrados com a área de execução da estratégia e com outras entidades, como RH, TI, Processos e Finanças. Sua missão envolve também prever a necessidade de projetos de mudanças para viabilizar a Visão do estado futuro da organização. O portfólio de projetos é priorizado e desenvolvido levando em conta impactos organizacionais avaliados no planejamento estratégico. O CMO tem atuação consultiva nos projetos.

3.2.1. O papel do CMO

O papel do CMO depende do nível de maturidade em que o tema Gestão de Mudanças se encontra na organização. Como vimos, a Gestão de Mudanças em uma organização pode variar de uma simples célula operacional até uma área – o CMO – com papel tático e estratégico.

As organizações que apresentam alto nível de maturidade em seu modelo de governança pensam não só na estratégia, mas também no planejamento para executá-la. O fator humano e a cultura organizacional são fatores que também são levados em conta como parte da modelagem que levará a empresa a um patamar competitivo diferenciado, não só no futuro a curto prazo, mas em seu contínuo processo de transformação organizacional.

A sequência e a velocidade com que as mudanças serão implantadas são fatores considerados quando da tradução da estratégia no portfólio de projetos, a fim de que as pessoas não sejam sobrecarregadas pelo excessivo desconforto que essas mudanças podem causar.

Se por um lado vivemos em um mundo que exige cada vez mais mudanças, por outro, a execução das demandas estratégicas não pode ser comprometida por um corpo funcional que não seja capaz de absorvê-las e de fato incorporá-las.

Empresas que conseguem desenvolver um grande volume de mudanças em um curto espaço de tempo são aquelas que em alguma etapa anterior de sua abordagem estratégica definiram como prioridade formar uma "empresa resiliente", isto é, uma empresa com uma cultura organizacional, líderes e pessoas preparadas para conviver com mudanças contínuas.

Essas organizações respondem mais rapidamente às demandas do mercado, sem levar seu corpo funcional a uma situação de insegurança psíquica que amplie fatores de antagonismo às mudanças propostas. Sua capacidade de romper paradigmas não é fruto do acaso, mas, sim, de uma cultura que por sua vez foi articulada pelo planejamento estratégico para chegar nesse nível de maturidade organizacional.

A atuação do CMO junto ao processo de planejamento estratégico (e sua derivação em um portfólio de projetos) é um fator impulsionador das mudanças que precisa ser articulado com outras figuras organizacionais, tais como: Escritório de Gestão de Projetos (PMO), Escritório de Gestão de Processos, Finanças, TI, RH e equipe de execução do planejamento estratégico. Na figura a seguir apresentamos a estrutura de planejamento estratégico integrado da forma anteriormente descrita.

A atuação estratégica do CMO deve observar o *gap* entre o estado atual e o futuro do ponto de vista humano. Impactos preliminares poderão ser previstos, permitindo uma estimativa de esforço em termos de gestão das mudanças e a priorização das iniciativas estratégicas.

Em uma organização que define que sua estratégia de expansão será baseada em aquisições, por exemplo, a atuação do CMO deverá avaliar os impactos dessa decisão na empresa e em seu corpo funcional e articular projetos de preparação das lideranças para lidar com a fusão cultural que ocorre na sequência de uma aquisição. Da mesma forma, as áreas de processos, RH e TI precisarão retroalimentar o portfólio de projetos gerido pelo PMO com iniciativas de preparação da organização para o sucesso dessa nova estratégia. O processo orçamentário coordenado pela área de finanças deve estar em linha com todas essas iniciativas estratégicas.

O portfólio de programas e projetos precisa estar alinhado com a sentença que define a Visão da organização, ou seja, como ela deseja estar em um dado espaço de tempo. Para alcançar sua Visão a organização demandará diversas mudanças, algumas de alto impacto e outras de pequeno porte. Alguns elementos da cultura demandarão ajustes e outros precisarão ser substituídos ou inseridos para que a Visão seja alcançada e sustentada.

O CMO que faz uma gestão tática das mudanças já é um grande avanço para uma organização. Sua atuação, ainda que focada na execução dos projetos, endereça as questões humanas nas mudanças organizacionais e configura um diferencial para que os objetivos estratégicos que motivaram um investimento sejam alcançados.

Apresentamos a seguir a relação das atividades táticas e estratégicas que um CMO deve executar:

Atividades táticas

- ▶ Definir a metodologia de Gestão de Mudanças e integrá-la com a metodologia de gestão de projetos.
- ▶ Acompanhar a contínua evolução das técnicas, ferramentas e boas práticas de Gestão de Mudanças.
- ▶ Atuar como um disseminador das boas práticas e ferramentas de Gestão de Mudanças entre as lideranças da organização.
- ▶ Preparar líderes e corpo funcional para atuarem como agentes das mudanças.
- ▶ Prover equipe de gestores de mudanças para atuar nos projetos; muitos CMOs são pequenos e terceirizam a atividade de Gestão de Mudanças nos projetos para evitar custos fixos.
- ▶ Revisar e enriquecer o Plano Estratégico de Gestão de Mudanças dos projetos; em projetos prioritários, o CMO pode atuar diretamente na própria elaboração do plano.
- ▶ Fazer parte do processo de acompanhamento dos projetos junto ao PMO, avaliando as atividades de Gestão de Mudanças e prestando suporte direto aos projetos quando necessário.
- ▶ Atuar como um mentor do patrocinador, discutindo as situações críticas que demandam o envolvimento deste para ampliar o engajamento ou gerir conflitos.
- ▶ Gerir a etapa de sustentação das mudanças, acionando os recursos necessários para assegurar os ajustes demandados após o projeto entrar em produção. Reportar os resultados alcançados pelo projeto e o nível de consolidação da mudança à área de planejamento estratégico.

Atividades estratégicas

- ▶ Avaliar a Visão do estado futuro planejado para a organização e seu planejamento estratégico e sugerir projetos de preparação para as mudanças que serão necessárias.
- ▶ Participar de discussões promovidas pela área responsável pelo planejamento e pela execução da estratégia, avaliando desde o primeiro momento o impacto organizacional das iniciativas estratégicas.
- ▶ Participar da priorização do portfólio de projetos.
- ▶ Interagir com a área de RH para avaliar oportunidades proporcionadas pelos projetos visando reforçar ou inserir elementos na cultura organizacional através de cada projeto.
- ▶ Interagir com demais áreas implicadas na execução da estratégia – PMO, RH, TI, Processos e Finanças –, a fim de assegurar o alinhamento de todas as suas iniciativas com o planejamento da organização.
- ▶ Avaliar os impactos preliminares do portfólio de projetos, definindo prioridades e estimando a alocação de gerentes de mudanças e investimentos.

3.2.2. Onde estabelecer o CMO?

Mas, afinal, onde o CMO deve ser estabelecido? Algumas correntes de especialistas em Gestão de Mudanças defendem que o CMO deve estar ligado ao alto nível hierárquico das organizações por tratar-se de uma área fundamental para o desenvolvimento da estratégia. Outros entendem que o CMO deve fazer parte da área de RH por estar diretamente ligado ao engajamento nos processos de mudanças e nos reflexos que um projeto pode trazer na cultura organizacional. Há ainda correntes que defendem o estabelecimento do CMO na área de projetos, processos ou TI. Acreditamos que o caminho mais natural é o CMO nascer em um departamento e depois evoluir para uma posição ligada à execução da estratégia na estrutura organizacional.

Independentemente da posição em que o CMO será estabelecido, o importante é que ele compreenda seu papel consultivo e não de auditor ou interventor. Seu foco deve estar em trabalhar em harmonia com as diversas áreas que interagem com a execução do planejamento estratégico, para que este ajude a levar a organização à sua Visão planejada para o futuro.

Há alguns anos trabalhei com uma grande organização de atuação global, que havia constituído um CMO dirigido por um membro do topo da estrutura hierárquica. Essa organização crescia através de aquisições e desenvolvimento de novos negócios em uma velocidade incrível, dobrando seu faturamento em pouco mais de oito anos. Curiosamente, o CMO era visto pelo PMO não como um parceiro para enfrentar os desafios dos inúmeros projetos em curso, mas como um "corpo estranho", interventor, que mais atrapalhava do que ajudava. Certa vez um embate entre os gestores de projetos e os de mudanças levou a uma situação surreal. Tratava-se de um projeto de larga escala que afetaria boa parte da organização em diferentes localizações geográficas. Enquanto um defendia a realização do *kick-off* do projeto centralizado, outro não abria mão de um *kick-off* regional para cada grande centro onde a organização atuava. Por mais incrível que possa parecer, após muita discussão, chegou o momento do projeto ser lançado e, por fim, este contou com dois *kick-offs*, um com a equipe de gestão de projetos e outro com a equipe de Gestão de Mudanças.

Eis um bom exemplo de como a falta de integração entre as diversas áreas que atuam nos projetos de mudanças pode ser um fator de risco e não de valor agregado. Nossa experiência em projetos de organizações de todos os portes, em diferentes culturas, nos faz crer que outros dois fatores influem na criação e evolução do CMO em uma organização:

a. O posicionamento do RH

>Organizações cujo RH ainda tem um papel meramente tático e operacional tendem a ter mais dificuldade de sensibilizar o *top management* a respeito da necessidade das mudanças serem orquestradas. Em muitos casos, o RH sequer percebe a importância da Gestão de Mudanças Organizacionais, o que dificulta muito a implantação do CMO. Nessas organizações a cultura não costuma ser planejada e orquestrada por iniciativas do RH. A cultura organizacional é apenas um reflexo do conjunto de crenças, valores praticados, mitos, estilo de liderança e modelos de gestão de pessoas, sem que esses elementos tenham sido pensados e implantados de forma consciente.

>Quando o RH desenvolve um papel estratégico na organização, ele não só estimula o desenvolvimento da prática de Gestão de Mudanças,

como, em alguns casos, institui o CMO como parte de sua estrutura organizacional. Nos casos em que o CMO está diretamente ligado à área de planejamento estratégico, o RH interage com o CMO e o PMO para, a partir da estratégia, incluir programas e projetos no portfólio ou aproveitar as oportunidades trazidas por outras iniciativas com a finalidade de orquestrar a evolução da cultura organizacional.

b. O nível de maturidade do PMO e da gestão da estratégia

Organizações que ainda tratam o PMO como uma função operacional e controladora da execução dos projetos também raramente contam com um CMO. Quando contam, esta é, na verdade, uma função ou um pequeno departamento dentro de uma área de negócio ou do próprio PMO, que atua apenas em um ou outro projeto, sem aproveitá-lo para a evolução da cultura organizacional.

Já aquelas que entendem que uma estratégia deve ser executada transformando as diferentes iniciativas em um portfólio de programas e projetos, cuja execução precisa ser gerida por um PMO corporativo, percebem com mais facilidade a importância de se ter um CMO como um catalisador de esforços relacionados ao fator humano nas mudanças demandadas pela própria estratégia. Em geral, cada empreitada é usada também para reforçar ou implantar elementos da cultura organizacional desejada. A taxa de sucesso nos projetos, em relação ao cumprimento de seus objetivos estratégicos, é maior e por consequência a organização é mais competitiva, lucrativa e longeva.

O melhor posicionamento que o CMO pode ter na estrutura organizacional é aquele que preserva a integração com o PMO, RH, TI e áreas de Processos e Finanças, atuando diretamente na execução da estratégia da empresa.

Apresentamos a seguir duas alternativas que nos parecem ser adequadas para posicionamento do CMO na estrutura organizacional e suas principais características. Cabe lembrar que esses são apenas dois exemplos de estrutura. Diversos outros podem ser aplicados. A melhor será a que se encaixar na cultura da empresa, gerando integração e cooperação entre as áreas responsáveis por implantar o portfólio de projetos, assegurando a execução da estratégia corporativa.

a. Neste modelo, o CMO ocupa uma posição ligada diretamente à área que articula o planejamento e faz a gestão da execução da estratégia. A equipe de gestores de mudanças opera como parte da equipe dos projetos, respondendo ao seu gerente e matricialmente ao CMO. As áreas de RH, Processos e Finanças podem ou não ter representantes nessa mesma estrutura. Se tiverem, o trabalho terá maior sinergia. Caso não tenham, é preciso que se instalem rituais de integração para que a transformação organizacional ande de forma estruturada, em harmonia entre todas essas posições da estrutura organizacional. A figura a seguir representa o modelo mais evoluído dessa abordagem. Além do PMO e do CMO fazerem parte da área que articula o planejamento e executa a gestão da estratégia (*Office of Strategy Management*), também as áreas de RH, TI, Processos e Finanças contam com representantes nesta estrutura. Note que, salvo o PMO e o CMO, não necessariamente todas as áreas citadas necessitam responder hierarquicamente ao *Office of Strategy Management*, mas, sim, terem representantes que interajam com essa figura organizacional.

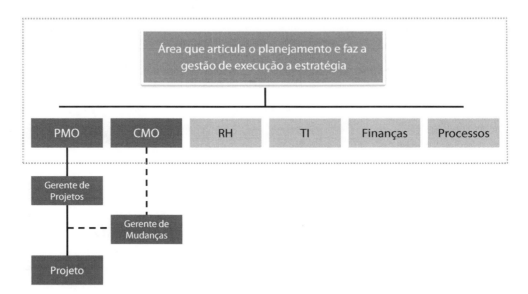

b. Neste modelo, a área que articula o planejamento e executa a estratégia está mais distante do PMO e do CMO. O CMO está posicionado dentro da área de RH, enquanto o PMO faz parte da área de TI (poderia ser na área de processos ou outra qualquer). Ambos possivelmente terão uma abordagem mais tática do que estratégica. Na imagem a seguir podemos ver um modelo que, mesmo tendo o CMO e o PMO em áreas distintas, pressupõe a atuação da equipe de Gestão de Mudanças respondendo ao gerente de projetos e matricialmente ao CMO. Um efeito comum da segregação entre CMO e PMO é uma subversão deste modelo, colocando os gestores de mudanças no mesmo nível hierárquico dos gerentes de projeto. Este é um cenário de conflito potencial entre essas áreas e de disputas que por vezes mais atrapalham do que ajudam a alcançar os objetivos estratégicos de um projeto. Neste modelo, quase sempre a interação com a área de Finanças fica restrita à área responsável pela estratégia e não há interação com o CMO, PMO, RH, TI e Processos na execução do portfólio de projetos.

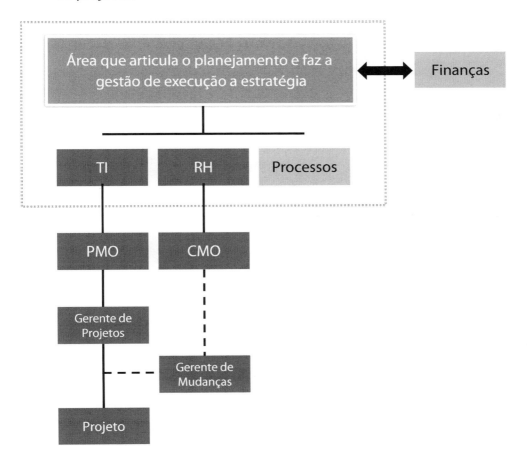

3.3. Implantar um CMO é um projeto e demanda Gestão de Mudanças

A implantação de um CMO é um projeto que introduz um novo elemento na estrutura organizacional. O projeto deve ser desenvolvido como uma mudança e considerar os reflexos no fator humano como questões ligadas a poder, *status*, desconforto com o novo etc. Além disso, se a disciplina de gestão das mudanças ainda não fizer parte da cultura da organização, o desafio será ainda maior, pois a abordagem de gestão de projetos também será impactada. Estruture a implantação do CMO como um projeto que passará por todas as etapas típicas do planejamento até a entrada em produção, o que certamente demandará sustentação para que a mudança se consolide.

Entretanto, como todo projeto, este também apresenta características peculiares. As atividades de Planejamento Estratégico de Gestão de Mudanças devem levar em conta fatores como:

- a. Nível de maturidade da disciplina de Gestão de Mudanças na organização e seu histórico de atuação em projetos.
- b. Nível de maturidade do PMO.
- c. Modelo de atuação do RH – Estratégico X Tático/Operacional.
- d. Nível de maturidade do processo de planejamento e execução da estratégia.
- e. Percepção do *top management* em relação à relevância da Gestão de Mudanças para que os objetivos estratégicos sejam alcançados.
- f. Histórico de mudanças da organização e cultura organizacional.
- g. Apoio do *C-level* para a implantação do CMO.

Sendo a situação favorável, com todas essas variáveis demonstrando alta maturidade, implantar o CMO será um movimento natural, visto como uma evolução da Gestão de Mudanças na organização.

Entretanto, se o ambiente não for tão favorável, desenvolva e articule o CMO como parte de um processo de evolução do modelo de governança da organização. Planeje sua implantação em etapas junto às demais entidades envolvidas.

Não dá para sair de um nível de maturidade muito baixo para a excelência pulando etapas. Chegar a um CMO com atuação estratégica é parte de um plano estruturado que demandará tempo e paciência, capacidade de persuasão, engajamento de diversos *stakeholders* e patrocínio da alta direção. Lembre-se: essa é uma mudança cultural de alto impacto que tocará em paradigmas sensíveis e questões como poder e *status*.

Se você imprimir uma velocidade de mudança muito alta, passando de uma etapa para outra antes que ela se consolide na cultura organizacional, ficará exposto, como alguém que está criando uma situação de desconforto para outros *stakeholders*, que na verdade você precisa conquistar. Lembre-se: o cavalo árabe é ligeiro e esguio, mas o camelo marcha noite e dia.

A seguir apresentamos uma relação de atividades que ajudarão a planejar a evolução da área de Gestão de Mudanças até que se chegue ao CMO com atuação estratégica:

> ▶ Integrar a abordagem de Gestão de Mudanças com a metodologia de gestão de projetos
> ▶ Desenvolver laços de confiança com a equipe de projetos e PMO; atue de forma integrada. Faça com que o vejam como um parceiro que faz parte da equipe de gestão de projetos, e não um competidor
> ▶ Definir fronteiras de atuação da Gestão de Mudanças com a área de Desenvolvimento Organizacional e RH para evitar conflitos de atuação
> ▶ Disseminar práticas de Gestão de Mudanças, treinando gerentes de projeto e profissionais de processos, RH e TI
> ▶ Estabelecer a Visão do futuro da gestão de mudanças na organização e planejar sua evolução contínua
> ▶ Buscar um patrocinador com alta influência na organização
> ▶ Definir indicadores que permitam o acompanhamento da evolução da Gestão de Mudanças na organização e comunicá-los
> ▶ Ampliar a atuação da Gestão de Mudanças de níveis de maturidade mais baixos para o nível de maturidade 3. Orientado a padrões; mesmo para essa evolução você precisará de patrocínio de áreas como RH, TI e/ou PMO. Se possível, busque apoio da área de planejamento estratégico

- ▶ Sensibilizar as lideranças para a necessidade de evolução do modelo de governança, incluindo planejamento e execução da estratégia, para que a organização seja mais eficaz na implantação de seus objetivos estratégicos
- ▶ Articular a evolução conjunta das áreas que, em um novo modelo de governança, atuarão integradas para apoiar o planejamento e a execução da estratégia – PMO, CMO, RH, TI, Processos e Finanças
- ▶ Usar *benchmarks* de fontes independentes para mostrar o valor do CMO para o negócio. Evite usar estudos de consultorias especializadas. Estes, mesmo que não sejam, podem ser interpretados como tendenciosos. Isso afetará a credibilidade de sua venda, e reverter esse quadro não será nada fácil

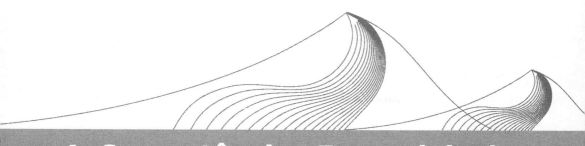

4. Competências Essenciais dos Líderes de Mudanças

> *Liderança é a atividade de influenciar pessoas, fazendo-as empenhar-se voluntariamente em objetivos de grupo.*
> **George R. Terry**

A era da informação, do conhecimento, da velocidade e do "descartável" vem submetendo as pessoas a constantes mudanças. Esse contexto demanda o desenvolvimento de competências, antes não tão fundamentais, como flexibilidade e resiliência para adaptação contínua ao novo *status quo*. Essas competências são relevantes para todos, mas particularmente essenciais para os líderes.

Porém, pela natureza humana e sua complexidade, seus processos psicológicos, cognitivos e emocionais, há um tempo diferente de amadurecimento para cada indivíduo. O líder da mudança precisa compreender e desenvolver estratégias para lidar com a diferença no tempo de engajamento de cada indivíduo.

Um grupo de indivíduos não pressupõe um time, uma equipe de trabalho. Qualquer líder tem como responsabilidade formar equipes uníssonas. O desafio do líder de mudanças vai além: ele precisa manter a equipe coesa em um momento de transformação e muitas vezes de incertezas. O agente das mudanças é o profissional com competências para alinhar, inspirar, entusiasmar, motivar, comprometer e orientar as pessoas. Aquele que aponta a direção ajuda a criar um propósito, verifica o caminho, comunica o destino e o sentido da tarefa e das ações, equilibrando os projetos individuais com os coletivos. Trata-se de um catalisador capaz de acelerar os processos de mudanças organizacionais, promovendo o engajamento das pessoas e das equipes aos novos propósitos.

Quando se pensa em competências, devemos considerar o modelo CHA (RABAGLIO, 2008), onde o C, de Conhecimento, é o saber, que se refere ao aprendizado técnico adquirido no decorrer da vida, nas escolas, universidades, cursos etc. (domínio cognitivo), o H, de Habilidade, é o saber fazer, que é a capacidade de realizar determinada tarefa, física ou intelectual (domínio psicomotor), e o A, de Atitude, é o querer fazer, que diz respeito aos comportamentos que temos diante de situações do nosso cotidiano e das tarefas que desenvolvemos no nosso dia a dia (domínio afetivo). Está muito ligado à motivação intrínseca e à inteligência emocional.

Permitimo-nos ampliar o modelo CHA para CHASE, onde o S, de Sentido, seria o saber por que fazer, a capacidade de refletir e identificar o senso de propósito (domínio criativo/reflexivo) e o E, de Energia, é a competência em inspirar e promover uma vibração contagiante na equipe.

O que se vive nos dias de hoje é o estado de impermanência, e para esse contexto é necessário que os gestores e líderes ajam como maestros, não "conSertando" pessoas, mas sim "conCertando" com as pessoas, comunicando e indicando qual será a música a ser desenvolvida, qual o público que assistirá ao show e quais os instrumentos que cada um tocará. Esse é o verdadeiro e indispensável líder de mudanças de que todas as empresas contemporâneas necessitam.

Perfil e Competências do Gestor de Mudanças
4.1. Sensibilidade aos fatores humanos e perspicácia para desvendá-los; atitude empática
4.2. Capacidade de atuar como facilitador, inspirador e incentivador dos esforços da equipe
4.3. Foco em resultados, metas e produtividade
4.4. Habilidade de planejamento, negociação e visão estratégica
4.5. Gestão de conflitos, crises e oportunidades
4.6. Criatividade, questionamento, ousadia e disposição para quebrar paradigmas
4.7. Comunicação transparente e eficaz; ser bom ouvinte
4.8. Transparência, credibilidade e integridade

4.1. Sensibilidade aos fatores humanos e perspicácia para desvendá-los; atitude empática

De todas as competências de um gestor de mudanças esta é a mais importante. Não à toa, denominamos a metodologia aqui apresentada como Gestão de Mudanças Humanas. Afinal, é o ser humano, com toda a sua complexidade, o personagem principal envolvido em uma mudança. São suas reações, seus humores, suas motivações, seus comportamentos e seu engajamento que determinarão sua colaboração positiva ou não com a mudança. Um bom gestor de mudanças é, sobretudo, uma pessoa perspicaz, com a sensibilidade que lhe permite compreender o que não é claramente expressado, o que está oculto no lado mais aparente de uma atitude (Nilton Bonder – o Segredo Judaico de Resolução de Problemas – 1995), um observador sagaz o suficiente para ler nos olhos de cada pessoa seu estado de espírito em relação ao momento do projeto, compreender os fatores que influenciam comportamentos e encontrar soluções para situações que em geral são mais psicológicas do que lógicas. Ter a capacidade de se colocar no lugar do outro, de compreender os sentimentos e as emoções a partir da perspectiva alheia, ou, em outras palavras, ter atitude empática, é um elemento essencial para o gestor de mudanças de alto desempenho.

4.2. Capacidade de atuar como facilitador, inspirador e incentivador dos esforços da equipe

O gestor de mudanças deve ser o líder inspirador, capaz de transmitir o propósito da mudança e levar as pessoas a encontrar sua motivação para o engajamento. Um incentivador capaz de reverter visões pessimistas e quadros aparentemente negativos em positivos, um facilitador para atuar conciliando os interesses dos diversos *stakeholders* que estão em jogo. Por vezes, um pacificador capaz de refletir sobre as múltiplas dimensões de uma questão e atuar junto à equipe de gestão do projeto, sejam elas do fornecedor ou do cliente, para que as questões humanas não estejam acima do propósito do projeto, mas conciliadas com este.

4.3. Foco em resultados, metas e produtividade

Um projeto nasce com um objetivo, e, ainda que lide com o fator humano, o compromisso principal do gestor de mudanças é com os resultados, as metas e a produtividade. A Gestão de Mudanças é a disciplina que potencializa o resultado dos projetos através dos fatores humanos, ao mesmo tempo influenciando a evolução da cultura para uma organização que cresce e se desenvolve pelo aprendizado contínuo. Essas são suas razões de existir. O gestor de mudanças não é um bom amigo que participa de uma mudança para passar a mão na cabeça das pessoas. Muitas vezes, o foco no resultado demandará do gestor de mudanças decisões difíceis como substituir ou mesmo sugerir o desligamento de antagonistas vorazes que, mesmo com todas as técnicas aplicadas, insistem em resistir ou boicotar as mudanças, impedindo o desenvolvimento da organização.

4.4. Habilidade de planejamento, negociação e visão estratégica

A etapa mais delicada de uma mudança é seu planejamento. Seus reflexos serão sentidos por todo o projeto, daí a importância do pensamento estratégico e da capacidade de planejar. Um planejamento bem realizado pode ampliar tremendamente o engajamento da equipe e reduzir resistências, criando um propósito claro, lógico e transparente para os *stakeholders*. Ainda assim, a dinâmica de um projeto de mudanças demandará diversas negociações, uma vez que fatores imprevistos inevitavelmente surgirão. Mesmo metas como prazo e equipe a ser alocada ao projeto, por exemplo, exigirão capacidade de negociação com os *stakeholders* e por vezes com o próprio patrocinador do projeto. Sua capacidade de encontrar os argumentos necessários capazes de persuadir os interlocutores será a base de uma negociação justa que leve a ganhos, conciliando os diversos interesses em jogo. A visão estratégica é a habilidade que permite a um gestor de mudanças compreender os diversos cenários e, antes de ajudar a desenhar um propósito, entender a estratégia maior que está por trás do objetivo a ser perseguido. Essa visão estratégica de um projeto influenciará diversas atividades, como a gestão de comunicação, sua capacidade de atuar como facilitador, gestor de conflitos, inspirador, incentivador e a manter o foco em resultados, por exemplo.

4.5. Gestão de conflitos, crises e oportunidades

Os conflitos e crises são inerentes a qualquer processo de mudança. A habilidade de antecipar-se a estes e transformá-los em oportunidades é uma competência que influencia o clima do projeto, ampliando consideravelmente a chance de sucesso. O gestor de mudanças precisa ser sagaz para lidar com essas adversidades e ter a capacidade de compreender as diversas perspectivas que levam a um conflito ou crise para poder geri-los. Ser capaz de isolar a natureza lógica da psicológica de um conflito e criar estratégias para resolvê-lo. Por trás das crises e conflitos há sempre uma oportunidade de aprendizado ou melhoria, seja em um processo, em uma regra de negócio ou mesmo no comportamento humano.

4.6. Criatividade, questionamento, ousadia e disposição para quebrar paradigmas

A criatividade é uma competência que apoia o gestor de mudanças em toda sua atuação. Permite que este encontre alternativas em momentos onde questões parecem sem solução. Uma pessoa criativa é naturalmente questionadora e transgressora. Só assim consegue pensar diferente, buscar o inusitado. Seu pensamento predominante diante dos paradigmas não é o "por quê?", mas, sim, o "por que não?". Sua marca evidente é o baixo apego ao passado, gestão no presente para construir o futuro. Ele não tenta inferir o futuro, mas, sim, criá-lo. Só assim consegue compreender momentos em que velhos hábitos mantêm a organização presa aos seus paradigmas e estimular a equipe a pensar diferente, rompendo com as práticas tradicionais.

4.7. Comunicação transparente e eficaz; ser bom ouvinte

O esforço de planejamento e a adaptação dinâmica da comunicação é uma qualidade essencial para promover o engajamento da equipe. Não basta ter um ótimo propósito, é preciso comunicá-lo de forma eficiente. Manter a equipe coesa passa em muito por mantê-la bem informada, ajustando as expectativas de forma transparente e objetiva. É preciso ter clara visão do quê e como comunicar. Definir os momentos em que a comunicação pode ser direta em massa ou individual para ser persuasiva. Como comunicação pressupõe uma via de duas mãos, o gestor de mudanças precisa ser bom ouvinte e ser percebido como bom ouvinte. De forma inteligente, deve criar os canais e elos afetivos para que as pessoas se sintam à vontade para procurá-lo e expressar suas emoções. Sua sensibilidade quanto à necessidade de criar uma voz ativa para o time deve levá-lo a construir os canais formais e informais de *feedback* que precisam estar presentes em todas as comunicações.

4.8. Transparência, credibilidade e integridade

A transparência está diretamente ligada à coerência entre discurso e atitudes. Há um momento certo para que cada detalhe da mudança seja revelado. Perder o tempo desse momento elimina a percepção de transparência do gestor de mudanças. Em muitas ocasiões ser transparente é deixar claro que tal assunto ainda não pode ser abordado. A base da credibilidade está na geração de expectativas que possam ser cumpridas. Um líder de mudanças sem credibilidade não é capaz de apresentar um propósito sem gerar desconfiança nas pessoas, menos ainda de gerar engajamento neste propósito. A credibilidade é construída por um comportamento íntegro e ético, justo e igual com todos. Mesmo quando este tiver que tomar decisões impopulares, se sua credibilidade tiver sido construída em bases sólidas, a confiança da equipe no gestor da mudança e sua credibilidade não serão abaladas. Vale lembrar que construir uma reputação de integridade para promover a credibilidade junto à equipe é um processo lento e gradual. Porém, para destruí-la, basta uma ação incoerente com seu discurso. O efeito é imediato e a reconstrução da credibilidade, um longo caminho a ser percorrido.

5. Um Caso de Sucesso

O contexto

A gestão de mudanças muitas vezes é o fator determinante do sucesso ou fracasso de um projeto. Não é exagero dizer que muitos são projetos de mudanças, através de novos processos ou componentes tecnológicos, e não projetos de sistemas ou redesenho de processos, que precisam de gestão de mudanças.

O projeto em questão deveria ser apenas a implantação de um novo sistema comercial em conjunto com o *upgrade* de um ERP. Entretanto, o legado da implantação, realizada quatro anos antes, era tão negativo que a melhor alternativa parecia ser começar tudo do zero. Conduzir o projeto como se fosse uma nova implantação.

O projeto anterior fora tão conturbado que a gerente contratada para conduzi-lo encerrou sua participação prematuramente, deixando a empresa. O estresse fora demasiado, demandando incontáveis horas extras, inclusive nos finais de semana, atrasos e um orçamento pelo menos duas vezes maior do que o previsto. Os usuários estavam frustrados com o resultado, a área de Tecnologia estava atormentada com o legado que tinha herdado, o fornecedor desconfortável com as customizações que haviam dilacerado o produto original e a diretoria descrente da solução e dos reflexos no negócio.

O sistema passou a ser a desculpa de ouro para todos os fracassos da organização. O patinho feio comentado até por quem não interagia com o sistema. Um inferno dantesco é a figura de linguagem que melhor definia a situação.

Apesar disso, esse ERP era o coração da empresa, uma vez que, além de processar as transações tradicionais do *Back Office*, estendia-se com módulos específicos para toda a área comercial. Em resumo, processava 100% das receitas e despesas da organização. O cenário era tão negativo que até o gerente do novo projeto, quando foi escolhido, viu na empreitada o fim de sua carreira na empresa.

O desafio envolveria 116 pessoas entre equipe interna e fornecedores, 19 executivos, sendo quatro *full time*, 15 meses de projeto, 1.030 usuários, 210 mil horas de trabalho e um cronograma de mais de oito mil linhas. Pelo menos metade dos executivos envolvidos era contra o projeto e via nele a oportunidade de justificar suas metas departamentais não atingidas.

A situação era tão grave que cada membro designado para o projeto sentia-se desmotivado, como um boi que segue ao matadouro. No ar pairava uma percepção dos fantasmas e traumas da primeira implantação.

O clima era de individualismo departamental, cada qual querendo resolver todos os seus problemas e ajustar o sistema às suas necessidades e não seus processos aos propostos pelo sistema.

O relacionamento com os fornecedores era o pior possível, não havia confiança mútua e por vezes descambava para acusações de ambos os lados.

Para piorar a situação, um dos diretores, responsável por quatro departamentos diretamente envolvidos no projeto, estava prestes a se aposentar, o que criou uma verdadeira luta pela hegemonia dentre os executivos que almejavam substituí-lo. Um deles era o gerente do projeto, e seu sucesso na empreitada poderia representar um posicionamento positivo como sucessor. Isso só favorecia posições individuais de seus pares como verdadeiros boicotadores velados do projeto.

A empresa toda questionava se o melhor não seria abandonar este ERP e migrar para um novo modelo de arquitetura de sistemas. O primeiro passo para o sucesso foi a habilidade de um diretor em desenvolver uma estratégia e convencer os demais diretores para a decisão ser tomada de forma participativa, envolvendo todos os *stakeholders* principais – os executivos responsáveis pelas áreas afetadas pela mudança.

Os desafios e as medidas adotadas

As alternativas e a estratégia de decisão da nova arquitetura de sistemas a ser adotada

Para que a solução escolhida tivesse legitimidade e não pudesse ser questionada posteriormente, uma consultoria foi contratada para avaliar as diversas soluções possíveis, passando por cenários como: desenvolvimento de um sistema customizado, integração de "sistemas pacotes" especializados na área comercial como satélites ao ERP ou reimplantação do ERP atual com uma nova versão que trazia significativas melhorias, inclusive em seus módulos da área comercial – principal *stakeholder* do projeto.

Quatro dimensões foram avaliadas: custo, benefício, oportunidade e risco. O estudo contou com intensa participação dos *stakeholders* líderes das áreas de negócio e TI, apontando como melhor alternativa a reimplantação do ERP e a adesão às novas funcionalidades apresentadas.

Essa abordagem, além de ter impregnado a decisão com o DNA de todas as lideranças afetadas pela mudança, criou uma justificativa racional, dando transparência ao processo decisório. Ao mesmo tempo, ao descartarem-se as demais opções, estas foram definitivamente excluídas, eliminando a possibilidade de ressurgirem como fantasmas a perseguir o projeto diante das primeiras dificuldades.

O patrocínio

O patrocinador do projeto foi o presidente da empresa, que ficou responsável por apresentar o processo decisório e a justificativa racional do projeto para todos os demais *stakeholders*. Além de comprometer o patrocinador com o propósito do projeto, essa abordagem exigiu um grande esforço de sua parte em diversas apresentações, inclusive para acionistas e a equipe do projeto.

Um diretor executivo foi designado para gerir o Comitê Diretor, facilitando a gestão de conflitos, boicotes e resistências. O patrocínio foi incondicional desde o primeiro momento, ajudando a mitigar resistências e ampliar o engajamento de boa parte da equipe.

A construção de propósito, objetivo, metas e identidade do projeto

Atuando em um mercado altamente competitivo e pressionado por novos entrantes e forças substitutas, o propósito do projeto foi construído com base em três pilares da visão e objetivos estratégicos da empresa:

Eficiência	A base para gestão dos custos e competitividade através de processos de negócio embasados nas melhores práticas e em inovações
Cultura organizacional	Clima voltado para a excelência nas relações interpessoais, com sólidas parcerias com *stakeholders* externos
Tecnologia	Elemento motriz da eficiência, estrutural para uma gestão orientada por informações confiáveis em tempo real e viabilizador de novos negócios

Para fortalecer este propósito, a identidade do projeto foi construída usando-se a imagem de um *pit-stop* de uma corrida de carros. Uma parada rápida para que os ajustes necessários permitissem maior competitividade e a arrancada para a excelência.

As metas traçadas incluíam a gestão da demanda por customizações sustentada pelo slogan "não querer de menos, mas não pedir demais". Estímulo à racionalização do limite do que seria alterado no sistema original, mas com foco no desenvolvimento de inovações que representassem diferenciais competitivos.

Para fortalecer o clima do projeto e integrar as pessoas oriundas de diferentes culturas – fornecedores da Alemanha, da Itália, dos Estados Unidos, e do Brasil, vindos do Rio e de São Paulo, além de funcionários da empresa de todas as áreas de negócio –, uma abordagem lúdica foi utilizada: o desafio do frescobol.

O frescobol é um esporte criado no Rio de Janeiro, na década de 50, cuja principal característica é a colaboração. Os jogadores não lutam para derrotar os demais. Pelo contrário, o esforço comum é para manter a bola no ar o maior tempo possível. Quando um jogador erra e passa uma bola ruim, o outro se esforça ao máximo para devolver uma bola boa. Quando a bola não é alcançada, quem errou pede desculpas enquanto o outro busca a bola para recolocá-la em jogo.

As duplas de jogadores foram formadas por pessoas que não se conheciam. Uma sala foi reservada exclusivamente para a prática do frescobol. O desafio era que cada dupla desenvolvesse ao longo da etapa de desenho conceitual do projeto, os três meses iniciais da fase de execução, a habilidade de bater pelo menos vinte bolas. Entretanto, o desafio era coletivo. Uma equipe hábil poderia creditar suas bolas extras, acima da meta de vinte bolas batidas, em favor de todos. Da mesma forma, uma dupla malsucedida, que batesse menos que as vinte bolas da meta, lançaria um débito na meta coletiva.

Na data estabelecida, as duplas se apresentaram, em um clima de grande vibração. Já quase no final, a média de bolas batidas estava em torno de 19 por dupla. Um número sensacional, se considerarmos que muitos sequer haviam ouvido falar do frescobol antes do projeto. Entretanto, esse número era insuficiente para a meta desejada. Durante um teste preliminar, várias duplas haviam batido sessenta, oitenta bolas, mas, na pressão daquele momento, nenhuma dupla havia superado quarenta bolas.

Não atingir a meta do desafio poderia transformar um elemento lúdico criado para impulsionar a vibração em negativismo. Uma sensação abstrata de "começamos mal".

Chega então a vez da última dupla, formada por membros recém-chegados ao projeto. Como eles não tiveram muito tempo de treinamento, ninguém ousaria apostar na capacidade daqueles dois de bater suas vinte bolas e ainda compensar um débito de cerca de cinquenta bolas para que a meta da equipe fosse atingida. A cada batida, a equipe inteira do projeto, postada ao redor dos dois jogadores, contava em voz alta o total de bolas. E qual não foi a surpresa geral quando eles atingiram 129 bolas batidas, superando o desafio proposto.

Naquele momento a equipe de projeto começou a entender a força da complementaridade, que marcaria o projeto. Ninguém é completo sozinho, mas unido em torno de um propósito, cada um dando o melhor de si, qualquer deficiência individual poderia ser compensada pelo trabalho em equipe.

A atitude frescobol representava metaforicamente o comportamento que se esperava das pessoas no projeto: cooperação acima de tudo. Compreensão com as bolas mal passadas e humildade para pedir desculpas e sustentar um clima positivo. Por diversas vezes no projeto, em momentos de conflito, a expressão "vamos jogar frescobol" foi utilizada.

O mapeamento dos *stakeholders*

O mapeamento dos *stakeholders* mostrou que, mesmo tendo participado da decisão, muitos viam o projeto com desconfiança. Um foi classificado como boicotador aberto. Suas motivações não eram tanto contra o novo sistema, mas principalmente contra os reflexos que o sucesso da empreitada poderia trazer à imagem do gerente do projeto. Outro, mais sagaz, atuava como um boicotador velado. Os demais caíam na qualificação de instáveis e prováveis resistentes. Sua adesão se daria na última hora, dependendo do rumo do projeto e principalmente do desempenho de suas áreas de negócio. Nenhum gestor das áreas de negócio envolvidas foi classificado como vendedor, apesar de todos apresentarem um discurso de engajamento perante a diretoria da empresa. Suas atitudes denunciavam seu verdadeiro posicionamento.

Um cenário desanimador, mas também desafiador, que demandaria muita perspicácia do gestor do projeto para lidar com essa situação. Essa aparente ameaça, na verdade, foi encarada como uma ótima oportunidade para a equipe de gestão do projeto demonstrar habilidade para lidar com a adversidade e diferenças, no caso do projeto ser bem-sucedido.

Apesar da aparente adesão, no fundo, o Comitê Diretor do projeto sabia que encontraria muita resistência e boicotes na jornada que se seguiria.

As características da cultura organizacional e seus reflexos na mudança

A cultura organizacional era de disputas constantes e fragmentações departamentais. O ônus da prova cabia sempre ao acusado, nunca ao acusador. As discussões não conduziam ao aprendizado e melhorias contínuas, mas à pecha de "talento magnífico" ou "líder incompetente". Dados tinham pouca relevância, bastava a intuição de um líder e frases de efeito para que crenças fossem instaladas. As aparências valiam mais do que os fatos. Com essas características culturais, o projeto apresentava forte risco de servir de muleta para qualquer problema que pudesse expor um departamento.

A área comercial estabeleceu como meta no projeto manter 90% da carteira de clientes, assumindo que perderia pelo menos 10% dela. Qualquer solução que levasse a uma queda de 5% na carteira teria sido um imenso mérito, fruto de uma mobilização tremenda para retenção dos clientes.

O Financeiro também previu suas perdas. Curiosamente, um projeto para evolução do negócio gerou várias metas negativas. Dessa forma, o simples fato de nenhum impacto advir do projeto seria visto como um excelente trabalho das áreas de negócio.

Como a cultura de gestão era de informalidade e intuição, bastava a palavra do líder da área de negócio para que essas metas fossem aceitas, sem que nenhum fundamento concreto fosse apresentado.

Adequação do ambiente físico

Manter todos os participantes do projeto atuando em um mesmo espaço físico era imprescindível. Entretanto, não havia na empresa nenhuma área livre capaz de abrigar mais de cem pessoas, a não ser um antigo prédio industrial, com aspecto de fábrica abandonada.

Como usar um local tão conectado com o passado da organização como área de inspiração para a construção do futuro?

Uma solução bastante criativa foi adotada. Um cenógrafo foi contratado para criar uma estrutura que nada lembrasse o passado. A enorme área industrial foi remodelada com tapumes que mais lembravam as paredes de uma galeria de arte. Os canos expostos, típicos de uma instalação industrial, foram pintados com cores diversas, criando uma atmosfera colorida e diferente. Quem chegava à área do projeto nem de longe reconhecia naquela estrutura reconfigurada a antiga instalação industrial. O ambiente físico tinha uma área interna bastante confortável e uma área externa onde aconteciam eventos, celebrações e momentos de reflexão. Como em uma cidade cenográfica, fora do alcance dos olhos dos participantes do projeto, por detrás dessa estrutura, podia-se perceber que aquele oásis inspirador estava encravado em meio a um panorama completamente diferente.

Seleção e desenvolvimento da equipe

Em boa parte, o sucesso do projeto dependeria da competência da equipe de negócio para encontrar as melhores alternativas de configuração do sistema. A competência técnica era, portanto, fundamental. Entretanto, esta não era a única necessária. Uma jornada longa de mais de um ano em um clima de tensão e expectativa demandava competências comportamentais igualmente relevantes. O critério de seleção da equipe tomou como base essas duas dimensões.

Em alguns casos excepcionais, quando se tinha uma pessoa com perfil técnico muito específico, mas que não tinha o perfil comportamental adequado, a solução era levar esta pessoa para o projeto, mas colocá-la discretamente sob a influência de um "mentor" que pudesse apoiá-la nas questões comportamentais. Os mentores foram escolhidos e preparados para essa função com muito zelo. Sua missão não seria fácil e, por diversas vezes, os próprios líderes da mudança tiveram que se envolver em atividades de *mentoring* destes profissionais com perfil comportamental mais complexo.

Uma ação importante foi desenvolver na equipe de projeto inteira uma melhor compreensão do que é um projeto, como este deve ser gerido do ponto de vista de prazo, custo, escopo, risco, qualidade, integração e clima, principalmente. A parte teórica deste treinamento começou a ser desenvolvida já no *kick-off*. O suporte contínuo de pessoas experientes na condução de projetos complementou a formação da equipe no aspecto prático.

Cabe aqui uma reflexão. Quantos projetos se preocupam em explicar o que é um projeto para suas equipes? Parece óbvio que todos saibam o que é um projeto, mas, se observarmos essa questão com um pouco mais de cuidado, perceberemos que raramente todos os participantes compreendem de fato todas as dimensões de gestão das atividades de um projeto. Essa equalização inicial no caso em questão foi um dos marcos relevantes, não só do ponto de vista operacional, mas também para elevar a compreensão, gerar oportunidade de aprendizado organizacional e motivar a equipe.

Maturidade para lidar com perdas

O novo sistema viria substituir um sistema considerado o problema original de todas as dificuldades de negócio da empresa. Dessa forma, o sistema em si não representava uma perda. A única exceção era um módulo especificamente desenhado para uma área de negócio que percebia na substituição do sistema uma ameaça às suas antigas práticas operacionais. A Gestão de Mudanças para essa área teve uma abordagem especial, tanto em atenção às pessoas como em acompanhamento direto das demandas de customização.

O mapeamento da maturidade para lidar com as perdas demonstrou, curiosamente, que a principal perda seria a desculpa de que um ou outro aspecto do negócio não ia bem por conta do sistema.

Um aspecto positivo que se encontrou foi uma parte da equipe, que era bastante jovem e sem conexão com o passado. Essa equipe sofria bastante com os problemas trazidos pelo sistema anterior e apresentava um forte desejo de mudança. Esse time funcionou como um elo entre os *stakeholders* diretamente ligados ao projeto com os demais que viriam a ser futuros usuários do sistema. Além disso, essas pessoas promoviam um clima de empolgação com a mudança e, de forma contagiante, foram conquistando novas funções no projeto e ampliando sua responsabilidade na mesma proporção que sua área de influência na motivação coletiva.

Os marcos da mudança

Como se tratava de um projeto de longa duração, diversos marcos da mudança foram estabelecidos. O primeiro, e talvez mais relevante, foi o *kick-off* que relataremos adiante. A sequência que se seguiu foi a seguinte:

Integração dos fornecedores	Com fornecedores de culturas muito diferentes, várias ações de integração foram planejadas, desde ações de integração social até visitas ao parque industrial e operação logística.
Encerramento do desenho conceitual	O final dessa etapa foi um marco importante na Gestão de Mudanças, pois a partir daí o grau de confiança da equipe na solução estaria definido. Um *workshop* de um dia foi aplicado, avaliando o andamento do projeto até então, criando um espaço para que as pessoas expressassem suas emoções e promovendo a hora da verdade no "desafio do frescobol".

Celebrações mensais	Mensalmente separava-se um momento para celebrações diversas, como aniversários, metas alcançadas, dia dos pais etc.
O dia do "nada"	Para aqueles que não eram pais nem mães, a maioria das pessoas no projeto, cuja média de idade era baixa, foi criado um dia especial. Uma celebração pelo simples fato de existirem e fazerem parte da equipe.
Prototipação	Ao final dessa etapa, as necessidades de customização do sistema estariam definidas. Como o limite de esforço e investimento em customização fora definido no planejamento do projeto, imaginava-se que este seria um momento de muita negociação, talvez com algumas frustrações a serem geridas. Daí a importância de se criar um evento específico para manter a vibração em alta apesar das circunstâncias.
Início dos testes	Etapa típica de tensão, onde naturalmente alguns problemas aparecem. Aliás, este é o propósito dessa etapa: descobrir o que precisa ser ajustado. Entretanto, muitos antagonistas a utilizam para gerar pânico na organização. Se o clima não fosse bem gerido, poderia haver uma contaminação coletiva de negatividade.
Preparação para implantação	O reforço do clima positivo foi fundamental nessa etapa, onde o estresse atingiu seu pico.
Decisão de implantação	A decisão de implantação é um momento que precisa gerar grande vibração na equipe, pois normalmente algum estresse ainda está à espreita. A técnica usada foi de decisão participativa e comunicação prioritária à equipe do projeto.
Celebração pós-implantação	Esse é o momento de celebrar e reconhecer o esforço coletivo e os destaques individuais. Nessa celebração, os familiares da equipe foram incluídos, pois estes, muitas vezes, ficaram sem seus entes queridos em finais de semana que demandaram horas extras de trabalho.

Preparação do centro de suporte ao novo sistema	O projeto terminaria, mas uma equipe de suporte permaneceria engajada em mantê-lo. Essa equipe precisava de entusiasmo e, principalmente, sentir-se honrada em ter uma missão tão relevante.
Acompanhamento regular da mudança	A sustentação da mudança demandou alguns marcos, particularmente em relação à comunicação dos resultados de negócio, possíveis somente a partir da implantação do novo sistema. Algumas variáveis como carteira de clientes, resultados comerciais e tempo de disponibilidade do sistema foram estabelecidas para servirem de parâmetro de mensuração do resultado do projeto, não só na pós-implantação, mas por um período de pelo menos um ano.

Planejamento e execução do *kick-off*

De maneira geral, o *kick-off* deve ser tratado como uma atividade de alta relevância em um projeto com mudanças complexas. Neste caso em particular, o *kick-off* seria ainda mais importante, considerando que os fantasmas da implantação anterior transferiam à empreitada uma atmosfera de ameaça, maior do que de oportunidade. Além disso, o clima de desconfiança e quase hostilidade com os fornecedores teria que ser revertido para promover o espírito de equipe.

O *kick-off* foi planejado para gerar alto engajamento e grande vibração na equipe, demonstrando a determinação do patrocinador, a importância estratégica do projeto para a organização, o processo decisório e a justificativa racional de promover a reimplantação do sistema em uma versão mais moderna.

Todos os líderes dos departamentos envolvidos, diretores, a equipe dos fornecedores, incluindo seus executivos de vendas e relacionamento, a equipe da empresa e outros consultores de diversas áreas participaram do evento, onde 100% dos *stakeholders* diretamente envolvidos no projeto e uma parcela significativa dos envolvidos indiretamente estiveram presentes.

Já no *kick-off*, o compromisso das lideranças com o futuro das pessoas que passariam mais de um ano dedicadas exclusivamente ao projeto foi assegurado. Esta era uma das maiores preocupações de quem seguia para o projeto, uma vez que suas posições seriam ocupadas por funcionários temporários durante sua ausência.

A expectativa da gestão do projeto era de que o *kick-off* não só desmistificasse o passado, como também gerasse um compromisso de todos com o sucesso da empreitada. Cada detalhe foi planejado para que isso acontecesse. Os pontos de dúvida e incerteza da equipe foram estudados, o clima avaliado e a resposta de cada questão que poderia surgir foi discutida antes mesmo que a pergunta fosse elaborada.

Um sítio em uma localidade bastante agradável foi alugado para a realização do evento, que tomou um dia inteiro, contando com as seguintes atividades:

Apresentação do patrocinador	A apresentação contou com uma introdução da importância estratégica do projeto para o futuro da organização, seguida dos detalhes do processo decisório participativo que levou à escolha da solução tecnológica em questão.
Apresentação do fornecedor	O fornecedor foi representado por um gerente local, mas apresentou um vídeo com o testemunho de um executivo de alta hierarquia da sede do fornecedor na Alemanha.
Apresentação de um especialista em projetos	Essa atividade teve como objetivo gerar um senso comum dentre toda equipe de como seria a jornada que se iniciava.
Palestra motivacional	Essa palestra estabeleceu uma relação entre pessoas e realização. Os caminhos para o desenvolvimento de cada um, a relação direta entre riscos, ameaças e oportunidades.

Atividade lúdica de formação de equipes	Como a identidade do projeto foi formada usando-se a imagem de um *pit-stop*, a réplica de um carro de Fórmula 1 foi usada, formando-se equipes que deveriam trocar os pneus no menor tempo possível. Essa metáfora representava bem o que seria o projeto. Velocidade, mas ao mesmo tempo harmonia. Todas as equipes, de todos os módulos, teriam que estar sincronizadas. De nada adiantaria a equipe da área de Compras, por exemplo, estar pronta para a implantação se a da área de Finanças não estivesse. O projeto era uma corrida de mãos dadas. Todos teriam que chegar juntos. Da mesma forma que em um *pit-stop*, o carro só pode voltar a correr quando todos os pneus tiverem sido trocados.
O desafio do frescobol	O desafio do frescobol foi explicado aos participantes do projeto. As duplas foram formadas e cada um recebeu o seu *kit* de treino.
Integração social	Após as atividades de trabalho, seguiram-se um almoço e o momento de interação social, que tinha como objetivo reforçar laços afetivos entre as pessoas.

A gestão do conhecimento

Projetos dessa natureza são excelentes oportunidades de aprendizado. A empresa não contava com uma área de gestão do conhecimento, mas uma pessoa foi dedicada exclusivamente a essa atividade.

Procedimentos e regras de explicitação de conhecimentos foram gerados desde o início da etapa de Execução, facilitando a organização das informações em um formato apropriado já em seu nascedouro.

Ainda assim, a gestão da explicitação do conhecimento teve que manter foco contínuo para garantir que os padrões não fossem particularizados por cada equipe do projeto. Para facilitar o armazenamento e a multiplicação do conhecimento, uma ferramenta tecnológica foi adotada, reduzindo significativamente o esforço de treinamento dos usuários finais.

A gestão da comunicação

A comunicação é um fator crítico para o sucesso de qualquer mudança. O planejamento da comunicação foi cuidadosamente desenhado, estabelecendo os canais mais adequados para cada situação.

Entretanto, como a cultura da empresa era de relacionamento informal, o canal mais efetivo nesse caso não foram os comunicados formais, mas, sim, as informações que fluíram de forma coordenada através das pessoas. A estratégia de comunicação nesse caso foi dividida em cinco níveis.

Comunicação com a diretoria – *Stakeholders* patrocinadores

A gestão do projeto definiu junto aos diretores quais os indicadores que estes desejavam acompanhar na rotina formal de comunicação mensal. Durante as reuniões de acompanhamento do projeto, os próprios líderes de cada departamento envolvido eram os responsáveis por conduzir suas apresentações, comprometendo-os diretamente com a mensagem passada e com os resultados do projeto.

Entretanto, o mais importante foi o estabelecimento de laços de *feedback* informal de ambos os lados. A cultura da organização era fortemente marcada pela informalidade e, embora fosse necessária uma comunicação formal, essa abordagem mostrou-se altamente eficaz.

Comunicação com o projeto – *Stakeholders* diretamente envolvidos em tempo integral no projeto

A comunicação intensiva com a equipe tinha como premissa ser dinâmica, em tempo real, sem muita formalidade e sempre o mais próximo possível à ocorrência dos fatos a serem comunicados. Pelo menos a cada 15 dias a gestão do projeto conversava com todos, comunicando o andamento geral das atividades e principalmente ouvindo sugestões e críticas.

Canais de *feedback* foram criados para que as pessoas pudessem expressar suas emoções. O clima de confiança entre equipe e gestão e a disponibilidade dos líderes do projeto para ouvir qualquer participante da empreitada colaboraram bastante para que a comunicação fosse franca e transparente.

Semanalmente, as metas de evolução do projeto eram estabelecidas em um processo participativo com os líderes de cada frente de trabalho e comunicadas através de um painel lúdico, que imitava uma placa de comunicação, do tipo usada na Fórmula 1. Este foi mais um símbolo de reforço do propósito e da identidade do projeto – um *pit-stop* de corrida de carros.

Comunicação com os líderes das áreas de negócio – *Stakeholders* diretamente envolvidos, mas não focados em tempo integral no projeto

Esses líderes formavam um Comitê de Gestão do Projeto que se reunia mensalmente. Essa reunião servia não só de alinhamento, mas também de preparação para a reunião com a diretoria. As reuniões eram tensas e demandavam esforço da gestão do projeto para imaginar antecipadamente todas as objeções que poderiam surgir e entrar na reunião com as respostas prontas, caso fossem necessárias.

O grande motivador desse comportamento hostil nesse ritual de comunicação não era o projeto em si, mas as disputas políticas e interesses unilaterais subjacentes. Para minimizar as hostilidades, uma solução muito simples foi elaborada. O líder do comitê que representava os diretores passou a ser convidado a assistir as reuniões do projeto. Sua única função era estar presente para inibir as ações dos boicotadores velados, que só revelavam sua verdadeira face na ausência do alto escalão da empresa.

Comunicação com a empresa

Essa comunicação de massa utilizou duas abordagens principais. Os veículos de comunicação internos da empresa – jornal mensal, quadros de avisos e *screensavers* – foram intensamente usados para gerar uma boa percepção do projeto.

Além disso, participantes do projeto foram preparados para multiplicar os indicadores de evolução do projeto nas reuniões de seus departamentos. Cabe lembrar que a cultura da empresa era altamente relacional e informal, e essa abordagem carregava a credibilidade do interlocutor, apresentando um efeito mais eficaz do que os canais tradicionais.

Comunicação com o mercado

O mercado consumidor precisava ser preparado para a etapa de Implantação, pois algumas atividades de relacionamento através do *call center* seriam suspensas durante o final de semana da implantação do sistema.

Comunicados formais foram criados e enviados com antecedência para esses *stakeholders*. Canais de relacionamento direto foram criados para o atendimento de peculiaridades. Essa abordagem permitiu a implantação do sistema de forma quase imperceptível ao mercado consumidor.

Processo participativo de decisão e gestão de conflitos

Em um contexto de individualismo e disputas entre as lideranças diretamente ligadas ao projeto, a melhor alternativa foi usar intensamente processos participativos de decisão para evitar e gerir conflitos. Para viabilizar essa abordagem, mecanismos engenhosos foram aplicados.

Um dos maiores desafios do projeto era gerir a demanda por customizações no sistema. Um limite de oito mil horas de trabalho foi estabelecido. Entretanto, ao final da fase de prototipação, a demanda por customizações chegava perto de 18 mil horas.

Foram então estabelecidas quatro etapas para que a meta de oito mil horas fosse atingida.

- ▶ **Discussão preliminar** – Nessa etapa cada equipe discutiu com seus líderes e consultores especializados no sistema, sem a participação da equipe de gestão do projeto, as alternativas de contorno para que o negócio fosse adaptado ao sistema e não o inverso. As demandas foram classificadas em desejáveis, importantes e essenciais.
- ▶ **Fórum departamental** – Etapa em que a demanda por customizações era apresentada por cada área de negócio e discutida, contando com a participação do líder da equipe de projeto, do líder da área de negócio, de consultores do sistema e da equipe de gestão do projeto. Nessa etapa, a equipe de gestão do projeto sugeriu e aprovou com o comitê de lideranças um processo decisório inovador, que reproduzia as figuras de um tribunal de justiça. A equipe de negócio apresentava a defesa de sua necessidade de customização, atuando como um

advogado de defesa da causa. O consultor do sistema rebatia suas discordâncias e apresentava alternativas atuando como um promotor. O líder da área de negócio atuava como um juiz, decidindo se a causa era pertinente ou não. E a equipe de gestão do projeto tomava posição como um tribunal de apelação. Dependendo do caso, o Comitê Diretor do projeto poderia ser acionado como um tribunal superior. O esquema a seguir representa esse processo decisório:

Advogado da customização Equipe da área de negócio no projeto	Promotor Consultor especializado no sistema	Juiz Líder da área de negócio	Tribunal de Apelação Gestão do projeto	Tribunal Superior Comitê Diretor do projeto
Apresentação da demanda	Concordância			Customização aceita
Apresentação da demanda	Discordância	Concordância	Concordância	Customização aceita
Apresentação da demanda	Discordância	Concordância	Discordância	Customização a ser decidida

▶ **Fórum global** – Nessa etapa, cada área de negócio, representada por seu líder principal, apresentava para as demais a sua demanda por customizações, justificando seu motivador para tal alteração no sistema original. Os demais líderes de negócio poderiam opinar e sugerir alternativas. Caso a meta de oito mil horas de customizações não fosse atingida, o assunto seria levado para decisão no Comitê Diretor do projeto, uma vez que o prazo e o custo do projeto seriam inevitavelmente afetados.

▶ **Apresentação ao Comitê Diretor** – Etapa final em que o quadro de demandas por customizações seria apresentado.

Ao criar esse processo decisório, a equipe de gestão sabia que a cultura da empresa, impulsionada pela pressão política para que houvesse engajamento das lideranças nas metas do projeto, diminuiria o ímpeto destas em demandar customizações excessivas. Os líderes tinham que demonstrar, pelo exemplo, que a organização estava aprendendo a "jogar frescobol". Suas atitudes influenciariam a cultura organizacional e o comportamento dos demais *stakeholders*. Nesse contexto, ninguém queria aparecer para a diretoria como antagonista.

O processo fora participativo, a decisão estava impregnada pelo DNA das lideranças das áreas de negócio, o que ajudou muito a reduzir a frustração de uma equipe de projeto que havia demandado uma customização recusada. Além disso, a forma como a gestão desse conflito potencial foi conduzida permitiu ampla discussão e expressão do aspecto emocional de cada *stakeholder* envolvido. O formato participativo apresentou outro benefício relevante: ninguém poderia reclamar de uma decisão de que houvera participado. Eventuais problemas futuros na gestão do negócio não mais poderiam ser atribuídos ao sistema.

A meta de customizações foi atingida sem ter que ser levada para decisão no Comitê Diretor, como demonstrado no esquema adiante.

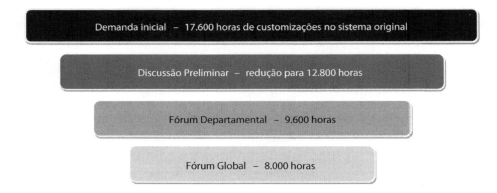

Gestão do clima do projeto

O clima de desenvolvimento do projeto foi considerado um dos fatores mais importantes a ser gerido. Diversas ações já comentadas, como a abertura para comunicação multidirecional e transparente, o processo decisório participativo e a formação do espírito de equipe foram temperadas com várias outras iniciativas.

Aulas de teatro e canto foram introduzidas como elemento de estímulo à criatividade e inovação, ajudando a sustentar a vibração da equipe. O bom humor imperava. Em uma das paredes da sala de entrada da área do projeto, os participantes foram estimulados a colar fotos de sua infância.

Durante um mês as pessoas foram estimuladas a avaliar as fotos e tentar identificar quem estava em cada uma. Ao final desse período, em uma das celebrações do projeto, o resultado do concurso foi anunciado e a pessoa com maior número de acertos foi premiada. Uma solução lúdica e simples, de baixo custo e alto retorno para o humor do projeto.

Surpresas frequentes foram usadas em momentos de tensão, como, por exemplo, em um dia posterior a uma tarde estressante, ao chegarem para trabalhar, as pessoas encontraram rosas brancas com uma mensagem de motivação em suas mesas.

Todas as reuniões eram regadas a muito chocolate, conhecido estimulante da produção de serotonina – com função calmante – e endorfina – que atua no bom humor. Práticas como Shiatsu e Tai Chi Chuan foram aplicadas para ajudar na gestão do estresse.

Como o projeto tinha prazo superior a um ano e as férias individuais poderiam prejudicar o cronograma, um período de *blackout* de 15 dias entre o Natal e o ano novo foi programado para aliviar o impacto na qualidade de vida das pessoas. Os feriados que caíam nas terças, quartas e quintas-feiras foram transferidos para segundas e sextas-feiras, para aqueles que desejassem, transformando todos os feriados do ano em finais de semana prolongados.

O clima estimulante, a partir de certo momento, passou a ser alimentado voluntariamente pelos participantes do projeto. Um campeonato de jogo de botão foi organizado, contando com quase 70% dos participantes do projeto, inclusive muitas mulheres.

Outro grupo, apreciador da culinária, organizou eventos como a tarde dos doces e bolos, uma degustação de salgados, tudo preparado pelas próprias pessoas em suas casas, com a finalidade exclusiva de ser compartilhado no projeto.

Esse cenário e as atividades descritas foram muito úteis na gestão do clima do projeto, mas nada disso seria relevante se a equipe de gestão não fosse admirada por sua postura humana, sempre atenta à equipe e pronta para ouvi-la.

O resultado alcançado

O cenário inicial do projeto levaria qualquer pessoa a apostar no fracasso. O contexto não era nada favorável, mas a Gestão de Mudanças fez a diferença. O engajamento da equipe suplantou os antagonismos individuais. O resultado não poderia ter sido melhor. O projeto foi concluído no prazo, com custo ligeiramente menor do que o previsto, proporcionando à organização ganhos na área comercial, redução no período decorrente entre a venda e o recebimento, redução no tempo de lançamento de novos produtos e ganhos no relacionamento com os clientes. Tudo isso apurado na fase de sustentação da mudança através de um estudo de retorno sobre o investimento, promovido em parceria com o fornecedor do sistema.

Anos depois da implantação, o projeto ainda é lembrado por muitos dos participantes da empresa como o período mais feliz de suas carreiras.

Além dos objetivos de negócio, o legado deixado pelo projeto influenciou profundamente a cultura da empresa, através da "atitude frescobol".

Para coroar o resultado, o projeto e a equipe de gestão foram agraciados com prêmios das publicações especializadas mais renomadas do mercado. Parecia um projeto de evolução tecnológica, mas no fundo era um projeto de mudança. Assim foi conduzido e o sucesso foi absoluto.

6. Um Caso de Fracasso

O fracasso é o grande mestre dos sábios.

Este caso relata um projeto totalmente lógico e necessário, mas que jogou no lixo uma quantidade significativa de dinheiro e tempo, sem atingir seu objetivo. Não faltaram recursos, mas, sim, os elementos básicos de planejamento e execução de mudanças.

É muito comum nos departamentos de tecnologia haver fragmentações entre áreas que conduzem projetos e outras que proveem infraestrutura e manutenção aos sistemas, estas últimas geralmente chamadas de produção.

Particularmente em empresas de grande porte, quando existe a figura do Centro de Serviços Compartilhados, esse conflito é comum. Enquanto de um lado a equipe de projetos, ligada à parte estratégica da organização, quer entregar logo o sistema para a produção, muitas vezes pressionada por metas que influenciam sua bonificação, do outro lado, a equipe de manutenção, ligada ao Centro de Serviços Compartilhados, quer assegurar-se de que herdará um sistema sem grandes problemas ou promessas não cumpridas ao longo do projeto – o chamado *backlog*. Equipes de produção sabem que *backlog* de projeto logo vira pendência da equipe de manutenção e motivo de insatisfação dos usuários dos sistemas.

A figura que melhor exemplifica essa situação é uma guerra de granadas entre duas equipes separadas por um muro. Alguém lança um petardo e o outro corre para devolver antes que exploda. Granada para cá, granada para lá, uma hora ela explode – e, o pior, na mão de alguém.

O fracasso em questão diz respeito a um projeto cuja pretensão era definir fronteiras, indicadores e método de passagem de projetos para a área de produção.

Os grandes erros

O projeto nascera logo após a separação das áreas de manutenção e projetos. A disputa por pessoas havia sido acirrada e deixado desconfianças mútuas nos interlocutores. O momento, certamente, não era o mais adequado para a realização de um projeto dessa natureza. Projetos que discutem fronteiras não podem ser iniciativas unilaterais. Ainda que nem sempre seja possível, o ideal é que nasçam do senso comum, quando fazem sentido para ambos os lados.

Entretanto, a área de projetos, nesse caso, não tinha o menor interesse em estabelecer essas fronteiras, justamente por saber que, sendo a área de produção o fim da cadeia, terminar o projeto antes deste estar realmente pronto era uma alternativa excelente para preservar uma incrível e fantasiosa taxa de 90% de acuracidade no cumprimento de prazos de projetos de sistemas na organização.

Mexer nessa situação era o mesmo que enfiar a mão em um enorme vespeiro sem qualquer proteção. Sem um patrocinador com a força necessária para sustentar a mudança, então, a situação seguramente seria de suicídio organizacional.

Ainda assim, sem considerar o contexto e a força de oposição dos *stakeholders* antagonistas, o projeto seguiu em frente sendo promovido pela área de produção. Naquele momento, imaginava-se que a força de uma empresa de consultoria, com forte influência na organização, seria o suficiente para convencer os antagonistas a implantar, mesmo que com algumas adequações, o novo processo.

A equipe de produção, embora com ótima dedicação ao projeto de mudança, não possuía nem força política nem a perspicácia necessária para identificar antecipadamente os problemas que surgiriam. O gerente do projeto estava envolvido em tantas outras atividades que delegou a Gestão de Mudanças a uma equipe pouco preparada, que acabou ignorando seus princípios mais elementares.

Sabendo que o projeto de mudança era perfeitamente lógico e necessário, os *stakeholders* do departamento de projetos de sistemas usaram a tática de boicote velado. Delegaram a participação nas reuniões decisórias a pessoas sem a menor qualificação para a tomada de decisões.

O cenário era terrível: *stakeholders* antagonistas com força política para derrubar o projeto; baixa comunicação durante os processos decisórios; pouca ou nenhuma participação dos principais implicados nas decisões; e uma consultoria que prestava serviço para as duas equipes em frentes distintas, mas que certamente não tomaria posição na hora da verdade.

A Matriz RACI foi desenhada, mas relegada a um papel nunca cumprido. A equipe de condução da mudança não conseguiu enxergar o risco que isso trazia ao projeto. Já no *kick-off*, a ausência de *stakeholders* Decisores demonstrava que o engajamento era quase nenhum, mas esse indicador também foi desprezado e o projeto seguiu em frente. O próprio propósito do projeto e sua identidade foram definidos unilateralmente, limitando ainda mais qualquer possibilidade de engajamento.

O ambiente físico era praticamente virtual, pois a equipe de projeto estava dispersa em duas cidades, dificultando ainda mais a comunicação. Os impactos organizacionais seriam grandes no departamento de projetos de sistemas, que teria que passar a cumprir uma série de regras antes não existentes e que trariam um trabalho adicional no desenvolvimento dos projetos. Do lado da equipe de produção também haveria a necessidade de ampliação da equipe, para que esta tivesse um contingente minimamente necessário para acompanhar os projetos e acelerar a passagem de conhecimento.

Tudo isso traria novos custos em um momento da economia em que o mundo acusava risco de recessão e os recursos de ambos os lados estavam pressionados por cortes de custos. Eis mais um fator ambiental que em nada favorecia o projeto e que não foi levado em consideração. Para piorar o quadro, o patrocinador do projeto, que nunca fora envolvido e comprometido da forma adequada, deixou a empresa pouco antes de o projeto encerrar a sua fase de definições. Em seu lugar entrou um novo diretor, oriundo justamente da área antagonista.

Antes da realização da primeira reunião com o novo suposto patrocinador, este se informou do quadro com os *stakeholders* antagonistas, que se posicionaram como se não tivessem sido envolvidos. Em certa medida isso era verdade, ainda que o não envolvimento tivesse sido um claro boicote ao projeto.

Produto acabado, o novo processo de passagem de projetos para a produção parecia lógico e completo, porém inviável por não ter seguido etapas fundamentais na Gestão de Mudanças. Já no primeiro projeto que entrava em produção, eram tantas as pendências que a área de produção não queria aceitá-lo naquelas condições. Entretanto, esse projeto, que já havia estourado seu prazo pelo menos três vezes, tinha uma data definida pela diretoria da organização para entrar no ar. Qualquer que fosse o grau de maturidade do sistema, este iria para a produção.

O embate foi inevitável. A conclusão foi de que o método e as regras de passagem para a produção prejudicavam os prazos e custos do projeto. Até o modelo gráfico, que representava a integração das atividades do projeto com produção, fora questionado, pois, tendo sido desenvolvido sob a perspectiva da área de produção, destacava mais as atividades desta do que as do projeto.

O desfecho

O projeto em questão nunca foi um projeto de redesenho das atividades de passagem de sistemas de uma área para outra. Tratava-se de um projeto de mudanças que cometeu todos os erros capitais para que um novo modelo proposto viesse a sucumbir.

O desfecho não poderia ser outro. Virou um lindo desenho, com regras claramente definidas, mas nunca cumpridas, que hoje jaz esquecido em alguma gaveta virtual. É possível que, em algum momento futuro, este seja revisitado, mas para que o fracasso seja transformado em sucesso a Gestão de Mudanças terá que ser considerada desde o desenho da estratégia do projeto.

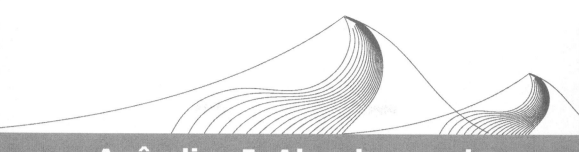

Apêndice I. Abordagem do HCMBOK para as Metodologias Ágeis em Mudanças que Envolvam Desenvolvimento de Sistemas

(Colaboração de Edgar Alvarez – HCMP)

As metodologias ágeis têm evoluído rapidamente, gerando novos e diferentes paradigmas na gestão de projetos. O ambiente de metodologias ágeis valoriza de uma forma geral o desenvolvimento iterativo e incremental de funcionalidades, onde a interação com aqueles que geram a demanda de um projeto é priorizada. Em resumo, os valores[1] básicos da abordagem ágil são:

- ▶ Indivíduos e interações mais que processos e ferramentas.
- ▶ Software em funcionamento mais que documentação abrangente.
- ▶ Colaboração com o cliente mais que negociação de contratos.
- ▶ Responder a mudanças mais que seguir um plano.

Ou seja, mesmo havendo valor nos itens à direita, os da esquerda são prioritários. Apresentamos no quadro a seguir a correlação das atividades do HCMBOK com a abordagem ágil de desenvolvimento de sistemas.

---

[1] Referência do "Manifesto Ágil" firmado em 17 de Fevereiro de 2001 por Kent Beck, Mike Beedle, Arie van Bennekum, Alistair Cockburn, Ward Cunningham, Martin Fowler, James Grenning, Jim Highsmith, Andrew Hunt, Ron Jeffries, Jon Kern, Brian Marick, Robert Cecil Martin, Steve Mellor, Ken Schwaber, Jeff Sutherland e Dave Thomas.

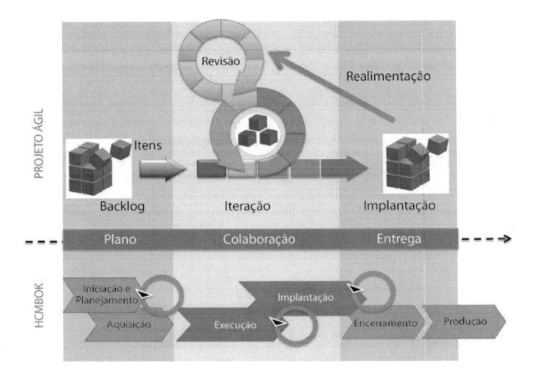

Apêndice II.
Gestão da Cultura Organizacional e Gestão de Mudanças

(Colaboração de Edgar Alvarez – HCMP)

Considerado uma autoridade em cultura organizacional, Edgar Schein, em seu livro "Organizational Culture and Leadership", a define como: "um padrão de pressupostos básicos compartilhados, que o grupo aprende na medida em que resolve seus problemas de adaptação externa e integração interna, que tenham sido vivenciados o suficiente para serem considerados válidos e, portanto, dignos de serem ensinados aos novos membros como a forma correta de perceber, pensar e sentir em relação a esses problemas" (1992).

Nesse contexto, Schein propõe a existência de três níveis de interação dos membros de uma organização:

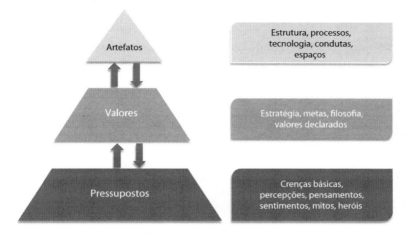

As organizações, com frequência, realizam mudanças que envolvem diretamente elementos da cultura organizacional e empreendem projetos para evolução de sua cultura. Nesse contexto, é importante considerar:

- ▶ Mudanças de cultura exigem o patrocínio da alta gestão da organização.
- ▶ Projetos de mudanças culturais são de longo prazo.
- ▶ Avalie a cultura organizacional dominante, mas lembre-se de que existem diferentes subculturas, que podem ser departamentais ou regionais (em diferentes localizações geográficas).
- ▶ Avalie a cultura acordo com um dos modelos referenciais (Denison, Ocai, por exemplo).
- ▶ Planeje o modelo de cultura desejado junto com o RH e discuta-o amplamente com as lideranças da organização.
- ▶ Mapeie o *gap* e os impactos da mudança em diferentes níveis e elementos da cultura organizacional.
- ▶ Mapeie oportunidades, ameaças e riscos relacionados com a mudança de cultura organizacional.
- ▶ A mudança cultural é um projeto e deve incorporar as atividades do HCMBOK como suporte para a Gestão de Mudanças.
- ▶ Estabelecer e implantar canais de *feedback* para compreender a evolução do projeto, realizar ajustes e acompanhar a aprendizagem organizacional.
- ▶ Monitorar e controlar o projeto, com ênfase no fator humano e em resultados organizacionais desejados, através de um conjunto de indicadores que reflitam a evolução da mudança.

A seguir apresentamos um modelo prático para a gestão da cultura organizacional de acordo com o modelo metodológico sugerido.

Gestão da Cultura Organizacional e Gestão de Mudanças

Modelo conceitual para gestão de Cultura Organizacional desenvolvido por Edgar Alvarez

Bibliografia

AMABILE, Teresa M. **Growing up Creative:** nuturing a lifetime of creativity. Buffalo, NY: Creative Education Foundation Press, 1992.

BAUMAN, Zygmunt. **Modernidade Líquida.** Rio de Janeiro: Zahar, 2001.

BENETTI, Paulo C. A. **Mitodologia:** pessoas e empresas criativas e inovadoras - por que não? Rio de Janeiro: Qualitymark, 2003.

BONDER, Nilton. **O segredo judaico de resolução de problemas.** Rio de Janeiro: Imago, 1995.

BOWLBY, J. **Apego:** a natureza do vínculo. 2. ed. São Paulo: Martins Fontes, 1990.

CARVALHO, André L; VILAS BOAS, Ana Alice. Demissões Responsáveis: o resgate das práticas originais do outplacement através da responsabilidade social. **I SIMGEN/UFRRJ**, 2003.

CHIAVENATO, Idalberto. **Os novos paradigmas:** como as mudanças estão mexendo com as empresas. São Paulo: Atlas, 1996.

_____. **Gestão de Pessoas:** o novo papel dos recursos humanos nas organizações. Rio de Janeiro: Campus, 1999

_____. **Recursos Humanos:** edição compacta. São Paulo: Atlas, 1997.

CHRISTENSEN, C. **O Dilema da Inovação.** São Paulo: Makron Books, 2001.

CONNER, Daryl R. **Managing at the Speed of Change:** how resilient managers succeed and prosper where others fail. New York, NY: Villard Books, 1992.

DE MASI, Domenico. **O Ócio Criativo**. Rio de Janeiro: Sextante, 2000.

DENISON, Daniel; HOOIJBERF, Robert; LANE, Nancy; LIEF, Collen. **Leading Culture Change in Global Organizations**. San Francisco, CA: Jossey-Bass, 2012.

DORNELAS, José Carlos. **Empreendedorismo:** transformando ideias em negócios. Rio de Janeiro: Elsevier, 2001.

ENRIQUEZ, Eugène. **As Figuras do Poder**. São Paulo: Via Lettera, 1974.

FLEURY, Maria Tereza Leme; FISCHER, Rosa Maria (orgs.). **Cultura e Poder nas Organizações**. São Paulo: Atlas, 1990.

FRANKL, Viktor E. **Em Busca De Sentido**. Petrópolis: Vozes, 2009.

GAUDÊNCIO, Paulo. **Men at Work:** como o ser humano se torna e se mantém produtivo. São Paulo: Mernnon, 1995.

GOLEMAN, Daniel. **Inteligência Emocional**. Rio de Janeiro: Objetiva, 1995.

GOLEMAN, Daniel; KAUFMAN, Paul; RAY, Michael. **Espírito Criativo**. São Paulo: Cultrix – Amana Key, 1992.

HANH, Thich N. **Para Viver em Paz, o Milagre da Mente Alerta**. Petrópolis: Vozes, 1976.

HANKS, Kurt. **O Navegador de Mudanças:** preparando um novo tipo de líder para um amanhã inexplorado. Rio de Janeiro: Qualitymark, 1998.

ISERT, Bernd. **A Linguagem da Mudança**. Rio de Janeiro: Qualitymark, 2004.

JUNG, C. G. **Tipos Psicológicos**. Vol. VI. Petrópolis: Vozes, 1991.

LAND, George; JARMAN, Beth. **Break-point and Beyond:** mastering the future today. New York, NY: Harper Business, 1992.

LEWIN, K. **Problemas de Dinâmica de Grupo**. São Paulo: Cultrix, 1967.

LIPP, Marilda N. **Manual do inventário de sintomas de stress para adultos de Lipp (ISSL)**. São Paulo: Casa Psi, 2005.

MAGALHÃES, Dulce. **Mensageiro do Vento**: uma viagem pela mudança. Rio de Janeiro: Qualitymark, 2006.

MASLOW, Abraham H. **Introdução à Psicologia do Ser**. 2. ed. Rio de Janeiro: Eldorado, 1968.

MURRAY, Edward J. **Motivação Humana**. 5. ed. Rio de Janeiro: Zahar, 1983.

O'BRIEN, Henry. **Agile Project Management**: a quick start beginners's guide to mastering agile project management. 3rd. ed. Createspace Independent Publishing Platform, 2016.

O'DONNELL, Ken. **Raízes da Transformação**: a qualidade individual como base da qualidade total. Salvador: Casa da Qualidade, 1994.

OSBORN et al. **Fundamentos de Comportamento Organizacional**. Porto Alegre: Bookman, 1999.

PAULSON, Terry L. **Gerentes na Linha de Fogo**: administrando conflitos nas relações do trabalho. São Paulo: Saraiva, 1994.

PENNA, Antônio Gomes. **Motivação e Emoção**. Rio de Janeiro: Rio, 1975.

PMI. **A Guide to the Project Management Body of Knowledge**: *PMBOK Guide*. 5th. ed. Newtown Square, PA: PMI, 2013.

POCHMANN, Marcio. **O Emprego na Globalização**. São Paulo: Boitempo, 2005.

RAD, Nader K.; TURLEY, Frank. **The Scrum Master Training Manual**. Management Plaza, 2015.

ROBBINS, Stephen. **Comportamento Organizacional**. 9. ed. São Paulo: Prentice Hall, 2002.

RUSSELL, Bertrand. **Lógica e Conhecimento.** (Coleção Os Pensadores). São Paulo: Nova Cultural, 1992.

SCHEIN, Edgar. **Organizational Culture and Leadership.** 4th. ed. San Francisco, CA: Jossey-Bass, 2010.

SCHIRATO, Maria A. R. **O Feitiço das Organizações:** sistemas imaginários. São Paulo: Atlas, 2004.

SENGE, P. A. **A Quinta Disciplina:** arte e prática da organização que aprende. 10. ed. São Paulo: Best Seller, 2002.

_____. **Quinta Disciplina:** caderno de campo. Rio de Janeiro: Qualitymark, 2000.

SHERVINGTON, Martin. **Coaching Integral:** além do desenvolvimento pessoal. Rio de Janeiro: Qualitymark, 2005.

SIMIONATO, Mônica; ANDERSON, George. **Competências Emocionais:** o diferencial competitivo no trabalho. Rio de Janeiro: Qualitymark, 2006.

SIQUEIRA, Ethevaldo. **2015 Como viveremos:** o futuro, na visão de 50 cientistas e futurologistas do Brasil e do Mundo. 2. ed. São Paulo: Saraiva, 2004.

SIQUEIRA, M. M. M.; GOMIDE Jr., S. Vínculos do Indivíduo com a Organização e com o Trabalho. In: ZANELLI, J. C.; BORGES-ANDRADE, J. E.; BASTOS, A. V. B. (eds.). **Psicologia, Organizações e Trabalho no Brasil.** Porto Alegre: Artmed, 2004.

STELLMAN, Andrew; GREEN, Jennifer. **Learning Agile, Understanding Scrum, XP, Lean and Kanban.** 2nd. ed. O'Reilly Media, 2016.

VERNON, M. D. **Motivação Humana.** Petrópolis: Vozes, 1973.

WAGNER III, J. A; HOLLENBECK, J. R. **Comportamento Organizacional:** criando vantagem competitiva. São Paulo: Saraiva, 1999

ZOOK CHRIS; ALLEN, James. **Profit from the Core:** a return to growth in turbulent times. Boston, MA: Harvard Business School Press, 2010.

Acompanhe a BRASPORT nas redes sociais e receba regularmente nossas informações sobre atualizações, promoções e lançamentos.

@Brasport

/brasporteditora

/editorabrasport

editorabrasport.blogspot.com

/editoraBrasport

Sua sugestão será bem-vinda!

Envie sua mensagem para marketing@brasport.com.br e informe se deseja receber nossas newsletters através do e-mail.